U0095215

图书在版编目（CIP）数据

曾经的王者：阿育王与孔雀王朝 / （英）柯林·泰勒·森著；邓育渠译. — 杭州：浙江人民出版社，2024.5

ISBN 978-7-213-11396-3

Ⅰ. ①曾… Ⅱ. ①柯… ②邓… Ⅲ. ①阿育王（前273-前236）—传记②孔雀王朝（前324-前187）—历史 Ⅳ. ①K833.517=2②K351.2

中国国家版本馆CIP数据核字（2024）第059726号

浙江省版权局
著作权合同登记章
图字：11-2022-447号

曾经的王者：阿育王与孔雀王朝
CENGJING DE WANGZHE: AYUWANG YU KONGQUE WANGCHAO

[英]柯林·泰勒·森 著 邓育渠 译

出版发行：浙江人民出版社（杭州市环城北路177号 邮编：310006）
　　　　　市场部电话：（0571）85061682 85176516
策划编辑：李　楠
责任编辑：方　程 李　楠 魏　力
营销编辑：陈芊如
责任校对：何培玉
责任印务：幸天骄
封面设计：昇一设计
电脑制版：北京之江文化传媒有限公司
印　　刷：杭州丰源印刷有限公司
开　　本：680毫米×980毫米 1/16　　印　　张：18
字　　数：240千字　　　　　　　　　　插　　页：4
版　　次：2024年5月第1版　　　　　　印　　次：2024年5月第1次印刷
书　　号：ISBN 978-7-213-11396-3
定　　价：78.00元

如发现印装质量问题，影响阅读，请与市场部联系调换。

我不允许杀生和献祭，更不允许为举办节日而犯下杀生和献祭的罪恶。因为我在节日中曾看到过许多罪恶。即便我赞成举办其中的一些节日，它们也仍是罪恶的。以前，在我的御膳房里，每天都有成百上千的动物遭到屠杀而被食用。现在，我将颁布并雕刻此铭文，每天只准许杀死三只动物——两只孔雀和一只鹿，而且也不一定每天都要杀鹿。在将来，甚至这三只动物也不会被杀。

孔雀族的阿育王《第一摩崖敕令》

没有什么礼物比将布施正法、宣说正法、遵循正法送给别人更为珍贵的。如果想弘扬正法，便意味着要优待仆人和奴隶、顺从父母，同时还要慷慨地为朋友、熟人、亲人和宗教团体解囊，也不杀害动物。

孔雀族的阿育王《第十一大摩崖敕令》

国王不仅应该通过供养高僧、苦行僧与在家居士并授予荣誉来表彰各类宗教团体，他还必须弘扬各类宗教的基本教义。弘扬基本教义可以通过多种方式实现，其根本在于控制自己，即不要在不恰当的场合赞美自己信奉的宗教或贬低他人信奉的宗教。即使赞美，也要得体。这样做就会让人相信，你在赞美自己信奉宗教的同时，也在赞美他人信奉的宗教；在扩大自己信奉的宗教的影响力的同时，也使他人受益。如果不这样做，不仅会损害自己的宗教信仰，还会损害他人的宗教信仰。

孔雀族的阿育王《第十二摩崖敕令》

前　言

考古证据表明，孔雀王朝是公元前 3 世纪时全世界最大、最富有的帝国之一，也是在印度次大陆出现的第一个中央集权国家。在公元前 250 年的巅峰时期，全国有 5000 万—6000 万人口[1]，统治面积达 500 万平方千米。除了最南部的一小块土地之外，它的领土几乎覆盖现代印度和巴基斯坦全境甚至还包括阿富汗的部分地区，其西部边疆更是直抵波斯(今伊朗)边境。孔雀王朝的首都华氏城（Pataliputra）是古代世界最大的城市之一。据一些书籍记载，当时的印度（尽管还不是这个名称）与远至古希腊和古埃及的邻国进行贸易并长期保持和平的外交关系。

孔雀王朝总共历经八位君主，其中有两位仍被今人视作印度最伟大的领袖：他们是孔雀族的月护王旃陀罗笈多（Chandragupta Maurya）和他的孙子阿育王。旃陀罗笈多是孔雀王朝的奠基人，他通过恩威并施的方式建立起庞大的帝国。同时，他也是第一位已知的签署国际条约（与古希腊人）的古印度领导人。而他的孙子阿育王最初虽很嗜血，但在一场血腥的战争中征服了羯陵伽国后便放弃了暴力。阿育王在位的剩余时间里，一直倡导并宣传宗教宽容、善待万物，以及在多元文化社会中和平共处的政策——

他称之为"正法"（巴利语：Dhamma，梵语：Dharma）。

在《世界史纲》（*The Outline of History*）一书中，威尔斯（H. G. Wells）是这样描述阿育王的："在世界历史上，有成千上万的国王或君主自称'皇帝''陛下''天皇'等。但他们只是昙花一现，其功绩在他们去世后很快被人们遗忘。而阿育王却像一颗闪耀的明星，直到今天仍然熠熠生辉。"[2]

对阿育王的纪念已经以各种象征物的形式融入现代印度。在印度第一任总理尼赫鲁（Jawaharlal Nehru）的建议下，阿育王的法轮图像被置于印度国旗中央，而阿育王立在鹿野苑（Sarnath）石柱顶部的狮子柱头成为印度的国家象征。对此，尼赫鲁写道：

> 在靠近贝拿勒斯的萨尔纳特，你可以看见美丽的阿育王石柱。在石柱的顶端有几头石狮子端坐着。我们将此标志与我们的国旗联系在一起，意味着在某种意义上，阿育王的名字不仅是印度历史上最重要的名字之一，也是世界历史上最重要的名字之一……在印度历史上，阿育王时期是著名的国际化时期，而非狭隘的民族时期。在这一时期，古印度的使节走出国门，前往遥远的国家。他们不是以帝国主义的方式走出古印度，而是作为和平、文化和善意的使节出访各国。[3]

不过，孔雀王朝只维持了137年，在阿育王死后52年即宣告瓦解。孔雀王朝崩溃后，各个国家为争夺地区统治地位而进行权力斗争。印度逐渐失去了政治上的统一，直到近2000年后，印度才重新成为一个统一国家。

在阿育王死后的几个世纪里，他在东亚和东南亚一直受人尊敬且被人效仿。但令人吃惊的是，直至19世纪中叶以前，他在印度和西方竟几乎不为人知。为此，在本书"附录"中特别讲述了考古学家和历史学家是如何重新发现孔雀王朝的。今天，旃陀罗笈多和阿育王的故事已被改编为小说、宝莱坞电影和热门电视剧，两人早已成为家喻户晓的知名人物。

此前，我在撰写《盛宴和禁食：印度美食史》（*Feasts and Fasts: A History of Food in India*）时，便开始对阿育王产生兴趣，尤其被他倡导的素食主义和善待动物理念所吸引。因此，我想更多地了解这位令人印象深刻的领袖的事迹。当然，对我来说，撰写生活在 2500 年前的人物和事件似乎是一项艰巨的挑战。虽然从古希腊、古罗马、印度、斯里兰卡乃至古代中国的典籍中都可以获得大量资料，但遗憾的是许多资料是在所描述的事件发生几个世纪甚至 1000 年后才写成的。正因如此，材料难免相互矛盾，并往往掺杂作者的个人意识。所以，如果我不对所使用的资料进行梳理和论证，就很难准确叙述旃陀罗笈多和阿育王的生活事件——我在这里想要表达的是，历史事实不能只根据只言片语进行猜测。

另外，在 1947 年印度获得独立之前，英国历史学家和殖民地官员曾撰写过大量有关孔雀王朝的文

图 0.1　印度国家的象征：鹿野苑的狮子柱头

章。当然，他们的文字与解释是带有偏见的，其主要目的是想要证明英国统治的合法性。由于他们所受的教育中有很多古希腊元素，所以他们对亚历山大大帝和他在印度的战役拥有极大关注度。从那时起，大多数研究古印度的英国历史学家都撰写过有关孔雀王朝和阿育王的文章，其数量很可能远超过其他任何王朝或历史人物。另外，研究古印度的著名历史学家罗米拉·塔帕尔（Romila Thapar）的作品也给了我启发，她在《阿育王与孔雀王朝的衰落》（*Ashoka and the Decline of the Mauryas*）一书的序言中写道：

> 由于素材非常丰富，所以吸引了许多历史学家去撰写关于孔雀王朝时期的文章。但是，我认为历史学家们也不应受限于只使用丰富的素材和历史研究成果，他们应该尝试用全新的方式去解释，这或许能成功地解答关于孔雀王朝的许多悬而未决的问题。我认为，由于历史研究方法的改变，我们可以对现有事实进行重新解释……历史是一门永远拥有生命力的学科。只要有证据支持，每一次对历史的新解析，都是这门学科知识的一大进步。[4]

我试图就这一时期以及与之相关的有趣历史人物——特别是旃陀罗笈多和阿育王——提出自己的观点。很高兴我与威尔斯、尼赫鲁、阿马蒂亚·森（Amartya Sen）和许多其他人认为的一样，阿育王仍然是我们这个时代能够效仿而且应该效仿的榜样！

关于转写和日期的说明

由于英文字母几乎无法与梵文、巴利文和南亚其他语言中的字母或读音相对应，因此学者们只能用变音符来表示正确的发音。例如，用"ś"表示噝音（发"sh"音）。在本书中，除参考文献外，几乎全部省略了变音符号，并使用字母"sh"（如 Ashoka 或 Kshatriya）来代替此音，因为这些名字中的"ś"本来就是按照"sh"来发音的。而且最重要的是今天的英语一般也是这样转写的。

　　由于在古印度没有记录历史的习惯，孔雀王朝早期的年表往往具有很大的不确定性。人们只能通过某个重要事件确定年份，但不同来源的资料对该事件的记述可能不同。当然，最明确的日期可以从阿育王铭文中得到确认，其他的日期我们可以通过印度以外的统治者的统治年份得以确认。另外还有一些完全无法确认的日期，我会根据其他资料尽力还原。

目 录

第 1 章

摩揭陀的兴起

说起来，孔雀王朝并非凭空出现的：它是古印度城市和国家长期演变的结果，这一演变的开端可追溯到哈拉帕文明时期（又称印度河流域文明时期）。哈拉帕文明以今天巴基斯坦旁遮普省的一座大城市命名，与美索不达米亚、古埃及和古中国一样，这个地方是世界古代文明的早期摇篮之一。不过，与同时代的其他文明不同，印度河流域的文字至今未被破译，所以关于它的很多历史问题仍然是谜。此前人们一度认为，哈拉帕文明在公元前1900年左右便消失得无影无踪，从其消失到新的城市和国家的出现（公元前500年左右）之间是黑暗时代，城市中心和复杂的社会政治组织在此期间都消失了。今天，考古学家们发现完全不是那样，他们正在寻找哈拉帕文明和吠陀文明这两个以城市为基础的政治形态之间有哪些连续性。

　　该地区最早的定居遗迹出现在巴基斯坦俾路支省的梅赫尔格尔（Mehrgarh），该遗址是法国考古学家在20世纪70年代发现的。在发掘中人们发现，早在公元前7000—前6500年，这里的居民就开始种植大麦并驯养牛羊，进而形成了建有砖房和大型粮仓的村庄。随着时间的推移，他们逐渐掌握了铜冶炼技术并发展出制造珠宝、陶器和陶瓷的技术。

几个世纪以后，该群体和其他村庄已扩展到今巴基斯坦俾路支省全境、印度河流域的今印度古吉拉特邦和更远的地方。大约在公元前 2600 年，这些村庄最终融合成今天我们所说的哈拉帕文明。该文明中最大的城市是摩亨佐 – 达罗（Mohenjo-daro），该遗址最初由班纳吉（R. D. Banerji，1885—1930 年）于 1920 年发现。然而，这一发现的功劳后来被班纳吉的老板约翰·马歇尔爵士（Sir John Marshall，1876—1958 年，当时担任印度考古局总监）抢走。他先是压下了班纳吉的报告，接着又以自己的名义发表。后来，这一遗址由马歇尔和考古学家莫蒂默·惠勒爵士（Mortimer Wheeler，1890—1976 年）继续发掘。

20 世纪 50 年代，新独立的印度政府派印度考古局在印度西北部开始了大规模发掘计划，从而揭示出这个古代文明的范围和复杂性。考古学家发现，哈拉帕文明鼎盛时期的覆盖面积超过了 100 万平方千米，主要范围包括今天巴基斯坦的俾路支省、信德省和旁遮普省，以及印度的旁遮普邦、哈里亚纳邦（几乎延伸到新德里郊区）、拉贾斯坦邦、北方邦和古吉拉特邦的部分地区。在这些地方，考古学家发掘出 5 座大城市和 1500 多个村庄。其中，最著名的是位于巴基斯坦信德省的摩亨佐 – 达罗、印度旁遮普邦的哈拉帕以及古吉拉特邦的多拉维拉（Dholavira）。摩亨佐 – 达罗占地超过 200 公顷，曾有 4 万多名居民。这些城市的繁荣时期在公元前 2500—前 1900 年。

人们在发掘中逐渐发现，哈拉帕文明是沿着数条河流发展起来的。这些河流是由喜马拉雅山脉的雪融化后，汇入现代卡拉奇（Karachi）附近的阿拉伯海的过程中形成的。其中，最重要的两条河流是印度河（Indus）和在古籍中提到过的萨拉斯瓦蒂河（Saraswati）——有些人推测萨拉斯瓦蒂河就是现代的甘加—哈克拉河，但该河只在雨季才有河水流淌。它们及其支流将附近的城镇和各个地区联系起来，而两条大河及其支流也成为获取铜、次等宝石、矿物和木材等资源的通道。

那段时期，只要是雨季，河水就会泛滥，水退后便会留下肥沃的土壤。虽然今天那里大部分土地已经变为沙漠，但在古代它曾经非常肥沃，不仅森林茂密，还能产出大量的农产品。在此基础上，当地人发展出各种科技成果，促使人们到城市定居。今天，考古学家在古吉拉特邦康巴特湾附近的洛塔尔港发掘出一个大型码头和一些石锚的遗迹，在阿曼和伊拉克也发现了来自哈拉帕文明的印章。这些发现足以证明这是一个富裕的商业社会，商人们与中亚、美索不达米亚和阿拉伯半岛的居民进行海上和陆地贸易。据估计，当时印度河流域的商人对外主要出口大麦、棉花与棉制品、芝麻与亚麻籽油、木材、宝石、琉璃、铜以及黄金。

这些城市的政治组织结构以及它们之间有哪些联系，我们至今一无所知。不过我们能知道的是，这些城市都具有一定程度的标准化形式，可以认为是存在强大中央权威的证据。一些学者据此认为，它们是由强大的精英阶层（比如地主、商人和祭祀）统治的。但对这种猜测一直存在争议。

挖掘出的城市设计和布局体现出它们经过了复杂的规划，而这些规划可能一直延续到孔雀王朝时期甚至更晚。城市街道呈网格状排列；主要干道由北向南延伸，与其他道路呈垂直相交。房屋周围有围墙，并通过一条狭长的土地与邻近房屋隔开。这些住宅也形态各异：有的由两个房间组成，有的是豪宅，三面都有通向中央庭院的房间。[1]门窗是用木头和茅草建造的，地面是硬土，屋顶由木梁搭建而成，上面覆盖着芦苇和夯实的黏土。其中最大的建筑完全是用木头建造的。

这种城市规划表明了人们对清洁和卫生的重视。即便在 19 世纪之前，这种规划也是相当先进的。摩亨佐 - 达罗的居民还拥有公共和私人水井，根据发掘的结果，我们可以看到多达 700 口井。另外我们发现，摩亨佐 - 达罗每户人家都有浴室和厕所，下水道通过陶土排水管与街道上的排水沟相连。他们将埋在地面下的大罐子或污水坑充当便盆。在一些房屋中，甚至还有带防水地板和排水管的沐浴平台。

发掘证明，城市居民区是根据不同职业来划分的。市场区、大大小小的房屋和手工艺作坊都位于同一个街区。住宅和公共建筑共用围墙，形成较大的街区，人们可以从宽阔的街道进入其中，这就是不同区域相互连接的通道。另外，哈拉帕城由砖墙环绕，并有一处类似城堡的建筑，但人们对它的确切用途尚不清楚。我们估计城门内的开放区域应该是市场或检查站，主要用处是对进入城市的货物进行征税。考古学家在城墙外发现了房屋群落，它们可能是商人和旅行者的临时休息站。

哈拉帕的艺术和手工艺品的特点是复杂而小巧，我们至今尚未发现在其他古代文明中经常出现的壁画、建筑装饰或真人大小的雕塑。哈拉帕最著名的雕塑有两个，分别是一尊高 17.5 厘米的大胡子男性滑石雕像（通常被称为"神官王像"），以及一尊精致的女性铜像（被称为"舞女"），它的尺寸只有 10.5 厘米 ×5 厘米。当时的人喜欢用陶土制作男人和女人的雕塑、儿童玩具和印章。今天，考古学家发现了数千枚小印章（一般为 1.14 厘米 ×1.14 厘米），上面刻有动物、人物和尚未破译的象形文字。据估计，这些印章可能被用于商业贸易。当时的饰品由贵金属、宝石、骨头和精美的珠子制成，如同今天印度次大陆的人一样，人们普遍佩戴用石头、贝壳和金属制成的手镯。

虽然有很多猜测，但人们对印度河流域居民的宗教信仰知之甚少。虽然至今还没有发现祭坛遗址，但人们还是愿意将一些女性雕像解释为用于家庭仪式的生育女神。另外，有一枚印章雕刻的男性形象戴着角状头饰，跏趺而坐，周围环绕着动物，被称为"原始湿婆"；还有一枚印章雕刻了坐在菩提树（Ficus religiosa，被某些印度宗教视作圣树）上的神灵。另外，在梵语中表示幸福的"卍"字图案也出现在许多印章上。因此，一些学者认为，后来的印度教和其他一些宗教崇奉的"卍"字最初就是起源于此。

图 1.1　在摩亨佐－达罗发现的戴着角状头饰、跏趺而坐的男性形象，
有些人将其解释为"原始湿婆"

这些古城的原始居民是谁，仍然是一个历史谜团。尽管人们一直在努力寻找，但由于印章、陶器和其他物品上发现的文字至今未被破译，这个谜团也就一直未解开。一种常见的理论是，他们的语言属于德拉维德语。近年来，通过 DNA 分析，人们对他们的起源已经有所了解。对印度河流域周边地区（横跨伊朗、中亚和印度）[2] 的 DNA 样本的分析已经证明，印度河流域的居民是由来自伊朗东部的农耕者和南亚狩猎采集者混合而成。他们是次大陆上最古老的居民，这些人与安达曼群岛居民有亲属关系。另一项研究提取了一位生活在 4000 年前的印度河流域女性的单一基因组，结果显示了同样的起源组合。

这两系祖先的基因也体现在公元前 2000 年左右稳定下来的两个族群——原始北印度人（ANI）和原始南印度人（ASI）之中。原始北印度人的 DNA 表明他们来自大约公元前 2000 年的东欧大草原（Pontic-Caspian steppe）的牧民。他们通常被称为雅利安人、印度 - 雅利安人或印欧人。[3]而原始南印度人则具有与印度河流域居民基本相同的基因组合，但他们拥有更多的原始狩猎采集者的 DNA。

曾经流行的一种理论认为，哈拉帕文明是因为印欧部落从北方入侵而消失。但现在这种理论已被推翻。目前的理论认为，公元前 1900 年以后，印度 - 雅利安人以宗族和部落为单位和平进入印度。而哈拉帕文明又经历了数百年才逐渐瓦解，据估计可能是因为气候变化改变了河流走向，从而造成了干旱。[4]历史证明，干旱会破坏城市的农业基础，迫使居民发展出新型的农业形式并迁移到环境更为稳定的地区。随后，人们开始种植诸如小米和高粱等更能适应恶劣环境生长的作物，这也使向西扩张成为可能。而在恒河和亚穆纳河流域，人们将水稻发展成为一种农业作物，这促进了当地人口的迅速增长。总体来说，因为环境的变化，印度河地区中部和西部定居点的人口密度有所下降，而北部和东部的人口密度则有所上升。很快，北部和东部人口聚集在一起，形成大型的永久定居点，但规模比哈拉帕城市要小很多。

最古老的印度文献《梨俱吠陀》（*Rig Veda*）是公元前 2000—前 1400 年在现在的旁遮普和阿富汗东部地区编纂的。该文献中没有提到城市，只提到过一些废墟（armaka）。然而，最近发掘中获得的信息使罗宾·科宁厄姆（Robin Coningham）和马克·凯诺耶（Mark Kenoyer）等考古学家认为，印度河和恒河冲积带（Ganga Doab）地区在同时期可能存在着其他文化。印度学家阿尔钦（F.R.Allchin）认为，北部地区"形成一个重要中心，使印度河文化和意识形态的元素得以存续下来"。换句话说，就是形成了一个新的印度－雅利安文化综合体。[5]在所谓的整合时期和早期历史时期之间存在着一定的延续性，这包括专门手工业的延续、长途贸易网络和统一的度量衡系统。[6]而且，我们在象牙骰子、梳子、陶器式样和陶土物件的设计中可以看到类似之处。对此，印度学家巴普雷（Asko Parpola）认为："有理由相信，南亚一直保留着哈拉帕人的传统。直到哈拉帕晚期，哈拉帕人的数量仍然超过讲印度－雅利安语的移民。主要族群的融合持续了许多个世纪，人们进行异族通婚，会两种语言的人日益增多。"[7]

另一个延续至今的领域是哈拉帕的烹饪。[8]哈拉帕居民的食材包括：高粱、小米和小麦；煮熟的豆类、荚果、块茎和蔬菜；芥菜、芝麻等油籽；姜黄、黑胡椒、姜蒜；牛奶和乳制品；山羊肉、绵羊肉、牛肉以及河鱼和海鱼等。而枣子、蜂蜜和未加工的甘蔗汁则被做成糖，以增加甜度。当然，还有用各种谷物制成的馕在类似现代馕坑的泥炉中烤制。其他烹饪技术包括烘烤、炭烧、腌制、慢煮、蒸、烫、煨、窑烤、焖等。烹饪器具包括：臼、手推石磨、深底窄口锅、刀、勺子和不同大小的圆形土炉灶（chulha）——就像今天印度人露天使用的那种。牛粪、作物秸秆和木材被用作燃料。

印度－雅利安人的迁徙

最初的印度－雅利安人（这是语言学而非人种学术语）是半游牧部落，他们往往以小型亲属聚落的形式生活在一起。他们最初的故乡可能在东欧大草原，即如今乌克兰东部和俄罗斯南部地区。在公元前2000年左右，人口压力或牧场的稀少驱使这群印度－雅利安人越过兴都库什山脉的狭窄山麓进入印度北部。此外，东欧地区和小亚细亚、伊朗、阿富汗等地也有他们的足迹。在几个世纪的时间里，他们以小群体的形式迁徙、征服或通婚，最终取代了当地居民。[9]

有关从印度河流域文明衰落到孔雀王朝兴起之前的这段印度历史，可获得的资料很少且不太可靠。考古证据也很少，因为他们的房屋和村庄是由木材和其他天然材料制成的，无法经受时间的考验。正如历史学家拉伊乔杜里（H.C. Raychaudhuri，1892—1957）认为那样："修昔底德或塔西佗都没有为后代留下真正的古代印度史。"[10] 当时也没有其他外国人将孔雀王朝之前的历史记载流传下来。

然而，我们可以从大量的吠陀典籍（梵语"Véda"的意思是"知识、智慧"）中了解到他们的生活和思想。这些典籍于公元前 2000 年在印度西北部创作出来，此前它们已被人们口口相传了几个世纪之久。其中有一部重要作品名叫《梨俱吠陀》，它收集了对众神的赞颂诗歌、咒语、唱诵、对生活和幸福的祈祷以及哲学思考。这本书分为 10 册或章（mandala），共由 1028 首颂诗组成。虽然从它们被创作到抄写成文字有几个世纪的间隔，但学者们认为它们非常接近原著。因为人们一直采用复杂的记忆方式，非常谨慎地将这些颂诗通过父子代代传承。这种世界上最古老的宗教典籍的部分经文，至今仍在印度教的婚礼和葬礼上念诵。

后来的典籍包括《梵书》（约公元前 900—前 700 年创作）和《奥义书》（公元前 600 年左右），《往世书》（关于神、英雄和圣人的故事集，大致完成于公元前 400—公元 1000 年），佛教的《本生经》（佛陀前世的教化故事）以及耆那教的经典。伟大的印度史诗《摩诃婆罗多》和《罗摩衍那》是否可以用来确定具体的事件和历史人物，一直是个有争议的问题，因为这二者的创作日期以及它们所描述的事件和人物都有很大的不确定性。

我们现在已经知道，原始的印度 - 雅利安人是半游牧部落，即以小型亲属聚落的形式生活在一起，后来发展到生活在由酋长领导的部落中。他们也从事农耕，驯化了马，使用带轮子的畜力车，并饲养牛羊。人们以牛为财富，动词"战斗"（gavishthi）意思是"希望得到牛"，这等于直接告诉我们抢劫牛群是冲突的根源（今天所谓的"氏族"一词"gotra"，其本意便是"牛舍"）。他们称自己为"Arya"或"Arya Putra"，后来这两个词成为所有"有文化的"南亚人自我指代的首选词汇。他们的语言被称为吠陀梵语，其所属的语系包括了希腊语、拉丁语以及大多数现代欧洲和北印度语言。

《梨俱吠陀》提到了 30 多个氏族，其中包括苏达（Suda）、俱卢（Kurus）、补卢（Puru）、阿奴（Anu）和婆罗多（Bharata）等。后来，"婆罗多"成为今天印度共和国的官方名称。[11]《梨俱吠陀》经常提到两个瓦尔纳（varna，通常翻译为"种姓"）——他们用来自称的雅利安种姓（贵族）以及被他们征服或驱赶到森林里的当地肤色较深的达萨（dasa 意为"仆人"或"奴隶"）。[12]后来的典籍提到婆罗门、刹帝利和吠舍（一般平民）。唯一提到种姓四分法的是《梨俱吠陀》中的一首颂诗，正是这首颂诗通过神话对种姓起源给予最权威的认可：

> 当诸天神举行祭祀时，他们以布卢沙（人）为祭品……
>
> 当他们分解布卢沙（人）时，将他分成了多少块？
>
> 他的嘴叫什么？他的两臂叫什么？他的两腿叫什么？他的两足叫什么？
>
> 婆罗门是他的嘴；两臂成为罗阇尼耶（王者）；
>
> 他的两腿就是吠舍；从两足生出首陀罗。[13]

第一类即婆罗门是祭司，第二类即罗阇尼耶（后来称为刹帝利）是武士和统治者，第三类即吠舍是通过放牧、农耕和贸易创造财富的人，第四类即首陀罗是工匠和用人。然而，《梨俱吠陀》没有提到不同种姓通婚或共居的禁忌，只有在后来的吠陀典籍中才提到这些禁忌以及其他禁忌。在某个时期（学者们对具体时间聚讼不已）吠陀典籍增加了第五类人。[14] 他们只能从事别人不愿意做的工作，如鞣制兽皮、收集垃圾或埋葬死者等。

公元前 1500 年左右，印度－雅利安人主要生活在今旁遮普邦和德里直辖区附近。后来的资料表明，他们逐渐迁移到喜马拉雅山和温迪亚山脉之间的地区，继而慢慢扩散到印度河－恒河平原，这是一片肥沃的地区，面积约 250 万平方千米，横跨印度北部和东部、巴基斯坦东部和孟加拉国的大部分地区。他们在这里定居下来，一开始用铜斧和青铜斧砍伐森林；后来，在公元前 800 年左右，他们开始使用铁犁等铁制器具。[15] 与此同时，丰沛的降雨和肥沃的冲积土壤促进了水稻的种植。食用稻米和农业生产的进步令人口迅速增长进而形成村落，接着又促进了专门贸易和各种职业数量的增加。我们现在可知的，在文献中提到过的职业有织工、弓箭匠、制革工、养马工、生火工、铁匠和金匠、医生、占卜师和商人等。由于河流是贸易的天然通道，许多城镇沿河而建。

随着诸多小部落在某个特定地区永久定居，一些部落开始融合成更大的政治实体，它们通常以占主导地位的部落命名。佛教文献列出了公元前 6 世纪左右出现的 16 个大型政治实体，它们被称为"雄国"（Mahajanapada，又译为列国），该词语的原意为部落或氏族（jana）的定居之地（pada）。它们的边界是喜马拉雅山、哥达瓦里山谷（Godavari Valley）、马尔瓦高原（Malwa Plateau）和比哈尔邦东部。对于这些政治实体，耆那教典籍给出了两份不同的列表。两者共有的名称有：鸯伽（Anga）、摩揭陀、跋蹉（Vatsa）、跋耆（Vajji）、迦尸（Kashi）和拘舍罗（Kosala）。另外还有一些小国和酋长国不为文献所记载。

雄国包括大多数位于印度河流域平原的王国（rajya）；此外，还有位于北部、西北部和喜马拉雅山麓的寡头政权——有时它们也被称为共和国

（gana 或 sangha）。前者由称为"拉贾"（raja，王）的世袭酋长统治，他们在名为"萨巴"（sabha）和"萨米提"（samiti）的部落委员会协助下进行管理。我们尚不清楚这些委员会的确切职能；据推测，这些委员会有可能是部落所有男性成员的集会，也可能是家族首领的集会，或者只是少数重要人物的集会。一般拉贾都拥有一个宫廷、一位将军和一位大祭司（purohita）。大祭司举行仪式以确保王国的繁荣和战争的胜利，但人们并不觉得拉贾神圣。共和国没有世袭统治者，直接由部落委员会管理。而且，拉贾通常也属于刹帝利种姓。根据历史学家罗米拉·塔帕尔的说法，较之于君主制，共和国对个人主义和独立意见不太反对，更愿意接受非正统的观点。[16] 看得出，佛教和耆那教这两大宗教运动的领袖都出生在共和国，这并非巧合。

这些国家都有自己的首都，阿槃提首都是乌阇衍那、犍陀罗首都是塔克西拉（Taxila，古译名为"呾叉始罗"）、摩揭陀首都是王舍城、跋蹉首都是憍赏弥、拘舍罗首都是舍卫城、跋耆联盟首都是毗舍离、迦尸首都是波罗奈。其中最后一个是当时世界上最大的城市。这一次都城的大量出现通常被称为"古印度文明的第二次城市化"时期。大型城镇是经济和政治中心，位于横跨次大陆的水陆商业网络的沿线各地。这种文化有时被西方学者命名为"北方磨光黑陶文化"。这种黑陶是一种高度抛光的陶器，从公元前 7 世纪至前 1 世纪一直被精英阶层使用。发掘结果还表明，在近1500 个遗址中都存在着可追溯到这一时期的戳印钱币。它们往往是形状不规则的小金属片，通常是银质的，且上面刻有符号。

犍陀罗的首都塔克西拉位于现代城市拉瓦尔品第（Rawalpindi）西北约 32 千米处，是次大陆与外界贸易路线的交汇处，希腊作者将其描述为"一座伟大而繁荣的城市"。即使在 3000 年前，塔克西拉也是著名的学术中心。学者们群星汇聚，积极寻求指导和悉心教导。据说，曾经在塔克西拉居住过的人有：伟大的语言学家波你尼（Panini）、阿育吠陀（古印度医学流派）的创始人遮罗迦（Charaka）、时任执政王的阿育王等。约翰·马歇尔爵士在其附近发现了一个更早的考古遗址，名为比尔山丘（Bhir Mound），其历史可追溯到公元前 800 年。虽然它不是一个有规划的城市，但已有明确的街道、小巷和排水沟。

马歇尔还发掘了比塔（Bhita）城，该城位于憍赏弥以南 56 千米处。比塔城占地 14 公顷，是个正方形建筑，周围被土埲围绕，土埲上是一堵 3.4 米厚的城墙，城墙上有三组门用于出入。比塔城有两条平行的主干道和一组较小的街道，具有城市街区的布局。每座房子都有三个或三个以上面向街道的房间，并拥有一个内部庭院，这可能源于最初的四间长屋围绕一个庭院的布局。[17] 前面的房间可能是工匠作坊或出售商品的商店，阿旃陀壁画曾描绘过类似景象。这些房子是数代同堂大家庭的住所，加上仆人，可能居住有 10—20 人。

王舍城（今天的拉杰吉尔）位于比哈尔邦东北部，是诃黎（Haryanka）王朝统治下的摩揭陀国的第一个首都，该城作为首都一直持续到公元前 5 世纪后才由国王优陀延（Udayin）将首都迁至华氏城。[18] 王舍城曾经是佛教和耆那教的中心，这两个宗教的创始人都在这里待过很长时间。与其他城市不同，王舍城位于河流附近的平原上，在群山环绕的山谷中。迪特尔·施林格洛夫（Dieter Schlingloff）对古印度"卫城"进行了研究，根据他的说法，王舍城的外部防御工事由巨大的石头组成，沿着山峰延伸超过 40 千米，厚约 5 米。

施林格洛夫指出，一些古印度城市的规模与同时代古希腊和古罗马的城市规模相当。跋耆有 3 万—6 万居民，憍赏弥有 9 万—18 万居民，当时的雅典有 10 万居民。[19] 而华氏城是独一无二的，它比憍赏弥大 11 倍多，比古代任何城市都大——面积是亚历山大城的 3 倍，是罗马城的两倍。

这些城市的形态具有某些共同特征：它们都建在靠近河流的平原上，这些河流为城市周围的护城河供水。正如在比塔城的挖掘中看到的那样，护城河的泥土清挖出来后会被堆成土墉，然后人们会在土墉顶部再建造一道围墙保护城市。城中街道呈格子状排列，房屋围绕庭院而建。

这些房屋和街道的布局表明，人们根据憍底利耶（Kautilya）在《利论》（Arthashastra）中规定的标准进行了仔细的城市规划。[20]施林格洛夫认为，这种布局与雅典、斯巴达、科林斯和其他在同一时期建立的希腊城市有许多共通之处，如平行街道、直角交叉等规则的布局。德国考古学家特里奇（F. Tritsch）甚至进一步认为，古希腊城市的道路布局是古希腊人在公元前8世纪至前7世纪之时与印度取得初步接触的结果。[21]

与此同时，城市的形式和建筑材料也逐渐多样化。有些城墙是砖砌的，有些是黏土或石块构筑的。最大的城墙，如憍赏弥的城墙，基座宽达75米，城墙高达14米。至于城墙是用来防御、防洪还是抵御野兽的，也存在争议。且不管它们的功能是什么，它们的建造都与科宁厄姆所说的"劳动力投入的大幅增加"有关。他们估计，招募的工人有数千人之多。这些建筑物证明了新兴雄国统治者的权威以及他们动员和整合民众的能力。[22]

雄国的合并和摩揭陀的崛起

一段时间后，前面所述的雄国逐渐合并成几个强大的政治实体，其中五个为争夺至高无上的统治权而征战。它们分别是：鸯伽、迦尸、拘舍罗、摩揭陀和跋耆联盟。最终，摩揭陀国取得了胜利，它是孔雀王朝建立的基础。基于这个原因，历史学家萨曼达尔（J. N. Samaddar）认为："印度早期历史有四分之三是摩揭陀的历史。"[23]

摩揭陀的地理和经济地位非常优越，它的东部、北部和西部都有因航道而成为贸易中心的城市。另外，其灌溉系统也非常发达，因此摩揭陀土地肥沃，农作物长势良好。而且当地有大量的大象生存，这是战场必不可少的。另外，该地区丰富的铁矿让摩揭陀的军事力量如虎添翼。

已知的最早摩揭陀国朝代是巨车王朝（Barhadratha dynasty），该王朝由巨车王（Brihadratha）建立（巧合的是，孔雀王朝最后一位统治者的名字也是巨车）。该王朝可能在公元前 6 世纪结束统治，因没什么文字记载所以人们对它知之甚少。[24] 第二个王朝是诃黎王朝，由频毗娑罗（约公元前 556—前 491 年）创立。频毗娑罗，又称为"影胜"。他于 15 岁时成为国王，在位 52 年。根据斯里兰卡佛教编年史《大史》（Mahavamsa）记载，因频毗娑罗的父亲是佛陀父亲的朋友，频毗娑罗即位 15 年后即与佛陀相识。据说，频毗娑罗还是佛陀最早的供养人之一，他供给佛陀一片竹林，这片竹林便成为佛陀和弟子们最早的静修场所。后来，频毗娑罗通过征服东部的鸯伽国，并以与其他王国的统治者联姻的形式，将领土不断向东扩展。频毗娑罗征服鸯伽的原因是，鸯伽的首都瞻波（Champa）位于恒河和瞻波河的交汇处，是一个贸易和商业中心，商人们还可以通过此地进入东南亚的外国市场。

据说，频毗娑罗很会用人。他曾将官员根据职能分成不同的类别，因此他的大臣都能尽职尽责。而他也是第一个组织行政管理的印度国王，例如，有些官员负责测量耕地和评估作物；村庄由负责收税的村长管理，而其他官员将税款汇总上交王室国库。国王理论上拥有所有土地，并从收获中抽取一定比例的分成，一般为六分之一——这一政策被后来的统治者（包括孔雀王朝的君主）所遵循。[25]

在（自愿或被迫）放弃王位后，频毗娑罗王绝食而死。这与耆那教的习俗吻合，因而有人推测他与耆那教有密切关系。然而，根据佛教传说，频毗娑罗其实是被他的儿子阿阇世王（Ajatashatru，约公元前 492—前 461 在位）囚禁并杀害的。后来，人们在王舍城发掘出一个建筑，该建筑有厚厚的石墙、堡垒、石室，以及附在其中一堵墙上的铁环。该建筑被命名为"频毗娑罗监狱"，据说频毗娑罗就是在这里被囚禁并饿死的。

图 1.2　比哈尔邦拉杰吉尔的频毗娑罗监狱遗址

此外，还有四个雄国：拘舍罗、跋蹉、阿槃提和跋耆联盟。其中，跋耆联盟又被称为离车联盟，是一个由 30 个非君主制团体和氏族组成的联盟。跋耆联盟以其强大的军队和繁荣的经济而闻名，这是由于他们具有独有的战略地位——拥有连接恒河东部铁铜矿与西亚北部贸易路线。因此，阿阇世吞并了弱小的拘舍罗后便转向跋耆联盟，随后进行了漫长而残酷的征战。他的策略之一是在跋耆联盟的不同氏族之间挑拨离间，最终在公元前 480 年左右的战斗中击败了他们。

根据历史学家巴沙姆（A. L. Basham）的说法，频毗娑罗和阿阇世统治时期的政策明显倾向于"旨在控制尽可能多的恒河河道之政策"，正是这一政策使他们成为第一批"设想构建辽阔帝国可能性"的印度国王。[26]他们的胜利使摩揭陀成为恒河流域东部最强大的王国。

据说，阿阇世发明了两种武器：一种是车轮上装有刀片的战车，可以砍倒对手；另一种是投掷大石块的机器。与此同时，他还在恒河、松河和加格拉河交汇处建造起一座堡垒用于防御。后来，该堡垒发展成一座具有重要商业价值的城市，名为华氏邑（Pataligama）。根据传说，佛陀在一次访问中对这座城市印象深刻，并预测它最终将成为该国的首要城市。后来，阿阇世的儿子优陀延真的将摩揭陀的首都从王舍城迁到这座城市，并将之重新命名为华氏城。[27]

直到现在，阿阇世在耆那教和佛教传统中依然受到尊重。[28]根据耆那教编年史，阿阇世非常尊重耆那教的创始人大雄，甚至还派一名军官每天向他汇报大雄的日常生活。而根据佛经的记载，阿阇世将佛陀和僧伽都置于自己的保护之下，并建造巨大的佛塔供奉佛陀舍利。另外，阿阇世还参加了在王舍城举行的第一次佛教结集。可见，阿阇世的宗教宽容态度与两个世纪后阿育王对宗教的宽容态度遥相呼应。

据说阿阇世的继任者是他最宠爱的儿子优陀夷（Udayin，约公元前460—前444年在位）。在优陀夷统治时期，摩揭陀向雄国中的最后一个独立国家阿槃提多次发起战争。有的资料说优陀夷杀死了自己的父亲，他的继任者又杀死了他。而且在优陀夷统治期间，人民对他恨之入骨，并说："这是一个弑父的王朝。"其后的继任者分别是：阿楼驮（Anuruddha）、文茶（Munda）和那竭陀萨加（Nagadasaka）。我们对这几个人的情况知之甚少。总之，人们驱逐了该王朝的最后一位国王那竭陀萨加，并让他的大臣悉输那伽（Shishunaga，意译为幼龙）代替他成为国王。

悉输那伽是幼龙王朝的创始人，公元前413—前395年在位，他迁都了毗舍离。作为国王，他的主要成就是击败了阿槃提的统治者。悉输那伽去世后，他的儿子卡拉索卡（Kalashoka，即黑阿育王）继承了王位。正是卡拉索卡在毗舍离举行了第二次佛教结集，并将首都迁回华氏城。据说，他的十个儿子同时继承了他的王位；除此之外，我们对他之后发生的事情几乎一无所知。在一个相对较短的时期内，摩揭陀从恒河流域的一个小国演变为一个不可忽视的力量，成为印度国家大一统的中心。

与此同时，印度西北部仍然是一个由小邦和部落团体组成的联合体（其中两个国家——甘蒲阁和犍陀罗——也出现在某些雄国列表上）。在公元前6世纪末，这些国家中的一些被波斯的阿契美尼德帝国（Achaemenids）征服，成为该帝国的总督辖区。

图 1.3　一支皇家队伍（可能包括阿阇世）离开王舍城前往佛教圣地。中央邦桑奇佛塔的一号通道上的雕像

难陀王朝

几十年后，幼龙王朝被难陀王朝取代。难陀王朝虽然短命，但拥有承上启下之作用。难陀王朝的统治时间并不明确，人们对此有不同的推测，基本来说有公元前364—前324年、公元前345—前324年、公元前344—前322年等多种说法。印度及其他国家的文献都一致认为难陀王

朝统治者出身卑微。根据佛教记载，难陀王朝的创始人名叫乌格腊迅纳（Ugrasena）或摩诃坡德摩（Mahapadma，意译为大红莲），他的母亲出身低种姓。他幼时曾被一伙强盗俘虏，后来成为强盗首领。他扩张势力后便开始袭击邻近的王国，甚至还在华氏城附近杀死了幼龙王朝最后的统治者。《往世书》将摩诃坡德摩称为"唯一君主"（ekarat），他是第一位获得此称号的南亚国王。摩诃坡德摩精力充沛、雄心勃勃，在其统治时期控制了羯陵伽（今天奥里萨邦和安得拉邦北部的部分地区）。他的八个兄弟[29]先后继承了王位，最后一个名为达那难陀（Dhanananda）。也有一些古籍称，达那难陀的生父摩诃坡德摩是一位英俊的理发师，深得王后垂青，他杀了王后的丈夫，自己当上了国王。[30]

难陀王朝以幼龙王朝的版图为基础，扩展到羯陵伽（现代奥里萨邦默哈讷迪河和哥达瓦里河之间的东部沿海地区）和阿湿摩迦/阿萨迦（Asmaka/Assaka，中央邦哥达瓦里河附近的地区）。《往世书》将难陀王朝称为"所有刹帝利的破坏者"。这是因为他们推翻了刹帝利建立的诸多王国。难陀王朝还集结了一支庞大的军队。据古希腊历史学家普鲁塔克描述，这支军队由 20 万名步兵、8 万名骑兵、8000 辆战车和 6000 头战象组成。

难陀王朝的人口可能有数百万，其中仅首都华氏城就有 40 万人。难陀王朝领土覆盖了北印度和东印度的大部分地区，也许还包括南印度的一部分。对此，H.C. 拉伊乔杜里认为："印度第一次有了一个超越恒河流域的帝国。它不是由实际上独立的国家或封建领地组成的松散组合……而是一个由'唯一君主'领导的统一君主制国家，而且这位君主拥有大量资源。"[31]似乎有证据表明，难陀王朝允许边疆地区的民众享有相当程度的自治权，同时对以摩揭陀和华氏城为中心的地区保持更严格的控制。公元前 4 世纪的古希腊作家也提到，当时一种由官员和下属管理的省级政府系统，其中包括被称为大督察（mahamatra）、乡村官员（rajuka）和巡员（pradesika）

的职能部门，所有这些都在阿育王铭文中提到过。当时最低的行政级别是村庄，由国王任命的村长（gramika）管理。阿育王似乎与这些村长保持着密切的联系，当阿育王巡回宣传他佛正法信息时，就会重新与村长联系。

泰米尔语、汉语和古希腊语的古籍都记载了难陀王朝拥有的巨大财富。实际上这些财富大部分来自对"皮制品、橡胶树和石头"征收的重税。特别是国王达那难陀统治时期尤以贪婪著称，据说他囤积了9.9亿枚金币。根据罗米拉·塔帕尔的说法，难陀王朝税收制度的发展意味着"印度人开始思考创造一种以农业经济为基础的帝国结构的可能性"。[32] 这一制度在他们的继承者孔雀王朝所建立的强大富庶帝国中得以实现。达那难陀苛重的赋税和卑贱的出身使他非常受人憎恨，并导致他被旃陀罗笈多打败。根据普鲁塔克的说法，孔雀王朝的旃陀罗笈多曾告诉过亚历山大大帝，难陀王朝的这位国王由于"具有邪恶的性情和卑贱的出身"而被他的臣民憎恨和鄙视，因此亚历山大大帝可以轻而易举地占领难陀帝国的领土。[33] 也许正是亚历山大大帝的离去才让旃陀罗笈多亲自完成了这项任务。

第 2 章

宗教生活

正如《吠陀经》所描述，印度-雅利安人所崇拜的神是自然神，且与古希腊和古罗马的神灵大部分有对应关系。如因陀罗（Indra）相当于宙斯和朱庇特，他是吠陀万神殿的主神，统治着天空和天界。此外，还有火神阿耆尼（Agni）、雷神伐楼那（Varuna）、电神楼陀罗（Rudra）、风神伐由（Vayu）、日神苏利耶（Surya）。当然，还有包括毗湿奴（Vishnu）在内的次要神。孔雀王朝灭亡的几个世纪后，毗湿奴成为印度教三主神之一。生命和自然都是无常的，人们最好通过祭礼安抚众神并获得他们的恩宠，在梵语中这被称为"yajna"（祭祀）。

吠陀时代的印度人没有寺庙，人们往往会在家里火龛边举行祭祀。如果家里没有火龛，也可以在露天的火堆旁进行。古印度人认为火是最纯净的元素。直到今天，它在印度教仪式中仍扮演着核心角色。

在祭祀过程中，首先要屠宰动物并将肉献给神灵。祭祀完成后这些肉先被分给供养者和他们的客人，剩下的分给祭祀的主持者（在波斯、古希腊和古罗马也有类似的仪式）。婆罗门祭司垄断祭礼，祭祀施主

（yajamana）则负责支付费用。

这种形式的崇拜在印度河－恒河平原一直占据主导地位，直到公元前6世纪左右，在印度东北部的摩揭陀附近才出现了新的变化。印度学家约翰内斯·布朗霍斯特（Johannes Bronkhorst）认为，摩揭陀有一种独特的文化，是独立于印度河－恒河平原的文化而发展的。在摩揭陀，几乎没有人去信仰吠陀宗教。印度河－恒河平原的文化被称作"天启"（shrauta），也可称作"吠陀天启"，意思是"听到"。布朗霍斯特称该地区为大摩揭陀，涵盖了从拘舍罗国首都舍卫城到摩揭陀首都王舍城的地区，即今天比哈尔邦和北方邦东部——换句话说就是佛陀和大雄生活与弘法的地理区域。布朗霍斯特认为，正是这种文化催生了印度的第二次城市化，导致了全新的政治结构之兴起，促成了孔雀王朝及随后帝国的创立。[1]

摩揭陀是当时的"狂野东方"，雅利安人一般认为它是化外之地。《吠陀经》轻蔑地提到了该地区的野蛮语言和当地居民建造的圆形坟冢——这样的坟冢在雅利安人的中心地带是不存在的。不过，它们后来被佛教徒采纳，逐渐演变成佛塔的形式。这里的居民被称为弗罗提耶（vrātya[2]），该词的意思是生活在婆罗门教范围之外的古印度人（有时被译为"异教徒"），有时候这些人也被称为阿修罗（恶魔）。布朗霍斯特和一些人认为，摩揭陀人反对为祭祀屠杀动物，因此才被《吠陀经》轻蔑地斥为异端，而业力、投生和解脱的思想也起源于此。

这些新思想的雏形最早出现在被称为《奥义书》的哲学文集中，最初创作于公元前7世纪或前8世纪。"自我"（atman，阿特曼）需要经历无穷无尽的生死轮回，从这个结构中产生了"业"的法则；在这里，"业"的意思就是"行动"或"行为"。也就是说，我们的行为决定了我们将来会变成什么样子，而摆脱这种轮回的最好方法是彻底让"业"失效。由于在这种世界观中不存在造物主，所以"业"的法则并非神授。因此，"业"

也成为佛教、耆那教以及后来被称为"印度教"世界观中的核心概念。

从"业"中解脱的一种方法是弃绝（sanannyasa）——即离开尘世，住在森林里。一些弃绝者通过禁食等苦行来消"业"。冥想和瑜伽也在此时出现。"不害"（ahimsa）一词首次出现在《奥义书》中，这个概念被翻译为"不伤害""非暴力"或"无害"；后来，它成为圣雄甘地、马丁·路德·金以及其他非暴力政治行动倡导者的核心政治观念。实际上，阿育王的正法哲学也包含有这种思想。

苦行者通常被称为沙门（sramana）。该词原本是指弃世苦行，追求灵性解脱的人；后来指的是拒绝吠陀仪式和婆罗门权威的人。到耆那教和佛教兴起时，它已被专门用来指耆那教徒、佛教徒、正命派（Ajivika）和其他宗教团体——那些完全拒绝吠陀权威，不相信任何神灵的人被称为虚无主义者（nastika）或无神论者。他们经常在城市的公共场所和郊区的森林里布道并辩论，周围聚集着一批围观者。一些城市的集会厅更是成为辩论的主要场所。而婆罗门不喜欢城市，这一点从《阿跋斯檀婆法经》（Apastamba Dharmasutra，创作于公元前 600—前 300 年间）的一段话中可以明显看出："住在城市里的人，即使过着苦行生活，身体、眼睛和嘴巴也沾满了城市的灰尘，无法获得解脱。"[3]

古希腊历史学家麦加斯梯尼（Megasthenes，约公元前 350—前 290 年）在一部名为《印度史》（Indika）的著作中讲述了他对印度的观察。其中，他将践行苦行生活方式的人称为婆罗门（Brachmane）[4]。但是，他使用这个词时，指代的意义要比主持祭祀的婆罗门祭司宽泛得多。此前他在使用古希腊语指代"沙门"（古希腊语拼写为 šramane，梵语拼写为 šramana）时也是如此。麦加斯梯尼这样描述他们：

在印度的婆罗门中，有一群哲学家，他们采取与世隔绝的生活方式，不吃肉类与火煮的食物，满足于以水果为生，他们甚至不从树上摘水果，而是从地上捡食，他们喝的是塔迦贝纳（Tagabena）河的水。[5] 他们终生赤裸，声称肉体是神赐给灵魂的遮盖物……

　　这个教派的成员以轻蔑的态度漠视死亡……他们既不娶妻，也不生子。渴望像他们那样生活的人，从河的另一边过来，并永远留在他们身边，不再回到自己的国家。这些人也被称为婆罗门，但他们并没有遵循相应的生活方式，因为在这个国家的人会娶妻生子，形成土著居民……婆罗门认为肉体是战争的根源，肉体搏斗等同于士兵在战场抗击敌人。此外，他们认为所有的人都像战俘一样，被与生俱来的敌人——肉欲、食欲、愤怒、欢乐、悲伤、渴望等等束缚，而只有战胜这些敌人，才能离神更近。[6]

这种描述可能指那些弃世婆罗门，也可能指耆那教徒，因为这些群体之间的界限是不固定的。在当时，人们并不称自己为"佛教徒"或"耆那教徒"，当然更没有任何相当于基督教洗礼的皈依仪式。[7]

许多人发现，较之婆罗门教深奥而昂贵的仪式，这些新运动的道德和伦理教义更具有吸引力。一些传统的祭祀活动动辄需要屠宰数百头动物，对那些必须为此捐献动物的农民来说是很大的负担。人们改变信仰，也体现了对《吠陀经》权威的反抗。因为《吠陀经》鼓吹婆罗门至上，是让人们很反感的。这些新兴群体的追随者来自社会各个阶层——商人、工匠、低种姓者和女性，其中大多数来自城市而非农村。这些运动主要发生在城市，反映出旧部落文化的瓦解和飞速的社会变迁。这些变化让人们产生了悲观和焦虑的情绪。一种更加唯物主义的解释是，以农业为基础的剩余经济及与西亚贸易的蓬勃发展，引发了向上流动的中产阶级崛起，他们对原有的种姓制度感到不满。

我们知道有四个这样的群体（当然可能还有更多）：耆那教徒、佛教徒、正命派和遮卢婆迦派（Charvaka）。作为一种传播性宗教，佛教尤其反映出城市国家的崛起及其扩张政策。耆那教和佛教的创始人都出生于王室家庭，因此他们都是刹帝利，因此与国王打交道对他们来说驾轻就熟。

值得注意的是，佛陀和大雄都要求他们的追随者在交流教义时使用通俗语言，而不是精英语言——梵语。这种做法可能也影响到了阿育王，他便命令将自己的法敕用口语或俗语（Prakrit）书写。

耆那教

筏驮摩那（Vardhamana，公元前 599—前 527 年）又被称为大雄（Mahavira），他是耆那教的真正创始人。不过在公元前 6 世纪之时，他并没有被视作新兴宗教的创始者，只是被人们视作历史上 23 位耆那（jina，胜利者）中的最后一位。这些耆那又被称为渡津者（tirthankara），是无所不知的老师。他们在获得觉悟后，向世人传播解脱之道。筏驮摩那是比哈尔邦东北部孔达普罗国（Kundapura）的王子。筏驮摩那婚后至少生育了一个孩子，但他后来为了寻求觉悟而出家。根据传统说法，他最初令 11 位婆罗门皈依，这些婆罗门后来便成了他僧团的领导者。

耆那教曾经接受但后来拒绝了吠陀和婆罗门的权威。耆那教通过正信、正知、正行三宝（ratnatraya）获得解脱。耆那教认为，人类生存的目标是将自己从贪和嗔中解脱出来，这样就能达到完美的正遍知状态，进而最终从肉体中解脱出来。如果不能解脱，那么一个最大的障碍就是恶业的束缚。耆那教徒并不将"业"视为一种精神或无形的元素，而是将其视为一种物质实体——一种依附于人的灵魂的超精细物质，且遵循机械的因果法则。当人们产生错误言行的时候（例如，说谎、偷窃或杀生），就会获得不善的业尘（karma particle）。

大雄拒绝种姓的概念，但他似乎还是基于职业而非出身将人分为四类。耆那教有寺庙，但没有祭司。一些耆那教徒出家成为僧尼，他们没有任何财产，只是光着脚四处流浪乞食。

耆那教的核心教义是：自然界的一切都是有生命的。因此大雄教导的"纯洁不易的常法"是："一切有呼吸的、所有存在之物、所有活物、万事万物都不应该被伤害或遭到暴力对待。"耆那教非常极端地禁止杀生，甚至不允许信徒成为农民，因为耕种会伤害土壤中的昆虫。由于这项禁令，许多耆那教徒都选择成为商人。

耆那教对饮食的规定是所有宗教中最严格的。一位学者写道："说耆那教徒是严格的素食主义者，既不足以表达一些耆那教徒对自己严格的要求，也不能表达严格素食在耆那教宗教生活中的核心地位。"[8]所有耆那教徒都绝对禁止五种食物：肉和肉制品、鱼、蛋、酒精和蜂蜜。耆那教僧尼和在家居士还在特定时期内禁止食用某些食物，其中包括：有籽水果和有籽蔬菜、地下生长的蔬菜、洋葱和大蒜、新鲜生姜和姜黄等等。

在耆那教看来，消业的一个重要方法是禁食。而且耆那教已将禁食提升为一种艺术。在他们的教义里，终极禁食被称为死亡三昧（samadhi marana）或自愿禁食（sallekhana），即需要放弃所有食物和水，让自己饿死。一般身患绝症或非常衰老的人会采取这种修行方法。他们自认为已经完成了今生的使命，但必须事先获得长老僧的许可。

在耆那教历史的早期，耆那教僧团产生了分裂，一些老师将不同支派从他们位于印度河–恒河平原的家乡传播至其他地区，特别是南部和西部。耆那教在南方也获得了人们的支持，甚至还受到好战国王的拥护，因为这些国王也欣赏耆那教徒的精进、自律和自制。据说，后来孔雀王朝的旃陀罗笈多成为耆那教信徒，他放弃王位跟随耆那教导师南下，最后在南方绝食而死。

一些耆那教国王后来回归到传统的吠陀信仰，甚至迫害耆那教徒，耆那教信徒的数量也随之减少。耆那教并不热衷于传教，所以人数一直很少。直到今天，印度也仅有 450 万耆那教徒，且主要分布在西部各邦。此外印度的海外侨民也有一些是耆那教徒。

佛教

乔达摩·悉达多（Gautama Siddhartha），后来被称为佛陀（觉者），是释迦族首领之子。他出生在今天尼泊尔南部的蓝毗尼（Lumbini）。30岁之前，他一直生活在迦毗罗卫城（Kapilvastu，确切位置不详）。长期以来，人们都将他的生活年代定为公元前563—前483年；现在，大多数学者认为他生活的时间稍晚一些，应在公元前480—前400年之间。但是，这一变化意味着他不太可能与频毗娑罗相见。[9]根据佛教故事，他年轻时一直在百般呵护下过着宫廷生活。直到首次看到普通人的痛苦，才开始了精神上的探索。乔达摩一度加入苦行僧团并修习苦行，结果差点饿死。但是，他后来放弃了这种方法，选择了他所称的中道——介于纵欲和苦行两个极端的中间道路。乔达摩的觉悟发生在摩揭陀菩提伽耶镇的一棵毕钵罗树（peepal tree）下，这棵树后来被尊称为菩提树（觉悟之树），该树在与阿育王相关的佛教叙事中扮演着诸多重要角色。佛陀在波罗奈东北10千米的鹿野苑首次说法传教，此地靠近北方邦恒河和瓦鲁纳河的汇合处。佛教僧团就是在这里诞生的。今天，这两个城镇都是世界各地佛教徒的朝圣地。

我们对乔达摩的生平和教法的了解，几乎都来自口头流传了几个世纪后才记录下来的文字。在这些文字组成的典籍中，我们可以发现他的精神探索旨在寻求人类生命的意义，并寻找摆脱轮回之苦的方法。乔达摩的核心教法见于《转法轮经》，由他在波罗奈向第一批弟子宣讲。该经宣讲的"四圣谛"和"八正道"被所有佛教教派接受。这些教法统称为佛法。根据这些教法，佛教徒应该皈依佛、法、僧三宝。在这里，"僧"既可以指某个僧团，也可以指整个佛教界。

如果人们遵循佛陀的教法，便能摆脱生死轮回，获得涅槃。涅槃有时被翻译为"觉悟"——这个词很难定义，但它类似于某种超越的状态——没有痛苦、欲望或自我意识。该目标不是通过信仰、知识或仪式，而是通过正确的行为来实现的。佛教有一套严格的伦理体系，根本内容是五条适用僧俗二众的道德戒律：

1. 不杀生（不害）。
2. 不偷盗。
3. 不邪淫。
4. 不妄语。
5. 不使用迷惑头脑的麻醉品。

佛教最初是介于无神和有神之间的。正如巴沙姆所写："没有哪个佛教教派完全否认神的存在。但他们也认为，神并不是一种与人类不同的超自然存在，他们只是比人更幸福，并拥有更强大的力量。在寻求解脱的过程中，真正的佛教徒往往会绕过神，这是因为神既不能对佛教徒有帮助，也不会产生妨碍。"[10] 佛陀宣扬种姓平等，这使他的宗教具有普世性。作为杰出的组织者，佛陀为男女僧众创建了寺院——但乔达摩对女性持怀疑态度，认为她们会给男性僧人带来诱惑，因此以集会取代仪式。僧团由和尚（比丘，bhikkhu）和尼姑（比丘尼，bhikkhunī）组成。还有一类信众是"优婆塞"（upāsaka）和"优婆夷"（upāsikā），[11] 他们指"在家信徒"或居士，是没有出家，但遵循佛教道德戒律的信徒。

根据不害[12]的原则，佛陀明确拒绝用动物祭祀。虽然早期佛教对在家居士的饮食没有任何限制，但也提倡过应当节制，以避免过度执着于对食物的享受。尽管佛教寺院提供的食物是素食，但当出家僧尼托钵乞食时，他们必须接受信众布施的任何东西，包括肉或鱼。当然，食物必须符合"三净"原则。也就是说，动物不是为了供养乞食者而故意杀死的——乞食者没有看到、听到或者怀疑动物因自己而死。还有一些少数食物是所有佛教徒绝对禁止食用的，如酒精和某些肉类——象肉、马肉、狗肉、蛇肉、狮肉和虎肉。鹿肉和其他肉类是被允许的——这也许反映了佛教创始人和一些贵族追随者的刹帝利身份。[13]

佛陀在80年的漫长一生中一直在印度河–恒河平原中部的各个国家漫游，弘扬自己的教法。他从未声称自己是神或拥有超自然的力量。许多商人和工匠都是他的在家信徒。在家信徒们捐赠了大量的东西给他和他的弟子们，以建造佛塔、供奉佛陀和其他高僧的舍利。后来，随着寺院的规模和财富不断增长，一些寺院也兼具教育中心的作用。其中最著名的寺院是那烂陀（Nalanda），该寺位于王舍城附近，在5—12世纪处于鼎盛时期。那烂陀寺不仅教授佛法和吠陀经典，还教授医学、建筑、逻辑、艺术和语法知识。在鼎盛时期，那烂陀寺吸引了来自中国、朝鲜和中亚的学者，正是这些人的旅行记录为了解古印度史提供了诸多有益线索。

根据传统，在佛陀去世后不久，僧团就开始在王舍城集会。再过100年之后，又在毗舍离集会，讨论并澄清教义。但第一次被记录下来的集会已经是第三次佛教结集，该结集于公元前250年左右在华氏城举行。虽然作为优婆塞和佛教修行者，阿育王对佛教事务非常感兴趣，但他并没有将佛教定为国教。而是本着真正的佛教精神，倡导对所有宗教和信仰的宽容。

与耆那教不同，佛教热衷于传教。佛教只用了100年的时间便传播到南亚、中亚和斯里兰卡，后来又传播到东南亚、中国、日本和朝鲜半岛。

然而，佛教自身却不幸地逐渐从它的发源国消亡了——早在 7 世纪，中国的旅行者就记叙了佛教的衰落，这是由多种因素造成的：中央政权的瓦解导致了区域性王国的出现，而这些王国的统治者往往会支持其他宗教（唯一一个例外是信奉佛教的波罗王朝，于 8 世纪到 12 世纪期间统治孟加拉）。过去因为佛教如日中天而受到排挤的婆罗门，因为拥有延续 2000 余年的吠罗信加持，所以重新开始担任顾问和行政人员，迅速获得了权力。随之而来的，是统治者和富裕的居士不再热衷于供养佛教僧团。

佛教衰落的另一个原因是，伟大的神学家商羯罗（Adi Shankara）于 9 世纪领导了一次婆罗门教的改革，改革后重新爆发活力的印度教从南印度向各地传播。商羯罗强调，所有宗派和改革后的仪式都是以至高唯一神为基础。他在印度四处游历，与佛教徒辩论，并创办学校和寺院。巴沙姆认为，印度教努力采取的新形式对普通人产生了非常强烈的吸引力。而且一直以来，印度教徒所采取的同化而非攻击的态度发挥了作用。[14] 在北印度，人们甚至将佛陀视为毗湿奴的第九个化身。

12—13 世纪，突厥人入侵印度，他们屠戮僧人，摧毁了包括那烂陀在内的佛教寺院和大学。随后，又强迫佛教徒改信伊斯兰教，许多幸存者逃到了尼泊尔和中国西藏的山区。不过，在比哈尔邦和孟加拉有几座寺院一直存续到 15 世纪。印度佛教在 20 世纪中叶复兴，数十万达利特人在他们的领袖安贝德卡尔（B. R. Ambedkar）的鼓励下重新皈依了佛教。

正命派

最有趣的苦行运动是正命派运动。该运动的创始人是末伽梨·俱舍梨子（Gośala Maskariputra），他生活在公元前 5 世纪中后期，可能生于佛陀之前。俱舍梨子出生地在摩揭陀，他最初是耆那教徒，后来虽然脱离耆那教，但发起了与耆那教相同的苦行运动。正命派的宗教中心位于北方邦阿瑜陀

（Ayodhya）附近。该运动最远传播到了古吉拉特邦和斯里兰卡，并在公元前4世纪达到巅峰——当时它获得一个强大的在家居士团体支持。根据铭文，正命派在卡纳塔克邦和泰米尔纳德邦一直存在到14世纪。

由于正命派没有任何经文存世，关于他们的信息全部来自耆那教和佛教与他们的论战。正命派哲学的主要特征是严格的决定论，反对行为决定业力和命运的想法。他们认为，宇宙的运行规律遵循着无限的非人格性原则。他们称该原则为命运（niyati），命运控制所有的行为和现象，不给人类意志留下任何空间。他们认为没有客观的道德法则，也就是说人类作恶也是没有任何原因的。正命派相信，灵魂具有物质形态，只有经过多次投生才能获得解脱，在投生过程中任何人都无法促进或阻碍这个过程。矛盾的是，正命派奉行严格的苦行主义，因为他们相信是命运迫使他们这样做。他们往往赤身裸体，施行种种苦行，例如躺在荆棘上。耆那教的文献（显然不可靠）也列出了正命派施行包括自杀在内的48种死亡方式。

正命派获得了以下孔雀王朝君主的护持：宾头沙罗（Bindusara）、宾头沙罗的儿子阿育王，以及阿育王的孙子及其继承人十车王（Dasharatha）。据说，宾头沙罗宫廷有一位正命派僧人，此人曾预言阿育王的宏图伟业。阿育王曾经资助在比哈尔邦的婆罗巴山（Barabar）和龙树山（Nagarjuni）为正命派建造洞窟。另外，这些洞窟为正命派以及后来耆那教的苦行僧在雨季提供庇护，因为他们在雨季不能四处游荡。此外，这些洞窟可能也是正命派绝食死亡的场所。这些洞窟也是福斯特（E. M. Forster）的小说《印度之行》（*A Passage to India*, 1924）中马拉巴山洞（Marabar Cave）的原型。

图 2.1 阿育王为正命派建造的比哈尔毗舍离洞窟（内景）

遮卢婆迦派

我们要讲述的最后一个派别是遮卢婆迦派，该派也被称为顺世派（Lokayata[15]）。他们的文献于公元前600年左右被记录下来，但如今大部分已经佚失，因此我们只能通过耆那教和佛教徒与他们的论战、梵语戏剧和14世纪的南印度典籍了解他们的信仰。该派创始人可能是阿耆多·翅舍钦婆罗（Ajita Kesakambali）。他与大雄和佛陀同时代，和前面说过的很多教派创始人一样，人们对他所知甚少。

遮卢婆迦派构建了一个复杂的认识论体系，只接受从直接感知确定的事物。该派声称吠陀经只是祭司的谋生手段，因此拒绝接受吠陀经的权威。而且，该派也否认宗教仪式的作用，还否认轮回、来世、神和业的存在。很显然该派崇奉的是一种古代朴素唯物主义哲学。他们流传着如下一首著名的偈颂：

没有不同于此世的世界，

没有天堂和地狱，

湿婆所属世界和类似的地方，

是由愚蠢骗子们编造出来的。[16]

在遮卢婆迦派看来，智慧就是尽可能地享受快乐和避免痛苦。与许多其他印度哲学流派不同，遮卢婆迦派拒绝苦行。根据某个典籍的记载，遮卢婆迦派认为：

享用美味的食物，有年轻女子相伴，拥有精美的衣服、香水、花鬘、檀香膏，这些就是天界之乐。而死亡时生命气息停止，就是解脱（moksha）……因此，智者不应该为解脱而操劳；只有傻瓜才会用苦修和禁食把自己弄得精疲力竭。[17]

遮卢婆迦派至少存在到 16 世纪，最后一次提到他们的是阿布·法兹勒（Abul' Fazl）。他提到，1578 年，遮卢婆迦派哲学家在阿克巴（Akbar）的宗教研讨会上提出过他们那"愚昧无知"的观点。但今天，我们已经找不到遮卢婆迦派活动的任何痕迹。

城市居民被佛教、耆那教和其他强调个人修持，坚持苦行并拒绝动物祭祀的宗教运动所吸引。这些团体获得孔雀王朝君主的庇护，了解这些君主的信仰对于理解他们（特别是阿育王）的治理方式非常重要。

第 3 章
波斯人、希腊人和印度

第一章中我们已提到，印度东部和中部诸国逐渐被摩揭陀帝国吞并。与此同时，西北部各国正被另一个帝国所征服。在公元前6世纪上半叶，印度北方和西北富庶的诸国并没有团结在一起，反而还在相互斗争，结果这让北方的强邻阿契美尼德帝国得到了可乘之机。

阿契美尼德帝国（由公元前7世纪的波斯部落首领、居鲁士大帝的先人阿契美尼命名）是由居鲁士大帝（约公元前600—前530年）建立的。居鲁士在击败了统治安善和波斯地区的米底人之后，扩张了他的帝国，最终兼并安纳托利亚、中亚、巴克特里亚、美索不达米亚、古希腊和埃及。在他统治末期，居鲁士越过兴都库什山脉，接受了甘蒲阁、犍陀罗和跨印度河地区部落的进贡。

为了巩固统治，居鲁士将他的帝国划分为诸省，称之为总督辖区（satrapy），每个省都拥有一个总督（satrap）。如在今天的阿富汗便有三个总督辖区：阿里亚（Aria）、阿拉乔西亚（Arachosia）和巴克特里亚（Bactria）。它们的行政中心分别是赫拉特（Herat）、坎大哈（Kandahar）

和巴尔赫（Balkh）。而位于今天巴基斯坦西北边境省的犍陀罗和萨塔吉迪亚（Sttagydia）以及东海岸的马卡则有三个小型总督辖区，它们可能是由印度本土统治者（hyparch）治理，而这些本土统治者必须向巴克特里亚和阿拉乔西亚的总督负责。

波斯人的统治较为松散，他们允许被征服的人民保留自己的文化和语言，波斯人不会试图强迫他们皈依统治者的宗教——祆教。居鲁士在他的帝国内建立了统一的法律体系。他取消内部的边界限制，建立共同货币和统一度量衡制度，进而鼓励贸易。虽然官方语言是古波斯语（一种印欧语言），但是许多商人说的是阿拉姆语（一种闪米特语），这使阿拉姆语成为整个地区（后来包括印度西北部分地区）的通用语言。

当居鲁士的权力达到巅峰的时候，竟然在战斗中被杀。经过数次血腥内战，他的后裔大流士一世（公元前 550—前 486 年在位）打败其他人最终登上王位。大流士一世建都波斯（Parsa），古希腊人称之为波斯波利斯（Persepolis）。王宫的建造材料来自帝国各地：阿富汗北部的黄金、犍陀罗的木材、粟特的琉璃，以及来自埃塞俄比亚和印度的象牙。宫殿和其他建筑都是用石头建造的，并饰以精美的雕刻。

这个帝国的主干道是皇家大道，它将首都与其他城市和主要贸易路线连接起来。公元前 515 年左右，大流士派遣希腊探险家西拉克斯（Scylax of Caryanda）前往印度，西拉克斯发现了印度河，并认为这是已知世界的尽头。为此，西拉克斯特别写了　篇游记，名为《周航录》（Periplus），可惜原书已佚，后人著作中仅仅引用了其中的七处。人们普遍认为，西拉克斯沿着印度河航行，绕过阿拉伯半岛到达红海的一个港口。[1] 执行此任务的目的之一就是为大流士未来的征战进行侦察。此后不久，大流士便占领了（或至少声称如此）第四个总督辖区，希腊作家称之为"印度"（Hinduš，或 Indika）——这是该词的首次使用。"Hinduš"一词源于梵语"河流"

（sindhu，指印度河），最初可能指印度河流域下游，相当于巴基斯坦的信德省（Sindh）。[2] 另外，也有学者认为它位于旁遮普邦西部。

根据古希腊历史学家希罗多德（公元前 484—前 425 年）的描述，就每年进贡的金粉而言，印度比其他所有总督辖区加起来都要多。印度向帝国其他地区出口黄金、象牙、香料和芳香油，并为波斯军队提供弓箭手和大象。据推测，印度人甚至可能参与了波斯对古希腊的战争。

阿契美尼德的诸位国王（尤其是大流士）留下了许多铭文，且大部分是楔形文字石刻。这些铭文大多数是歌颂国王和他们的胜利，通常也感谢波斯至高无上的光明之神（Ahura Mazda）。例如，波斯波利斯的露台墙壁就有用三种语言书写的下述铭文：

> 大流士王说：愿光明之神和王室诸神护佑我。愿光明之神护佑这个国家免遭入侵者、饥荒和谎言的侵害！愿永远没有军队、饥荒和谎言侵犯这个国家！我祈求光明之神和王室诸神的恩宠。愿光明之神和王室诸神恩宠我！

苏萨（Susa）的一处碑铭也用三种语言列出了总督辖区的清单：

> 大流士王说：蒙光明之神的恩典，这些是我在波斯以外征服的国家。我统治着他们。他们向我进贡，按照我的命令行事，遵守我的律法。他们是：米底人、埃兰人、巴克特里亚人、粟特人、花剌子模人、扎兰吉亚那人（Drangian）、阿拉霍西亚人、萨塔吉迪亚人、玛西亚人（Macian）、犍陀罗人、印度人、喝豪摩酒的塞人（haoma—drinking Saca）、戴尖头帽的塞人、巴比伦人、叙利亚人、阿拉伯人、埃及人、亚美尼亚人、卡帕多西亚人、吕底亚人、临海和海对面的

希腊人、色雷斯人、利比亚人、库什人以及卡里亚人（Carian）。[3]

阿契美尼德人拥有压倒性优势，这让他们也成为古印度地区的主导文化力量。他们的遗产之一是总督辖区，这种政治单位后来被印度西北部统治者继承。另一项遗产是佉卢文，阿育王在自己帝国的西北部便是用佉卢文书写铭文。有些人认为阿育王的铭文可能借鉴了阿契美尼德人的做法，不过细细对比就会发现二者的语气和目的完全不同。

一些考古学家声称，在华氏城发掘出的带柱子的大厅，一度被认为是孔雀王朝的宫殿，后来才发现那其实是波斯波利斯宫殿的复制品。但我们知道，实际上波斯波利斯宫殿早在公元前 300 年就已经被烧毁，并且距离华氏城 3200 多千米，但古印度人还是仿造了出来。古希腊历史学家麦加斯梯尼也证明说，孔雀王朝旃陀罗笈多的宫廷模仿了波斯国王的宫廷。公元前 331 年，亚历山大大帝在高加米拉战役中击败波斯军队，阿契美尼德帝国宣告终结，其统治者大流士三世于次年被杀。

亚历山大大帝和他的继任者

一般来说，古希腊的"古典时代"一词指的是从公元前 5 世纪初波斯战争到公元前 323 年亚历山大大帝去世之间这一段时期。古典时代是一个充满战争和冲突的时代——首先是古希腊人与波斯人之间的战争，然后是雅典人与斯巴达人之间的战争，但也是一个政治和文化取得巨大成就的时代。古希腊哲学、艺术、建筑、戏剧、医学和文化成为西方文明的遗产。尽管古希腊社会以奴隶制为基础，且妇女处于劣势地位，但是古典希腊时期还是创造了被称为民主（demokratia，或称为"人民统治"）的制度。

古希腊人——商人、探险家和士兵——早在公元前 6 世纪就抵达过印度。因此，在公元前 6 世纪晚期赫克特斯（Hecataeus）的著作、公元前 5

世纪希腊医生克泰夏斯（Ctesias）的著作和历史学家希罗多德的著作中我们都能看到古印度的身影。希罗多德经常被称为"历史学之父"，因为他用系统性和批判性的方式收集材料，他的一些资料也来自西拉克斯。

希罗多德认为，古印度可以把讲不同语言的诸多民族分为以下几类：生活在沼泽地的野蛮游牧民族；北方印度人，他们长得像巴克特里亚的伊朗人；南方印度人，他们皮肤黝黑，类似埃塞俄比亚人。此外，他还提到了一个宗教团体，他们不杀生，以谷物和蔬菜为食，没有房子，我们猜测或许就是指耆那教徒们的组织。同时，希罗多德也转述了一些神奇的故事。例如，一个被称为帕达（Padaean）的部落是以生肉为食的游牧民族。希罗多德最著名的叙事是他提到一种比狐狸还大的巨型蚂蚁，它们在现在阿富汗的沙漠中挖掘黄金。[4]

在腓力二世（公元前382—前336年）被暗杀后，他的儿子亚历山大大帝便登上了马其顿王国的王位。此前，腓力二世已将马其顿从落后、不稳定的政治实体转变为一个帝国，控制了今天希腊、阿尔巴尼亚和保加利亚的大部分地区，还控制了现在的土耳其的欧洲部分。当亚历山大登上王位时，便制定了两个目标：一个是把古希腊的各个城邦统一成一个国家，另一个是彻底消除波斯的威胁。在巩固了自己在马其顿和希腊的权力后，亚历山大便瞄准了阿契美尼德帝国。虽然当时的阿契美尼德帝国仍然主宰着西亚和中亚的大部分土地，但已经变得越来越虚弱。

亚历山大不断东进，于公元前333年击败波斯军队，迫使其撤退。随后，他南下埃及，在那里建立起亚历山大城。在众多以他名字命名的城市中，这是第一个。公元前331年，他回到美索不达米亚北部，在波斯平原的高加米拉与波斯人进行了最后的战斗。事后，阿契美尼德王朝最后的国王大流士三世被自己的总督暗杀。接着，亚历山大向波斯波利斯挺进，并取得了最终胜利，然后他便下令摧毁这座城市。

亚历山大渴望继续征服，他入侵中亚，向南穿过阿富汗北部的巴克特里亚，并沿着开伯尔山口到达希腊人称为"Indika"（印度）的地区。

那么，他这一切行动的动机是什么？

他的第一个动机是，希望掠夺这块传说中的富庶之地，达到他对荣耀的渴望：他试图通过创建世界上有史以来最伟大的帝国来效仿（如果不是超越的话）居鲁士大帝；他还想前往南大洋（即现在的印度洋），看看他的导师亚里士多德将印度称为东部世界尽头的说法是否正确。的确，亚历山大的随行人员中也包括科学家、历史学家和哲学家。

图 3.1　2 世纪罗马石棺上的雕饰《狄俄尼索斯从印度归来》

第二个动机是，他渴望追随希腊酒神狄俄尼索斯的脚步。根据希腊神话传说，狄俄尼索斯进入印度后创建了城市、制定了法律、引入了酿酒技术，同时还建立起由 153 位国王组成、统治了 6000 年的世系。[5] 亚历山大特别认同神话中的英雄赫拉克勒斯（Hercules），甚至认为自己就是其化身。颇为有趣的是一些印度部落声称赫拉克勒斯就来自他们的部落。生活在 1 世纪的罗马历史学家柯提斯（Curtius）是《亚历山大史》（*Historiae Alexandri Magni*）的作者，他声称亚历山大希望印度人奉自己为神。公元前 327 年春末，亚历山大率领多达 7 万人的军队（包括非军事人员）开始了他的攻势。他把军队一分为二：一半沿着喀布尔河穿过开伯尔山口；另一半沿着库纳尔河穿过斯瓦特地区。但是，他的进展非常缓慢且艰辛。在斯瓦特河谷下游，他的行为令人不齿。他袭击了几个要塞，虽然对方已经投降，他还是下令屠杀当地居民或将他们卖为奴隶。旁遮普地区的统治者阿姆比（Ambhi，古希腊人称为"Omphis"或"Taxiles"）向亚历山大进贡了丰厚礼物，并承诺将为他的军队提供物资支持。他希望获得亚历山大的协助，击败东部邻居补卢国（Paurava）的统治者波鲁斯（Porus），该国位于杰赫勒姆河（当时被称为"Hydaspes"）和杰纳布河（拉丁化名称为"Acesines"）之间。到了公元前326年，亚历山大控制了整个罽宾（喀布尔河）山谷，并

图 3.2　莫卧儿绘画"亚历山大大帝的游行队伍"（约 1600 年）

到达了塔克西拉。根据古希腊历史学家普鲁塔克在公元前 100 年左右撰写的《亚历山大大帝传》（*Alexander the Great*），亚历山大就是在这里遇到了一位叫"旃陀罗笈多"（Sandrokottos）的年轻学生。这个故事很可能是编造的，目的是将亚历山大与古希腊人所知的最伟大印度国王联系起来。

很快，国王阿姆比献出塔克西拉归降，亚历山大就这样兵不血刃地控制了该城。阿姆比向亚历山大进贡 200 塔兰同（talent）银子，700 名骑兵，3000 头牛，1 亿只羊，30 头大象。据说，亚历山大还获赠价值 100 塔兰同的印度生铁。其他国王也派使者宣布服从亚历山大的统治。

与此同时，对于亚历山大提出的投降要求，波鲁斯国王做了挑衅性的回应，并宣布他将在边境迎战入侵者。原本，亚历山大的部下希望在雨季

休息一下，但他们马上获得消息，波鲁斯正在集结军队，准备下一次的战斗。补卢族是吠陀诸氏族中最杰出的一支，而波鲁斯本人也被描述为"一位巨人，骄傲、无所畏惧并充满威严"。[6]波鲁斯大约拥有 3 万名步兵、4000 名骑兵、300 辆战车和多达 200 头大象；而亚历山大拥有 3.4 万名步兵、7000 名骑兵，不过没有大象。亚历山大的步兵指挥者是"胜利者"塞琉古一世（公元前 356—前 281 年），后来接替亚历山大成为帝国东部的首脑，并成为孔雀王朝旃陀罗笈多的盟友。

图 3.3　查尔斯·勒布伦作于 1673 年的布面油画《亚历山大与波鲁斯》

图 3.4　描绘亚历山大大帝击败波鲁斯的巴比伦钱币

波鲁斯在杰赫勒姆河畔集结他的军队，他希望这条因雨季而暴涨的河流能阻挡住亚历山大。然而，亚历山大出乎意料地改变了渡河地点，从而顺利渡过河岸。而河水暴涨也令波鲁斯吃了苦头。他的战车在泥泞中打滑，弓箭手无法将大弓牢牢地插在地上。大象是印度人的秘密武器，希腊人很多次都吃了亏。所以和属下研究后，亚历山大命令号手们制造出尖锐的炸裂声吓跑战象。这使战象惊慌失措，向前奔跑，踩踏众多的印度士兵。在损失许多士兵后，亚历山大最终取得了胜利。波鲁斯虽然身受重伤，但仍然坐在御象上，激励部下继续战斗。即便被亚历山大的军队俘虏后，他依然拒绝向亚历山大投降。当被问及他希望获得怎样的对待时，波鲁斯回答说："像国王一样。"亚历山大饶恕了他，让他继续担任补卢国的统治者并管理其他地区。

在这里，我们简述一下大象在孔雀王朝的地位。

在印度的孔雀王朝，大象发挥着极其重要的经济和军事作用。根据麦加斯梯尼的记载，印度大象体型巨大，比非洲大象强壮得多。在军事行动中，它们相当于现代坦克。它们不仅可以冲破墙壁、大门和障碍物，还可以充当大规模步兵编队的一部分。大象可以拖运重型设备，在丛林中开辟道路，浮游渡河，运送木材，搭建桥梁。在战斗中，每头大象都载负三名士兵，士兵可以坐在象背上的塔楼里，也可以坐在大象的赤背上。其中两名士兵从侧面放箭，一名士兵从背后放箭。第四名士兵走在后面，刺激大象，让它以正确的方向前进。如果在和平时期，人们会借助大象砍伐森林、运送木材，并将其作为皇家和宗教游行的礼仪车辆——至今人们还让大象发挥着这些作用。

亚历山大的其他对手都没有像波鲁斯这样有名，因为这两位君主的肖像都曾出现在亚历山大统治末期铸造的硬币上。亚历山大用宣传策略把波鲁斯描绘成和自己旗鼓相当的人，以减轻自己从印度撤退造成的负面影响。

这场决定两国命运的战役称作赫达斯庇河战役（Battle of the Hydaspes），是亚历山大入侵印度的高潮（事实上，亚历山大征服的领土全部都在今巴基斯坦境内）。亚历山大想要横渡恒河，但被分布在恒河对岸两个部落的强大力量阻止了。他命令部下渡河，部下抗命不行，亚历山大只好在帐篷里困陷了两天。与此同时，战士们连月征战，疲惫不堪，经常被毒蛇咬伤，还饱受痢疾和其他疾病的折磨。另外，他们的装备也十分匮乏。除此以外，印度人使用的毒箭能让他们缓慢而痛苦地死亡，这也可能是他们士气低落的一个原因。

古希腊历史学家阿利安（Arrian，89—？）在《亚历山大远征记》（*Anabasis of Alexander*）一书中描述了亚历山大诸战役的情况。根据他的记载，"亚历山大只被打败过一次——是被自己人打败的"。[7]过了三天，他进行了一次占卜，告诉大家说诸神让他回去。在离开之前，亚历山大为奥林匹斯诸神竖起12座高耸的石坛，以标示帝国的东部边界。同时他还下令将营地周围的防御工事和马厩建得比平时大很多倍，目的是让自己成为后人敬仰的对象。如今，人们已完全找不到这些建筑的任何痕迹。

亚历山大想要顺印度河而下，看看它是流入南大洋还是尼罗河（但是西拉克斯早期的描述似乎推翻了后一种可能）。为了帮助亚历山大实现愿望，他的一位副帅利用当地的造船技术，监督建造了2000艘船。在两岸士兵的护送下，船队沿着印度河航行，他们一直进入阿拉伯海，最终到达波斯湾。当好战的马洛伊人（Malloi）试图阻挠他们通行时，遭到了亚历山大士兵的无情屠杀。虽然亚历山大占领了他们的首都（在今天木尔坦附近），但他在这场战斗中受伤，这可能加速了他的死亡。——阿利安写道，没有什么能抵挡一位印度弓箭手的射击，两米的长弓射出又长又粗的箭，穿过了亚历山大的盾牌和胸甲。[8]康复后，亚历山大向杰纳布河和印度河的交汇处进军，当地统治者受到婆罗门顾问的鼓舞前来迎战，亚历山大对他们进行了血腥的征伐。希腊人屠杀了数万人，其中包括许多婆罗门。普鲁塔克写道：

> 印度人的大军蜂拥而来。为了保卫遭到攻打的城市，亚历山大遭受巨大的损失，他在某个城市与印度人签订了联盟条约。然后，当他们离开时，亚历山大的军队又在路上袭击他们，把他们杀戮殆尽。这是亚历山大盛名之下最大的污点，因为在其他的所有战争中，他一直展现出王者风范。他也被随侍的哲学家（婆罗门）所困扰，因为这些哲学家指责那些加入亚历山大的本土君主，并鼓励自由国家反抗亚历山大从而重新获得独立。为此，他绞死了其中不少人。[9]

到达阿拉伯海后，亚历山大再次筑起祭坛，标示出他帝国的南部边界。随后，他沿着印度河东岸返回帕塔拉（Patala，巴基斯坦南部海得拉巴附近），他的部下正在那里等候。他带领部下沿着海岸沙漠回到巴比伦并计划在那里建立首都。公元前323年6月11日，亚历山大在巴比伦去世，年仅33岁，征服了古典时代的大部分文明地区！虽然亚历山大至少有七位妻子，但他并没有明确谁是自己的继位者，因此在接下来的30年里，他的将军们一直在争夺王位继承权，这让他的伟大帝国分崩离析。

经过各种阴谋和暗杀，亚历山大的将军塞琉古一世（约公元前358—前281年）继承了他在东方征服的领土——从土耳其中部的佛里吉亚（Phrygia）到印度河的整个地区。公元前305年，塞琉古入侵旁遮普，在那里他遇到了一个强大的对手——孔雀族的旃陀罗笈多。最终，他们达成协议，塞琉古用他在印度的领土换取500头战象。该联盟的一个最重要成果是，塞琉古派他的大使麦加斯梯尼（约公元前350—前290年）前往旃陀罗笈多的宫廷。在那里，麦加斯梯尼撰写了著名的印度游记。

此前，亚历山大曾将希腊人治下的印度划分为六个总督辖区，三个在印度河以西，三个在印度河以东。西部的总督是希腊人，东部的总督是印度人：阿姆比王控制着巴克特里亚省（现在的阿富汗北部），波鲁斯王统治海达斯比河到海发西斯河（Hyphasis）之间的区域，第三位是阿比沙罗王（king of Abhisara），他在波鲁斯和亚历山大之间的战争中保持中立，被安排管理现在克什米尔的一部分。而帝国的其他地区，则处于长期混战中。直到数年后，才由亚历山大的将军托勒密（Ptolemy）及其后裔统治埃及托勒密王朝，安提柯（Antigonus）统治了马其顿和希腊。

亚历山大在印度的遗产和印度对希腊的影响

尽管亚历山大的入侵引起后人的无尽遐想，但他并没有给印度带来什么长久影响。印度第一任总理尼赫鲁将他的征伐斥为"一次微不足道的、不成功的越境突袭"。[10]亚历山大的征伐只持续了两年，而且仅限于旁遮普邦，也就是今天巴基斯坦的一部分。在16世纪中叶阿克巴大帝的大臣阿布·法兹尔（Abu'l Fazl'Allami）的著作《阿克巴则例》（A'in-i-Akbari）之前，任何印度文献中都没有提到亚历山大。《阿克巴则例》详细叙述了亚历山大与婆罗门的会面，并提到出自史诗《列王纪》（Shahnameh）——伟大波斯诗人菲尔达西（Firdausi）于11世纪初撰写。[11]

在英国统治时期，亚历山大大帝对印度的入侵引起了英国历史学家、公司雇员和行政人员的极大兴趣。他们在希腊和罗马古典文学的熏陶下引经据典，以亚历山大为例来证明西方文明的优越性。这些西方人将亚历山大战役视作他们自身帝国野心的先驱，甚至将其作为建立孔雀王朝的原因之一。[12]

有人认为，亚历山大希望将整个亚洲统一在他的治下的行为激励了旃陀罗笈多，他把印度理想中的转轮圣王（Chakravartin）变成了现实。[13] 莫蒂默·惠勒爵士认为，正是亚历山大把熟练的工人和匠人带到印度，他们影响了印度的艺术和建筑，但其他考古学家对这一观点提出了质疑。在美食领域，古希腊人将葡萄酒引入波斯，并从波斯传到阿富汗和印度东部，受到那里富人的高度推崇。

亚历山大的另一项"较小"遗产是"亚历山大"（Iskander）成为常用人名、地名，以及它在中亚、阿富汗和印度的各种变体。以他为名的统治者包括：阿劳德丁·卡尔吉（Alauddin Khilji，1296—1315 年在位）——他自称"亚历山大第二"（Sikander Sani）、西坎达·洛迪（Sikandar Lodi，1489—1517 年在位）、一些孟加拉苏丹的名字、海得拉巴的总督阿萨扎希三世（Asaf Jah Ⅲ，1803—1829 年在位）。以亚历山大为名的地名包括塞康德拉巴德（Secunderabad，位于特伦甘纳）和斯堪达花园（Sikandar Bagh，位于勒克瑙的一个封闭式花园）。

古希腊人可能也影响了印度科学的发展。一位古印度智者认为，希腊人（梵语：Yavana）是野蛮人，但天文学的确起源于他们。[14] 希腊人可能引入了视差的概念和计算方法，并掌握了计算椭圆的方法以及计算日、夜和年这些时间长度的规则。也许亚历山大最重要的遗产是希腊人的著作，尤其是麦加斯梯尼的著作。麦加斯梯尼对当时印度的描述是我们认识孔雀王朝的主要信息来源。

然而，亚历山大主要的影响很可能是在另一个方向。亚历山大在印度的逗留在饮食上带来的影响是，大米作为一种药物输入古希腊（古希腊单词"oryza"来自德拉威语单词"arici"，即"浆果"之意。其也是英文名称"rice"、法文单词"riz"等的来源[15]）。在印度驯化的鸡，于公元前 6 世纪初通过波斯帝国传入希腊。主要被用作药物的胡椒也是从印度传入希腊的重要物品。公元前 326 年，希罗多德曾描述，颜色像乳香一样的石头，比无花果或蜂蜜更甜。他指的是被称为 "khand" 的结晶糖块。虽然甘蔗的起源地可能不止一个地方，但印度人发明了将甘蔗汁转化为制成品的技术。人们将某种形式的糖少量地从印度出口到古希腊，但像大米一样，糖主要被用作治疗疾病。

图 3.5 《列王纪》（1719 年）中的微型画《亚历山大会见婆罗门》

亚历山大对印度的"访问"引起希腊知识分子对印度宗教和哲学的兴趣。他们特别对婆罗门和其他苦行者感兴趣，希腊人称这些苦行者为"裸修者"或裸体哲学家（可能是指耆那教的天衣派，因为他们不穿衣服）。据说亚里士多德也曾在雅典与一位印度哲学家会面。[16] 不过更为有趣的是另一件事，在亚历山大随行人员中有一位名叫欧奈西克瑞塔斯（Onesicritus，

公元前 360—约前 290 年）的犬儒派哲人，他也是一位作家。斯特拉波
（Strabo）曾引用他的著作写道，亚历山大没有亲自会见婆罗门，而是派
欧奈西克瑞塔斯去询问婆罗门的信仰情况。一位婆罗门嘲笑了欧奈西克瑞
塔斯的要求，并声称如果亚历山大想要理解他们的教义，就应该脱掉所有
的衣服，像他们一样光着身子坐在同样的石头上。

但是，阿利安说亚历山大的确会见了婆罗门。在他访问期间，众婆罗
门不停跺脚。当亚历山大问到这是什么意思时，这群婆罗门回答说：

> 亚历山大王，每个人拥有的土地只有脚下站立的这一小块，
> 虽然你和其他人一样⋯⋯但你却在如此广袤的范围内驰骋，不给
> 自己和别人休息的机会。你很快也会死去，你所拥有的土地不过
> 刚好埋葬你的尸体而已。[17]

希腊人自己的素食传统以古希腊哲学家毕达哥拉斯（约公元前 570—
前 495 年）的名字命名，他与大雄和佛陀几乎生活在同一时期。与大雄和
佛陀的看法一样，毕达哥拉斯也认为吃肉是错误的。有位作家说，毕达哥
拉斯是否受到印度思想的影响是"世界宗教史上一个最大的未解之谜"。[18]
甚至还有人声称，为了寻求哲学知识，毕达哥拉斯曾访问过印度。另一种
说法是，转世轮回的思想可以追溯到久远时代之前的印欧人文化，其比《奥
义书》和毕达哥拉斯都早。

欧奈西克瑞塔斯评论了毕达哥拉斯学派和婆罗门教义之间的相似之
处，他提到"最好要从灵魂中去掉苦和乐"的观点。[19]有一则故事说，卡
拉诺斯（Calanos，公元前 398—前 323 年）曾经在塔克西拉遇到亚历山大，
并陪同亚历山大回到巴比伦。他是裸体苦行者，后来在火葬堆上自焚而死。
他面对火焰时从容的态度给古希腊人留下了深刻的印象。为了纪念他，古

希腊人举行了一次盛大的活动。尽管如此，布朗霍斯特仍坚持自己的观点，他认为亚历山大来自一个完全不同的世界，文化与古印度大相径庭。因此他对婆罗门的容忍前提是他们不能妨碍到他。如果妨碍了他，他就会无情地屠戮他们。[20]

从罗马帝国时代开始，尤其是在中世纪，亚历山大入侵印度一直是让欧洲人产生无限遐想的主题。一部被称为《亚历山大传奇》（*Alexander Romance*）的故事集最初于 3 世纪以古希腊文创作出来，后来被翻译成拉丁文，然后又被翻译成其他多种语言。这些语言包括：阿拉伯语、希伯来语、波斯语、土耳其语、法语、英语和俄语。一些关于亚历山大的简短典籍也很受欢迎，其中许多都是关于他在印度的冒险经历，尤其是他与印度婆罗门的相遇。例如，其中一本是《婆罗门的生活》（*The Life of The Brahmins*），作者是 5 世纪的一位主教，里面甚至还有关于素食主义的论述。一些神学家由此认为印度就是伊甸园，是堕落前的人间天堂。

尽管亚历山大本人对印度的影响可能很小，但他还是在印度留下了一些希腊和波斯士兵，其中许多人与当地女性结婚。因此，许多古希腊单词进入梵语，例如，书（pustaka）、注射器（surunga）、面粉（samite）和笔（kalamo）等。公元前180年至公元10年左右，先后有超过30位古希腊国王将首都设在塔克西拉。在接下来的几个世纪里，古希腊人和印度人的命运紧密相连。

第 4 章

孔雀王朝的先人：
旃陀罗笈多和宾头沙罗

旃陀罗笈多是孔雀王朝的创始人，多亏有了同时代古希腊人的记载，他才成为可准确确定年代的第一位印度统治者。在 24 年的统治期间（公元前 321—前 297 年），他将印度河流域、恒河流域和西印度统一了起来。他的帝国延伸到西部的古吉拉特邦、东部的孟加拉和南部的卡纳塔克邦。用军事统一了印度北部后，他越过了温迪亚山脉（印度北部和南部之间的传统边界）。但是，我们并不清楚他的帝国南部延伸到哪里。随后，旃陀罗笈多抵抗了由亚历山大的古希腊继承者发起的入侵，是印度第一个迎战外国侵略者的君主。

尽管许多戏剧、故事和哲学论文都在歌颂这位杰出领导人，但是正如历史学家拉伊乔杜里所说，其生平和伟业的"确凿"证据相对较少，"关于他的了解许多都属于民间传说的范畴"。[1]有关旃陀罗笈多的唯一铭文位于印度西部朱纳格特的一块岩石，该铭文雕刻在阿育王早期铭文的上方。它是在 2 世纪中叶统治马尔瓦（Malwa）的塞迦人楼陀罗达曼王 （King Rudradaman）的要求下雕刻的。该梵文铭文指出，最初的大坝和水库是由旃陀罗笈多的总督普夏笈多（Pushagupta）建造；后来在阿育王时期，古希腊国王对管道进行了修葺。我们所了解的关于旃陀罗笈多的信息来自婆罗门的宗教典籍、耆那教的圣传论书、希腊和罗马作家的著作以及佛教编年史。第一种资料包括 18 部《往世书》中的六部，其中记载了孔雀王朝的世系。虽然这六部《往世书》都认为孔雀王朝的统治时间一共为 137 年，但它们在君主数量（九位或十位）、君主名字和统治时期上都有所不同，且在计数上也有不一致的地方。即便有如此多不同，它们仍一致认为旃陀罗笈多是孔雀王朝的第一位君主，阿育王是他的孙子或曾孙。《毗湿奴往世书》提到婆罗门旃那克耶（Chanakya，也被称为憍底利耶），他是旃陀罗笈多的智囊，后来成为旃陀罗笈多的首辅大臣。据说，他为旃陀罗笈多登上君位做出极大贡献："婆罗门憍底利耶将铲除九难陀。难陀族灭亡后，孔雀王朝将拥有世界，因为憍底利耶将旃陀罗笈多置于王位。"[2] 旃陀罗笈多也被称为"Sandrakottos""Andrakottos""Sandracottus"或"Andracottus"，至少有七位古希腊和古罗马作家在著作中提到过他，特别是普鲁塔克写于公元 100 年左右的《亚历山大大帝传》，更是让他的名字家喻户晓。然而，这些著作并没有提供很多细节，而且只是在叙述亚历山大大帝或他的继任者的背景下才提到他。罗马历史学家查士丁（Justin，活跃于 3 世纪前后）提供了更多信息——查士丁记叙庞培·特罗古斯（Pompeius Trogus）的著作《腓利史》（Philippic History，记叙了马其顿诸王的历史，编纂于 1 世纪初）做过摘要。

　　《阿育王传》（Ashokavadana）是北印度的一部佛教叙事作品，完成于 2 世纪，但在几个世纪前就已口头流传。斯里兰卡的记叙《岛史》（Dipavamsa）和《人史》（Mahavamsa）是由佛教僧人于 5 世纪或 6 世纪创作的。虽然斯里兰卡的这两部史书侧重记叙阿育王及其在佛教传入斯里兰卡过程中扮演的角色，但也包含了阿育王先人的一些故事。

麦加斯梯尼

关于旃陀罗笈多和当时印度的最重要信息来源是古希腊历史学家麦加斯梯尼。麦加斯梯尼是塞琉古一世时期阿拉霍西亚总督，后来成为塞琉古驻旃陀罗笈多宫廷的大使。麦加斯梯尼将他的见闻记录在四卷本的《印度史》中，该著作在古典时代曾大受欢迎。如今原作已经佚失，只在古罗马和古希腊作家的著作中各保留了一些片段。这些著作中比较著名的有：狄奥多罗斯（Diodorus Siculus， 2 世纪晚期）的《历史丛书》（*Biblithekes Historikes*）、斯特拉波（1 世纪晚期）的《地理志》（*Geographikon*）、普林尼（Pliny）的《自然史》（*Naturalis historia*，写于 77—79 年）和阿利安（1—2 世纪）的《印度史》。阿利安的《亚历山大远征记》也有一个章节介绍印度，也是取材自麦加斯梯尼的著作。虽然阿利安高度评价了麦加斯梯尼，但明显斯特拉波并不信任他。斯特拉波在自己的著作中写道："一般来说，迄今为止写过印度记事的都是一群骗子。"[3]麦加斯梯尼所记叙的故事，很可能是其他人讲给他听的，甚至还有一些是他自己编造出来的。这些故事提到一些人，他们没有鼻子和嘴巴、睡觉时用耳朵裹住身体、脚跟朝前、吃生肉，或者长着狗头，只会吠叫，还有一些人不吃东西，靠吸入野苹果的气味生存。

英国历史学家约翰·华生·麦克兰登（John Watson McCrindle，1825—1913 年）对以上著作中的内容进行翻译和选编。他写道：

> 印度人很快就发现野蛮部落在身体上与他们自己有多大的不同。他们夸大了这种不同，使情况变得更糟，因此在他们的脑海中形成这些部落无比可怕的形象。诗人以此为基础进一步夸张，并用寓言加以渲染。在史诗中，我们看到婆罗门的印度世界被完

全不存在的种族所包围，这些种族都是虚构的，以致我们有时都不知道这些故事是如何起源的。[4]

图 4.1　根据麦加斯梯尼在《印度史》中的记述而创作的木刻《印度怪兽》，
出自塞巴斯丁·明斯特（Sebastian Münster，1488—1552 年）的
《宇宙观》（*Cosmographia*）

尽管如此，麦加斯梯尼的大部分描述似乎是可靠的，尤其是对华氏城、旃陀罗笈多的宫廷和当时印度的描述。如在前往华氏城的宫廷的途中，麦加斯梯尼经过旃陀罗笈多建造的皇家大道。这条大道从恒河入海口一直延伸到帝国西北边境，其中沿途用里程碑标示距离。这条道路促进了印度次大陆内部诸地的贸易往来，也促进了印度与中国、阿拉伯和地中海以外的贸易。从麦加斯梯尼记叙的残存内容来看，他似乎并没有亲自前往印度其他地方，只是转述了其他人的著作而已。

旃陀罗笈多的出身

根据耆那教的说法，旃陀罗笈多的母亲是村落首领之女，该首领因为帮助皇室饲养孔雀而闻名。如果事实果真如此的话，孔雀王朝的名字就是来自梵文的"孔雀"（mayura）。今天我们仍能看到，难达加（Nandagarh）的阿育王石柱以及描绘阿育王生平场景的桑奇大佛塔上都刻有孔雀图案，可能并非巧合。[5] 在怀孕期间，她渴望喝下月亮。不久，婆罗门旃那克耶（考底利耶）路过此地，恰好这位婆罗门想寻找一位国王取代难陀，于是同意满足她的请求，前提是这个未出生的孩子将属于他。旃那克耶给了她一碗映照出月亮的牛奶，因此这位小孩得名"旃陀罗笈多"，意思是"被月亮保护的人"。

根据佛教经文记叙，旃陀罗笈多是孔雀王（king of the Moriyas）之子。这位孔雀王被他的一位封臣所杀后，王后逃到华氏城。在那里，她生下了旃陀罗笈多。随后，天神让她把儿子遗弃在农场附近的罐子里，并令一头名为旃陀（Chanda）的公牛守护他。一位牧人发现了他，并把他带回家。后来，旃陀罗笈多被这位牧人的猎人好友收养了。

在其他佛教文献中，旃陀罗笈多被描述为刹帝利种孔雀族的后裔，而孔雀族原本是释迦牟尼家族的一个分支，他们主要生活在佛陀出生地蓝毗尼附近的毕钵村（Pipphalivana）。后来，为了躲避邪恶的国王，他们离开了母族，前往喜马拉雅山一个以孔雀闻名的地区寻求庇护。甚至还有一个故事声称，旃陀罗笈多与难陀王朝有关，但难陀王朝的君主嫉妒他的才能，不仅蔑视他，还驱逐了他。

图 4.2　男童旃陀罗笈多青铜雕像——《孔雀族牧童旃陀罗笈多的印度愿景》，位于德里国会大厦 5 号门对面

图 4.3　印度教贝拉神庙的孔雀族旃陀罗笈多雕像（位于德里）

总之，所有这些故事都将旃陀罗笈多的崛起归功于他与旃那克耶的合作关系。根据佛教传说，旃那克耶是出生于塔克西拉的婆罗门，外貌丑陋、双脚畸形（可能是从憍底利耶的字面意思"破碎"或"弯曲"而推断出的）、满脸麻子、牙齿残缺不全。因为家境贫寒，他的妻子经常被亲戚嘲笑。于是，他的妻子就让丈夫前往难陀的宫廷，因为那里会向婆罗门和学生提供经济支持。然而，因为旃那克耶长得太丑，达那难陀王拒绝见他，并命令卫兵将他赶走。旃那克耶因此诅咒达那难陀，发誓要毁灭他的家族和子孙。后来，他伪装成一个流浪的正命派苦行僧，走遍印度各地寻找一个可以取代达那难陀成为国王的人。在此期间，旃那克耶利用炼金术积攒了大量黄金。

在流浪过程中，旃那克耶遇到了年轻的旃陀罗笈多。根据耆那教的说法，童年的旃陀罗笈多发明了一种游戏：他自己扮演国王，而他的朋友们则扮演臣民，这样他就不知不觉地让其他人服从自己。旃那克耶见状，便向这位名为旃陀罗笈多的男童索要礼物。旃陀罗笈多便让他把附近的一群牛牵走，因为包括牛主人在内的所有人都不敢违抗旃陀罗笈多的命令。在另一个故事中，童年的旃陀罗笈多扮演国王，让其他男孩扮演强盗。当强盗被抓住时，旃陀罗笈多下令砍掉他们的手脚。接着，旃陀罗笈多又会说："让你们的手脚完好如初吧！"被砍掉的手脚就奇迹般地完好如初。旃那克耶对旃陀罗笈多的领导力印象深刻，因此他把这个男孩带回自己的家乡塔克西拉，一心培养他成为国王。[6]

尽管这些故事很有趣，但今天已无法证实其真假。更有可能的是，旃陀罗笈多当时已经野心勃勃，而且意识到旃那克耶是可以帮助自己实现理想的人。旃陀罗笈多和旃那克耶联合起来，要面对两个主要的敌人：执政的难陀王朝和西北的希腊人。他们是先对付难陀王朝，还是先对付希腊人——人们对此并不清楚。他们最初的策略是从旁遮普和喜马拉雅地区的部落和政治团体中招募新兵，原因是这些地方的民众曾经抵抗过亚历山大，讨厌难陀王朝的总督阿姆比和波鲁斯可能向他们提供过支持。旃那克耶还用他积攒的黄金购买武器和招募雇佣兵。

根据麦加斯梯尼的记载，旃陀罗笈多的军队有 40 万人。而普林尼给出的数字更为庞大：60 万步兵、3 万骑兵和 9000 头战象。总之，经过几次尝试，旃陀罗笈多打败了难陀，征服了摩揭陀。当然，和所有英雄故事一样，他一开始也是遭遇各种不顺利。最大的问题是，旃陀罗笈多在进军过程中，忽视了对已经征服的领土的守卫。耆那教和佛教史料都记载着这样一个故事：旃陀罗笈多和旃那克耶进入某个村庄寻找食物，正看到一位妇女给儿子喂食（所喂的食物可能是煎饼）。孩子只吃了中间部分便烫伤了嘴，于是把整张饼都扔掉了。妇女责骂儿子，说他和旃那克耶一样，都是大傻瓜，只知道从中间开始吃。这位妇女是在提醒，旃那克耶只知道一味攻打首都，却没有确保四周领土的安全。[7]

于是，旃陀罗笈多和旃那克耶改变战略，他们派兵驻守已经征服的外围城镇，并包围了摩揭陀的首都华氏城。关于这场战斗的经过，人们所知甚少，但是文献显示双方都损失惨重。也许他们获得了第三方势力的帮助，因为难陀王非常专制、贪婪，并且出身低下，被许多臣民所憎恨，有些臣民或许会倒戈。当然，在这场斗争中，双方很可能都使用了许多阴谋诡计。

这些都是梵文戏剧《指环印》（*Mudrarakshasa*，创作于 4 世纪末至 6 世纪）的主题。旃陀罗笈多最终登上了摩揭陀的王位。据说，他允许难陀王带着两位妻子和女儿乘坐战车离开，并允许他们尽可能多地携带行李。

而查士丁则讲述了一个不同的故事。在他的叙述中，旃陀罗笈多是因为冒犯了难陀王，才被难陀王下令追杀。旃陀罗笈多听说后立刻逃跑，但在逃跑途中睡着了。在他睡着时，一头巨狮舔干了他的汗水，轻轻地唤醒了他——这是一个预兆，也启发了他。因此他召集一群强盗继续战斗。在厉兵秣马期间，一头巨大的野象向他走来，把他驮在背上。随后，这头大象便"在战场上惹人注目，并成为战斗中的向导"。当时，塞琉古无暇东顾，旃陀罗笈多便乘机打败了敌人难陀王，登上王位。在这里，狮子和大象都是王权的象征，预示着他未来的命运。[8]

公元前 305 年塞琉古的军队倾巢而出，他们越过兴都库什山脉，对旃陀罗笈多进行征伐。但随后塞琉古立刻发现，他的进攻在军事上是行不通的。他可能是担心自己的权力在西部受到挑战，所以想从印度抽身而退。旃陀罗笈多利用这一时机，向塞琉古提出了自己的要求。公元前 301 年，这两位君主签署了一项条约——这是已知的第一个由印度统治者签署的国际条约——根据该条约，塞琉古将印度河以西的大片地区割让给旃陀罗笈多，其中包括阿拉霍西亚、格德罗西亚（Gedrosia）和帕罗帕米萨代（Paropamisadai）在内的所谓"上总督辖区"（这些地方位于今天的阿富汗和巴基斯坦）。该条约的签订使旃陀罗笈多的帝国扩展到波斯边界。

作为回报，旃陀罗笈多向塞琉古赠送 500 头战象和大量黄金。估计正是这些战象在塞琉古的西部战场发挥了重要的作用。从此，这两个国家建立了外交关系，麦加斯梯尼作为使臣，被派往旃陀罗笈多的宫廷。然而，他并没有长期居住在宫廷，而是常驻阿拉霍西亚的总督府，从那里经常去"拜访印度国王旃陀罗笈多"。孔雀王朝和古希腊统治者一直互赠礼物，礼物中就包括来自印度的香料，甚至还有一个政府部门负责照顾居住在华氏城的希腊和波斯侨民。他们制定的条约还承认印度人和希腊人之间的通婚权利（epigamia）。过去的历史学家常常将此解释为两个王朝之间存在联姻，旃陀罗笈多或他的儿子娶了塞琉古的女儿（这样，阿育王就具有四分之一甚至是一半的希腊血统）。然而，根据阿利安和其他历史学家的研究，这样的可能性微乎其微。[9]

虽然旃陀罗笈多可能已经着手征服印度的大部分地区，但他的野心无法超越历史的边界。阿利安引用麦加斯梯尼的话写道："他们说，正义感阻止了一位印度国王试图征服印度范围以外的地区。"[10] 楼陀罗达曼的铭文显示旃陀罗笈多的帝国扩张到古吉拉特邦和马尔瓦，并一直延伸到印度洋。然而，旃陀罗笈多似乎从未试图入侵邻近的羯陵伽国（该国覆盖了今天奥里萨邦和安得拉邦北部的大部分地区）。

羯陵伽是一个富庶繁荣的国家，特别是海上力量非常强大。而且根据所拥有大象的数量和体型来判断，羯陵伽也具有强大的陆上军事实力。狄奥多罗斯认为，羯陵伽从来没有被任何外来国王征服过，因为所有其他国家都害怕庞大战象群所具有的排山倒海般的力量。羯陵伽是印度北部和南部之间的桥梁，如果孔雀王朝的军队需要去南部平定叛乱，征服羯陵伽就能给孔雀王朝提供一个安全的通道。因此，在旃陀罗笈多即位的第八年，他不惜付出巨大的流血牺牲，最终凭借着强大的军事力量吞并了羯陵伽。

人们无从知晓旃陀罗笈多

图4.4　班加罗尔附近的跋陀罗巴睺洞窟，据称旃陀罗笈多就死于此

的帝国向温迪亚山脉以南扩张到什么范围。但我们可以根据普鲁塔克的说法"他以 60 万军队征服了整个印度"来推测。当时，阿育王将他的近邻命名为朱罗（Chola）、潘地亚（Pandya）、萨提帕陀（Satyaputra）和克拉帕陀（Kcralaputra）——这些都是德干地区的部落或国家。也就是说，当时孔雀王朝至少已经扩张到它们周边。另外，考古学家曾在孟加拉国博格拉（Bogra）地区发现了一块 3 世纪铭文碎片，该铭文碎片表明孟加拉的大部分地区都在孔雀王朝的统治之下。

至于旃陀罗笈多的宗教信仰，我们可以依据一件事来推测。那就是离开宫殿去献祭的行为，表明他支持婆罗门仪式。然而，根据耆那教传统，旃陀罗笈多在年老时放弃了王位，跟随耆那教的圣人跋陀罗巴睺（Bhadrabahu）南行前往斯拉瓦纳贝拉戈（Shravana Belgola）——该地位于卡纳塔克邦的哈桑区，距离班加罗尔 144 千米。如今，此处已是耆那教徒的重要朝圣地。他的离开可能是跋陀罗巴睺领导的耆那教徒南迁的一部分，目的是逃避比哈尔地区迫在眉睫的饥荒。根据耆那教的资料，旃陀罗笈多在此地修行了几年，后来便遵循耆那教的做法，通过禁食仪式自杀身亡。我们发现，有几处 5 世纪的铭文证明了他在该地区的活动，即旃陀罗笈多曾居住过的一座小山据传被称为旃陀罗山（Chandragiri）。此地还有一座建于公元 9 世纪的古庙，名为旃陀罗笈多庙（Chandragupta–Basti），庙里装饰着描述旃陀罗笈多和跋陀罗巴睺生活状况的雕塑。

旃陀罗笈多的首都华氏城和王宫

麦加斯梯尼认为，旃陀罗笈多的帝国领土呈四边形：南部和东部以海洋为界，西部和西北部以印度河为界，印度河的规模可能仅次于尼罗河。根据麦加斯梯尼的说法，在其最狭窄的地方，印度从东到西有 16000 斯特迪亚（stadia），从北到南有 22300 斯特迪亚，换算成今天的计量单位即东西 2960 千米，南北 4125 千米——现代的印度共和国东西距离为 2933 千米，南北距离为 3214 千米。在最南端，日晷的指针没有影子——这意味着此地位于赤道。麦加斯梯尼列出了恒河左岸和喜马拉雅山脉之间地区的一些印度政权，其中一些已经确认，另一些尚未确认。根据麦加斯梯尼的说法，孔雀王朝的城市多到不可计数。而且城市中的建筑众多。由于雨水和洪水会损坏砖块，那些位于河岸或海边的建筑是用木头建造的，而高地上的建筑是用砖和泥建造的。

孔雀王朝的最大城市是华氏城，位于恒河和埃兰诺博阿斯河（Erannoboas River，今天被称为松河）的交汇处。麦加斯梯尼将这座城市描述为一个平行四边形，即长 80 斯特迪亚，宽 15 斯特迪亚。这意味着它的周长接近 34 千米，总面积达到 25.5 平方千米——远远大于其他古代大型城市。埃及的亚历山大里亚面积只有华氏城的一半，而罗马城的面积只比它的一半大一点。[11]

华氏城由木制城墙保护，城墙上分布有射箭的孔洞，570 座塔楼和 64 座城门均匀地分布在 8800 米长的城墙上。华氏城是印度唯一拥有木制而非砖制或石制城墙的城市，这足以证明其历史悠久。[12] 今天，围绕城市的木制围墙遗迹已经被发掘出来，但遗憾的是人们没有发现皇家建筑的痕迹。因为几个世纪以来，它们已经被尘土和后来的建筑覆盖。护城河用于防御和排泄雨水，护城河的水来自附近的河流。今天，我们可以确定这个大都市由一个 30 人组成的市政委员会管理。而且华氏城有许多豪华的建筑，居民有很多是外国人。没有迹象表明印度河流域的城市拥有复杂的污水处理系统，但根据早期憍赏弥定居点防御系统的相似性，有人认为哈拉帕人的建筑传统可能影响了这些新兴城市的布局。[13]

考古学家试图找到孔雀王朝宫殿建筑群的遗址。但到目前为止，什么都没找到。4 世纪时，华氏城成为笈多王朝的首都，但很快便衰落下去。

到 7 世纪时，这座城市已经荒废。629 年，当中国朝圣者玄奘访问此地时，他只看到了残破的城墙、寺庙和佛塔的遗迹。关于其衰落的原因，考古学家众说纷纭，估计 575 年的一场灾难性洪水是一种比较合理的原因。1541 年，舍尔沙（Sher Shah）在当时的小城市巴特那建造了一座堡垒。1765 年，巴特那归属东印度公司，成为该公司一个重要的商业和贸易中心，仅次于加尔各答。大约在这个时候，学术界开始怀疑巴特那和华氏城是同一座城市，于是开始在巴特那寻找孔雀王朝宫殿和政府建筑的遗迹。但是，人们发现，想要确定它的实际位置和规模真是困难重重。尽管麦加斯梯尼已经告诉我们，华氏城位于恒河和松河的交汇处，但今天的松河在巴特那以西 25 千米处便与恒河交汇。

从 1895 年开始，考古学家在巴特那西北部的布兰迪园（Bulandi Bagh）挖掘并发现了一座柱头和木栅栏。人们认为这就是华氏城护城墙的一部分，进而确定了该城市的南部边界。后来的挖掘进一步确定，该城市的西部边界位于城西几千米处，而北部边界是今天的恒河岸。

考古学家在布兰迪园东南 500 米处的库姆哈尔（Kumrahar）发现了抛光石柱、灰烬和碎石坑，这标志着此地存在一座大型建筑，完全可追溯到孔雀王朝时期。在其附近，那些后来重建的建筑有八排柱子，每排由 10 根柱子组成，每根柱子间隔 4.57 米。这些柱子由黑斑水砂岩制成，高 9.75 米，可能是用来支撑木制屋顶的。人们推测，大厅南面的木制平台支撑着通往运河的楼梯，游客可以由此抵达运河。

考古学家斯普纳（D.B. Spooner）最初在 1912 年的发现让人们兴奋不已，因为他和后继者都确信找到了孔雀王朝的宫殿。斯普纳更是将该建筑与波斯波利斯的圆柱大厅相提并论。莫蒂默·惠勒爵士也将其与波斯的礼堂（diwan）进行了比较。然而，这种假设一直受到质疑。首先，人们没有发现任何行政建筑。其次，该遗址位于布兰迪园防御栅栏的东南，因此在城市边界之外，而所有典籍的记载都认为宫殿位于城墙内。零星的发现似乎表明，古代的华氏城埋藏在现今巴特那市的地下6—8米处，但今天巴特那市无论人口和建筑都很密集，很难进行大规模的挖掘。[14]

与城市一样，华氏城的王宫也很坚固，且有自己的护城河和城墙。这表明后来《利论》中描述的对国王安全的重点关注。王宫不但是国王的住所，也是该市的行政、军事和文化中心。根据迪特尔·施林格洛夫在其《古印度的卫城》（*Fortified Cities of Ancient India*）中所认为的那样，位于马哈拉施特拉邦，由佛教徒在公元200—480年间创作的阿旃陀石窟叙事绘画或许能让我们了解这座宫殿的原始模样。这些绘画显示了一个围绕着几个内部庭院的复杂大厅，这些庭院包含若干较小的建筑，这些建筑分别是议会厅、观众厅、餐厅、教室、厨房、工作坊、象厩和马厩。其中，王室的住所是和它们分开的。

宫殿建筑群的大门通往城市的主要大道，两旁是店铺和房屋。所有的建筑都是单层平房，只有王宫有两三层。根据古罗马作家埃里亚努斯（Claudius Aelianus，约175—235年）的说法，这座皇家宫殿是古代世界无与伦比的工艺奇迹，"公园里绿树成荫，到处是孔雀和野鸡的叫声，有些树木是从国外运来的。水槽里锦鳞成堆，小王子们在那里钓鱼、玩耍、游泳"[15]。

虽然没有关于古印度宫廷礼仪和仪式的描述，但他们也有可能在效仿阿契美尼德王朝的做法。如亚历山大大帝在创建他的宫廷时便参照了阿契美尼德王朝的宫廷，估计难陀王朝也遵循了这种模式。而那些没有自己传统的统治者上台后，一般都会效仿杰出的前辈或同时代人。在《美食与帝国》（*Cuisine and Empire: Cooking in World History*）一书中，美食历史学家瑞秋·劳丹（Rachel Laudan）推测，孔雀王朝时代的人们也受到波斯美食的影响，但直到今天我们也并没有找到关于旃陀罗笈多宫廷饮食的记录。[16]

阿育王在他的第一摩崖敕令中写道，在他的宫廷中，每天有成千上万的动物被宰杀用作餐食——他很快就终止了这种做法。另一方面，因为旃陀罗笈多是耆那教信徒（或者在晚年成为耆那教信徒），他不太可能享用波斯人以肉类为主的餐食，至少在他个人的饮食中不会如此。

包括佛教徒和耆那教教徒在内的宗教教师都访问过宫廷。对此，麦加斯梯尼认为，在印度国王中，通过信使向居住在森林里的苦行僧请教哲学问题是一种常见的做法。在每年年初，国王都会召集一批神职人员，对农业和经济的前景进行预测。

即便在今天，人们对旃陀罗笈多和他的家庭生活也所知甚少。但是，由于上文提到过水槽边玩耍的小王子们，这表明他至少有几个儿子，他肯定还有若干王后和嫔妃。耆那教书籍中提到了一个名叫杜陀罗（Durdhara）的女性，她是宾头沙罗的母亲。旃陀罗笈多后宫的一些女性或许是其他国家的公主，通过婚姻与其达成政治联盟。

对统治者来说，暗杀是一大威胁，特别是被他们的王后、嫔妃和亲人所暗杀更是寻常之事。因此，照顾国王起居的侍女们有时也会担任武装警卫，直接驻守在国王的房间周围。在波斯，由女性侍卫保护君主是一种常见做法，这种做法是从中亚引进的（正是在中亚，古希腊人了解到传说中的女战士和其他尚武女性 [17]）。

根据麦加斯梯尼的记载，旃陀罗笈多在白天从不睡觉。而到了晚上，他也会不时地改变睡觉地点，以防止遭人暗杀。

他很少离开宫殿。他离开宫殿的第一种情况就是要前往司法法庭审判案件。在日常接受按摩的时候，他也会一边按摩一边审理案件。希腊作家斯特拉波描述了当时盛大的沐发仪式，人们会给国王带来昂贵的礼物——这种习俗可能是从波斯人那里引进的。

国王离开宫殿的第二种情形是去狩猎，这是皇室最喜欢的消遣。麦加斯梯尼记录了狩猎的仪式：

> 成群结队的妇女环绕着他，最外圈是手持长矛的士兵。人群通过绳索进行标示，跨越绳索的男人或女人将被判处死刑。一些男性鸣锣击鼓引领队伍。国王在围栏内狩猎，站在平台上射箭。在他身边站着两三名携带武器的女性。如果他在开阔地上狩猎，就会骑在象背上射箭。有些女性乘坐战车，另一些骑马，还有一些甚至骑着大象，她们携带着各式武器，好像要去出征。[18]

宾头沙罗

当旃陀罗笈多在公元前 297 年左右放弃王位时，他 22 岁的儿子宾头沙罗立刻继承了王位，希腊人称宾头沙罗为"杀敌者"（古希腊语拼写：Amitrochates，对应梵语：Amitraghāta）。根据佛教和耆那教的传说，宾头沙罗这个名字来自梵语"力"（sara）和"滴"（bindu）——即得名于旃陀罗笈多的大臣旃那克耶曾经在国王的食物中掺入小滴毒药来增强他的免疫力。在不知情的情况下，旃陀罗笈多有一天竟然将自己的食物与怀孕的王后分享。而王后还有七天就要分娩。旃那克耶得知后大惊失色，立即用剑切开王后的肚子，取出胎儿。接着又吩咐下人每天宰杀一只山羊，将胎儿放进羊肚里养育。七天后，宾头沙罗出生，他的身上沾满了山羊血。另一种说法来自耆那教的故事：在旃那克耶取出胎儿时，一滴毒药落在了婴儿的头上。[19]

有关宾头沙罗的生平记录并不像他父亲或他儿子那样详细。他在位的时间估计有 25—28 年。根据耆那教编年史，在他登基后，旃那克耶仍然担任首辅大臣。宾头沙罗可能完成了他父亲的未竟事业，即将帝国扩展到卡纳塔克，并征服了安达罗人。征服安达罗人的事件在阿育王的第十三摩崖敕令中被提到。敕令称，安达罗人早已成为帝国的一部分。根据斯特拉波的说法，安达罗（古希腊语：Andarae）是一个强大的国家，它拥有 30 座大城市、10 万名步兵和 1000 头大象。

根据《阿育王传》的记载，在宾头沙罗统治期间，塔克西拉的市民受到邪恶大臣的蛊惑，发动了两次叛乱。在第一次叛乱时，宾头沙罗派阿育王去平定叛乱，但拒绝向阿育王提供任何武器或战车。然而，神灵奇迹般地帮助阿育王，并宣布阿育王将统治整个世界。宾头沙罗去世前不久，又发生了第二次叛乱。当作为王子的阿育王前往塔克西拉时，人们都出来迎接阿育王，并声称他们不是反对阿育王，更不是反对宾头沙罗，而是反对"侮辱我们的邪恶大臣"。[20] 在后来的铭文中，阿育王也提到了孔雀王朝一些边远辖区有一些专横跋扈的官员。不过，据另一些不可靠的文献记载，在索拉什特拉（Saurashtra）和印度河 – 恒河平原之间的领土可能发生了其他的叛乱或暴动。

有些资料称，宾头沙罗有 101 个儿子，这些儿子由 16 位母亲所生；而另有一种资料则称他只有 3 个儿子：修私摩（Sushima）、维迦塔输迦（Vigatashoka）和阿育王。我们对宾头沙罗的个人生活知之甚少，只知道他似乎精力充沛，还是个深刻的思想家。据说，他曾要求塞琉古国王安条克一世（Antiochus I Soter，约公元前 280—前 262 年在位）赠送他一些甜酒、无花果干和一名哲学家。安条克同意赠送前两种物品，但他表示在希腊买卖哲学家是不合法的。与他的父亲一样，宾头沙罗与希腊人保持着友好关系。安条克的大使和托勒密二世的埃及总督（公元前 283—前 246 年在位）都曾访问过他的宫廷。

耆那教文献对宾头沙罗的信仰只字不提。有一处佛教文献称他是婆罗门的信徒，而另一些资料则说，一位名叫宾伽罗跋蹉（Pingalavatsa）的正命派流浪僧是他宫廷中的重要人物，并预言了他儿子阿育王未来创造的宏图伟业。孔雀王朝前三位君主的信仰具有明显的异端色彩，在某种程度上，这可能是一种治国策略，因为当时新兴异端团体的追随者主要来自商人阶级，统治者需要通过向商人征税以支持政权。

宾头沙罗死于公元前 273—前 270 年之间的某个时间。虽然对于阿育王是宾头沙罗继承人的说法，人们几乎没有分歧，但关于继位是如何发生以及何时发生，人们有不同的解释。旃陀罗笈多和宾头沙罗在位时间一共是 50 年，他们为阿育王的统治奠定了基础，正是他们令阿育王成为古印度最伟大的君主。

第 5 章

阿育王的生平和铭文

法国历史学家罗伯特·林格（Robert Lingat，1892—1972年）认为，这个世界上有两个阿育王：一个是历史上的阿育王，我们可以通过阿育王铭文来得以了解；另一个是传说中的阿育王，我们可以通过阿育王去世后几个世纪中出现的巴利文、梵文、汉文和藏文佛教文献得以了解。[1]麦加斯梯尼曾为旃陀罗笈多留下了历史记录，但是并没有人为阿育王留下那么多的历史记录。自从19世纪中期的考古发现之后，有关阿育王的主要信息来源集中于150块实体铭文，其中包括30多个独立的铭文典籍。这些铭文是阿育王下令书刻在整个帝国的石柱和摩崖上的，包含了关于阿育王个人生平的一些有趣信息。

　　根据这些铭文，人们可以比较准确地了解到关于阿育王生平中的下述事实：他大约于公元前302年出生在华氏城。当然，也有一些历史学家认为应该在之前几年。在这些铭文中，只有两处提到阿育王本人的名字，此外他在任何地方都没有提到自己是孔雀族的后裔。另外在登上王位之前，他其实是乌阇总督辖区的总督，潘古拉利亚（Panguraria）的铭文有这样的记载："王……昔为执政之王子时，与未婚之妃于此游乐。"

公元前270年，阿育王接受灌顶(abisheka)，正式登基，当时他大约30岁——此时大概是宾头沙罗死后的第四年。这样的时间差表明，围绕王位继承可能发生过争夺。虽然佛教文献记载过王位争夺，但是阿育王铭文并没有提及此事。

公元前262年，阿育王最后征服了羯陵伽国——这是印度东北部的一个独立国，一直对孔雀王朝造成威胁。这次冲突带来的死亡和人类苦难令阿育王放弃了战争。由于没有资料提到阿育王发起过其他战争，加之阿育王铭文显示他与南方诸国保持着友好关系，很可能羯陵伽之战是他发起的唯一战争。羯陵伽之战结束后的第二年，阿育王（此前已经皈依佛教成为优婆塞）前往佛陀觉悟之地摩诃菩提进行朝圣，并在全国进行了为期256天的巡游。

图 5.1　水彩画《阿育王传奇》（泰戈尔作于 1920 年左右）

公元前258年，阿育王开始下令在帝国各地的摩崖和石柱上雕刻铭文。阿育王旨在通过这些铭文确立并弘扬他的道德准则（他称之为"正法"），并确保这些"正法"能够流传后世。然后，阿育工马上任命了正法大督察（Dhamma-mahamatta）执行他的政策。同年，他向安条克等古希腊统治者统治的地区，以及南印度和斯里兰卡等地派遣弘法团。他还在波罗巴山

（Barabar Hills）为正命派的两个洞窟雕刻了铭文，几年后又在正命派的另一个洞窟雕刻了铭文。公元前 250 年，他拜访了佛陀的出生地蓝毗尼。

阿育王的最后一处铭文——至少是目前发现的最后一处铭文——是在公元前 232 年雕刻的，这一年离他去世还有十年。因此关于阿育王临终的状况以及去世地点，我们一无所知。一些历史学家推测，阿育王的去世之地是桑纳提（Sannati）。桑纳提是位于卡纳塔克邦比马河（Bhima River）岸边的小村庄，在该地佛塔废墟的石头上，人们罕见地发现了一处阿育王

图 5.2　卡纳塔克邦桑纳提一座佛塔遗址　图 5.3　此雕刻描绘的乘象者可能是
　　　中的雕刻《阿育王和他的王后》　　　　阿育王，位于中央邦桑奇佛塔南门

的雕像。通过浮雕上的婆罗米文字"Rāya Asoko"（阿育王），人们确定它是阿育王的雕像。与同时代的波斯、希腊和后来的印度国王不同，阿育王没有在硬币上铸造自己的肖像，也没有为自己制作雕像。阿育王去世后，他的孙子十车王继承了王位。

阿育王迎娶过几任王后，后宫也有一些嫔妃，可能还有很多兄弟姐妹。但在铭文中唯一提到的王后名字是迦鲁婆基（Karuvaki），她是阿育王的第二任王后，也是帝瓦拉（Tivala）之母。

阿育王铭文

传统上，人们将阿育王铭文称为敕令，但该称呼有点名不副实。因为敕令是由当权者（通常是君主）发布的官方命令，而铭文往往是倡导或提议，而非命令。而且，即便是阿育王本人也将这些铭文称为"正法典籍"（Dhamma Lipi）——"Lipi"来自波斯语，意思是"书写"或"铭文"。

人们无从知晓阿育王铭文的原始数量和它们所处的位置，因为今天有许多铭文可能已经被毁坏或尚未被人发现。如曾经前往印度朝圣的中国僧人法显（337—422 年）和玄奘（602—664 年）曾记载过某些地方存在石柱，但是现代人在那些地方没有找到。最近一批铭文于 1989 年发现。我希望在未来会发现更多的铭文。[2]

有些铭文是自传性的，记录了阿育王关心的事情，以及他的抱负、信仰、成就和治国政策。阿育王经常谆谆教导：他对臣民讲话的方式就像慈父对待子女那样，有时为他们误入歧途感到悲伤，有时又希望他们能够取得进步。许多铭文（虽然不是全部）都涉及阿育王的正法哲学，我将在下一章进行介绍。本章将重点讨论各地出土铭文的地理特征。

考古学家班达卡（D. R. Bhandarkar，1875—1950 年）认为，阿育王铭文是印度历史的真实地标。他是最早提出此类观点的人之一。

> 他的铭文遗迹……成为当时的记录，并刻有他的敕令，真实性是毋庸置疑的。而且，当我们阅读这些铭文时，我们感觉到他的声音仍然萦绕在我们的耳畔，倾诉他内心深处的思想。当前流传的阿育王故事几乎完全基于这些碑铭，我们可以非常肯定，这些故事个是虚构的，而是史实。[3]

当然也有唱反调的人，如有些人贬低阿育王铭文中佛教叙事的价值，认为是虚构的。特别是梵文学者帕特里克·奥利维尔（Patrick Olivelle）认为，这些铭文并不代表"真实和准确的历史，他们只是呈现了阿育王想要呈现的内容。它们只是政治文件，就像美国总统发表的国情咨文"[4]。

这些铭文的时间跨度大约17年。最早的铭文出现在坎大哈和塔克西拉，雕刻于阿育王即位的第十年（约公元前250年）；最晚的铭文书刻于阿育王即位的第27年或稍后几年。此后，阿育王继续统治帝国十年，但是并没有雕刻更多的铭文，抑或我们尚未发现。

阿育王很可能亲自创作了这些铭文，然后口述给他的秘书。秘书会把这些铭文书写记录在树皮或棕榈叶上，转交给诸位正法大督察。在转交铭文的同时，还会有一封指示信函，告诉正法大督察如何处理每一篇铭文。这些指示信函并不是铭文的一部分，但在很多情况下，正法大督察也将其作为铭文内容。估计是他们理解错误，也可能是故意为之。[5]正法大督察雇用当地的工匠来刻写铭文。此外，因为当时大多数人都不识字，每隔一段时间，正法大督察就要向当地居民大声宣读这些铭文，"即使现场只有一位听众"，他也得这么做。另外，在一处铭文中，工匠雕刻了自己的签名。

大多数铭文都是用俗语书写的。[6]俗语是当时印度人日常使用的语言，与梵语不同——梵语是雅语，专门用于宗教、学术和哲学。虽然

图5.4　阿育王铭文中使用的四种文字：左上为婆罗米文，右上为佉卢文，左下为希腊文，右下为阿拉姆语

大多数铭文使用的语言是基于孔雀王朝的宫廷语言，但它们也体现了不同俗语之间的微小差异。[7] 在这些俗语中，最常见的一种是流传于印度恒河平原和现在奥里萨邦地区的俗语，该俗语被称为东部俗语或摩揭陀语（Magadhi Prakrit）。另外，还有其他几种俗语，如西部俗语流行于今天的古吉拉特邦和马哈拉施特拉邦地区，西北部俗语流行于犍陀罗地区，南部俗语流行于今天南印度的德拉威语地区。

但是也有若干例外。在坎大哈，有些铭文是用古希腊文雕刻的，这表明应该有古希腊人长期生活在该地。在坎大哈，还有一些铭文同时用古希腊语和阿拉姆语雕刻，或者用阿拉姆语和俗语雕刻。阿拉姆语是该地区贸易圈的通用语言。在塔克西拉也发现了一处阿拉姆语铭文，而在曼瑟拉（Mansehra）和沙巴兹格里（Shahbazgarhi）——都位于今天的巴基斯坦——的摩崖敕令中使用的是另一种文字——佉卢文。佉卢文可能是从阿拉姆文字演变而来，而阿拉姆文字又是由腓尼基文字演变而来。佉卢文最早出现在公元前 4 世纪或前 3 世纪中叶，在印度西北部的希腊化王国和中亚地区一直使用，直到 3 世纪才消失。与婆罗米语一样，佉卢文是音节字母书写的文字，这意味着任何符号可以单独充当一个简单的辅音，也可以默认带有元音 "a"。

大多数阿育王铭文都是用婆罗米字母书写的。实际上，婆罗米字母不仅是印度次大陆最早出现的书写系统（印度河铭文更早，但至今仍未被破译，所以不能列入），也是所有南亚书写系统的祖先，其中包括天城体和从天城体衍生出的书写体系——它们曾经作为印度次大陆印欧语和德拉威语的书写字母，后来藏语、泰语、缅甸语、柬埔寨语和其他亚洲及东南亚文字的书写字母也源于此。

婆罗米文字的起源引起了很多争议。麦加斯梯尼认为，印度人不懂书写技术，但据亚历山大的一位部将涅阿尔浩斯（Nearchos）亲口所言，印度人在布上写信。[8]很难想象像难陀这样强大而富有的帝国没有文字系统,至少在征税和商业上,人们一定需要记账。有一种理论认为,和佉卢文一样,婆罗米文字也起源于阿契美尼德帝国使用的闪米特文字。但是,人们不清楚为什么古印度人会发展出两种不同的文字。印度学家哈里·福尔克(Harry Falk)认为,婆罗米文字是孔雀王朝有意识的创造,也许只是为了雕刻阿育王的敕令,才根据佉卢文的形式设计出来的。然而,与佉卢文不同的是,它模仿希腊模式从左到右书写。[9]最近的考古发现表明,婆罗米文字是在阿育王之前一个世纪甚至两个世纪创造的。在斯里兰卡的一个佛教中心阿耨罗陀补罗(Anuradhapura)的陶器上发现了用婆罗米文字刻写的北印度俗语,该陶器年代可以追溯到公元前450—前350年(日期由放射性碳测定法确定)。1985—2012年间,考古学家在泰米尔纳德邦的遗址中发现了用婆罗米字母书写泰米尔语和俗语的实例,它们可以追溯到5世纪中后期。这些考古学家相信,如果挖掘得更深,他们就能追溯到更久远的年代。[10]这些遗址毗邻连接内陆城市和西海岸港口的重要贸易路线,这支持了婆罗米字母最早用于书写商业交易和保存记录的理论。

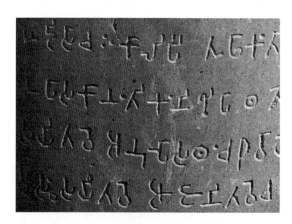

图5.5　阿育王的大部分铭文都是用婆罗米字母书写的

人们将阿育王铭文以组分类，有时将之称为文集。这种铭文呈聚集状存在。各地少则只有一处铭文，多则有 12 处。总共大约有 150 处铭文。[11] 传统上，它们被划分为几个类别，这取决于它们的篇幅和书刻载体的结构类型。按照惯例，篇幅较短的被称为"小摩崖敕令"，篇幅较长的被称为"大摩崖敕令"，此外还有"大石柱敕令""小石柱敕令"和"杂篇敕令"。其中，用婆罗米字母书刻的小摩崖敕令只有三篇，它们刻于阿育王即位的第 11 年，是被发现的敕令中最古老的。人们有时把古希腊语和阿拉姆语铭文也称为小摩崖敕令，有一些摩崖敕令被刻在小石板上。有的铭文横跨多块岩石。铭文上有编号——第一小摩崖敕令、第二小摩崖敕令等——但这些数字多少有些随意。由于它们被广泛使用，本书也保留了这样的用语。

使用石头作为传播铭文的媒介，是孔雀王朝的特点。福尔克认为，传统文化比较排斥将石制物品与神灵或祭祀场所联系起来。吠陀宗教对石头很反感，更喜欢木头、泥土和过火土。[12]

阿育王在铭文中同时使用第三人称和第一人称，这样做估计是受到阿契美尼德统治者的影响。不过，两者的语气和内容截然不同。波斯铭文习惯颂扬国王的成就，而阿育王铭文则是表达他的道德哲学。阿育王的铭文开头往往是"天爱喜见王诏"（Devanampiya piyadassi laja evan aha），"laja"（梵语: raja，在摩揭陀俗语中，"r"通常变成"l"）意思是"国王"；"piyadassi"（梵语: priyadarshini）是对阿育王御号的称谓，也可以翻译成"仁慈的、对万物都很友善的人"或"拥有令人愉悦的外表"；"Devanampiya"是敬语，意思是"诸神所爱的人"，但这个敬语并不专属于阿育王，后来也被用来指称其他印度国王。与阿育王同时代的斯里兰卡国王天爱帝须（Devanampiya Tissa，约公元前 247—前 207 年在位）也采用过这一头衔。在阿育王统治的早期，只有在少数铭文中出现他自己的名字。一些铭文包含了颁布时摄政年份的信息，将这些信息与日期已经确定的外国君主信息结合起来，在一定程度上有助于确定阿育王的生平事迹。

小摩崖敕令

这三篇铭文是最古老的，它们于阿育王即位的第 10 年和第 11 年（公元前 260—前 259 年）刻在大岩石表面上，当时阿育王大约 40 岁。它们不是为普通大众，而是为特定人群书刻的，主要针对官员和佛教僧人。

这些铭文分布在 20 处，绝大多数位于印度中部和南部：今天的新德里、比哈尔邦、北方邦各有一处；拉贾斯坦邦和安得拉邦各有两处；中央邦有三处；卡纳塔克邦有七处。在阿富汗还有许多处。它们都在没有佛教传播历史的地方，以及难以抵达的偏远地区：或在洞窟内或岩石壁上，或在山顶的平滑石壁上，或在山脚矗立的巨石上。福尔克认为，在敕令雕刻之前，这些地方曾经是与民间宗教有关的庆典场地或朝圣地。[13] 即使在今天，人们也会聚集在这些地方庆祝某些节日。在其他许多文化中，洞窟被认为是神的住所。这些节日通常伴随着饮酒、服用致幻物、性爱和食用肉类，有时甚至是用人献祭。阿育王选择这些地方，可能是为了让参加这些活动的大众看到他的信息并知道他并不赞成这种做法。

其中两篇铭文，通常被称为第一小摩崖敕令和第二小摩崖敕令，与阿育王的佛教信仰有关。正如他在铭文中所说，这是在他成为佛教优婆塞两年半后雕刻的。第一小摩崖敕令在所有遗址均有发现，而第二小摩崖敕令仅在少数地方出现，且常与第一小摩崖敕令同时出现。在第三小摩崖敕令中，阿育王强调自己对佛陀的信仰更加精进，此篇铭文只出现在拉贾斯坦邦的拜拉特（Bairat）。

这些铭文篇幅长短不一，有些是写给地方官员的，有些则是写给普通百姓的。最早的，也是最近发现的（1958 年）是坎大哈岩石上的铭文，位于阿富汗中部的奇勒兹纳（Chil-Zena，意为"四十级台阶"）。铭文用古希腊语和阿拉姆语雕刻。在这里,阿育王第一次宣布了他的正法哲学,他使用了古希腊词"eusebeia",这通常被翻译为"虔诚"或"敬畏",他还表达了自己对动物福利的关注。阿拉姆语和古希腊语版本的铭文存在着差异,这表明它们是分别从梵语原文翻译而成。

小石柱敕令

五根石柱上的简短铭文很可能是紧随小摩崖敕令之后雕刻的,我们推断大约是在阿育王即位的第 12 年,也就是说可能与大摩崖敕令同时。它们位于北方邦的鹿野苑和憍赏弥、中央邦的桑奇,以及尼泊尔的蓝毗尼——今天的罗门第(Rummindei)和尼伽里萨格尔(Nigali Sagar)。这些铭文都是残篇,因为雕刻技术不佳,上面的文字往往难以看清。然而,在雕刻它们的柱子上有一些富有艺术特色的柱头,其中包括著名的鹿野苑狮子柱头和类似的桑奇狮子柱头,这些柱头下方柱体上的铭文是用梵语书写的,使用的是婆罗米字母。

这些铭文主要涉及国王与佛教僧团的关系,其中包括阿育王对僧团不睦的警告,这被称为"分裂敕令"(Schism Edicts)。

大摩崖敕令

在阿富汗、奥里萨邦、喜马拉雅山谷和安得拉邦的 10 个地方,人们发现了 14 篇大摩崖敕令。几乎所有铭文都书刻在大石头上,唯一的例外是坎大哈的古希腊语铭文,它刻在一座建筑物的石碑上。与小摩崖敕令位于偏远地区不同,大摩崖敕令位于较大的城镇和帝国边界附近。它们是大约公元前 256 年或前 257 年(即阿育王即位的第 12 或 13 年)紧随小摩崖敕令之后雕刻的。大摩崖敕令的雕刻地也是位于佛教产生前当地人就经常聚集的圣地附近。除了沙巴兹格里和曼瑟拉的铭文是用佉卢文书写的以外,其他铭文基本上都是用婆罗米字母写成。在开始的时候，这些铭文并不是对地方官员的指示，也许是因为目标受众是有文化的城镇居民，他们自己就能读懂铭文。

这些敕令的主要内容是传播阿育王关于正法的道德准则。唯一提到佛教的是第八大摩崖敕令，该敕令描述了阿育王前往菩提伽耶的朝圣之旅。在所有阿育王铭文中，篇幅最长和最重要的是第十三大摩崖敕令，该敕令描述了阿育王看到羯陵伽人民遭受苦难时心中的悔恨，随后他便接受了佛法。值得注意的是，羯陵伽附近的遗址中没有这篇铭文。

大石柱敕令

大约在即位后的第 20 年，阿育王在帝国各地竖立了石柱。这些优雅的纪念碑主要分布在北方邦、比哈尔邦和邻近的尼泊尔特莱（Terai）——这是佛教的中心地带。它们大约建成于公元前 243 年，在某种程度上与佛教有关——要么与佛教僧团有关，要么与佛陀生活中的事件有关。阿育王曾经竖立过很多石柱，但只有 20 根保存下来，而且还处于不同程度的破损状态，其中 11 根刻有铭文，7 根拥有动物柱头。阿育王称它们为"正法之柱"（Dhamma thamba），柱上的铭文总结了阿育王的观点和成就。阿育王反复声明自己的信念，即践行正法将带来今生和来世的幸福。此外，他对正法进行了定义，不仅解释了他的弘法方式，还回顾了自己的成就，包括保护动物、植树，为人和动物修建水井。

有几根石柱一直矗立在原地，但大多数石柱都经过多次移动。如在苏丹费罗兹沙·图格鲁克（Sultan Firoz Shah Tughlaq，1309—1388 年）统治时期，在北方邦的密拉特（Meerut）和哈里亚纳邦的托普拉（Topra）又发现了两根由阿育王竖立的石柱。根据当地传说，这些柱子是毗摩（Bhim）的手杖——毗摩是般度族五兄弟之一。其中一根石柱高 12.8 米，重达 25 吨以上，抛光的红色表面像金子一样闪闪发光。因此，这根石柱有时被称为"金柱"。为了把这根石柱运到新首都费罗扎巴德（Ferozabad，即今天的德里），苏丹把它用棉花和芦苇包裹起来，放在一辆 42 轮的大车上，用几艘连在一起的大船载着它沿着朱姆纳河顺流而下。第二根柱子也是用类似的方式运送的。苏丹将其中一根石柱竖立在自己宫殿的屋顶上，另一根则竖立在他位于德里山脊的狩猎宫旁。如今，第一根柱子矗立在德里菲罗兹沙堡，位于一个板球场的旧址上，而第二根柱子则位于德里大学附近。

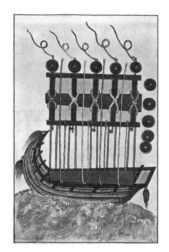

图 5.6　绘画显示阿育王石柱从密拉特运输到
费罗兹沙·图格鲁克的首都

　　第三根石柱位于北方邦阿拉哈巴德（Allahabad）的印度陆军营地。人们传说，它是由莫卧儿皇帝贾汉吉尔从西部 50 千米的憍赏弥搬运到那里的，但是一些历史学家对这一说法提出异议，认为该地就是它的原址。1798 年，石柱被一位英国将军拆除，后又于 1838 年重建。该石柱拥有六篇大石柱敕令，其中只有两篇完整地保存了下来。1837 年，詹姆斯·普林赛（James Prinsep）对它的破译让人们重新发现了阿育王（见附录）。这六篇铭文中有一篇是后来笈多王朝的君主海护王（约 335/350—375 年在位）所加，描述了他在位时期的成就。

除了以上三根最著名的石柱外，在比哈尔邦还有五根石柱比较有名：南帕婆（Rampurva）两根，毗舍离、劳利亚 — 阿拉拉杰（Lauriya-Araraj）和劳利亚·南丹格尔（Lauriya Nandangarh）各一根——这些石柱刚好可以作为朝圣者从孔雀王朝前往佛陀出生地蓝毗尼的路线地标，并且都位于佛教寺院和佛陀活动的重要地点。它们似乎与北方的贸易路线吻合，该路线将摩揭陀地区的铁矿和铜矿与西亚连接起来。

图 5.7 "金色"阿育王石柱，由贾罗兹沙·图格鲁克于 14 世纪从哈里亚纳邦的托普拉运到德里

图 5.8 比哈尔邦毗舍离的阿育王石柱和狮子柱头

这些石柱平均高度为 12—15 米，每根石柱重 8—50 吨。这五根石柱使用的建造材料不同，但总体上由两种材料制成：一种是来自马图拉地区带有红白斑点的砂岩；另一种是来自波罗奈附近采石场的浅黄色细粒硬砂岩，通常含有黑色的小石块。根据这种砂岩的出产地，人们通常称之为丘纳尔砂岩（Chunar sandstone）。然而，福尔克质疑丘纳尔是不是唯一的来源，并建议将憍赏弥附近的帕波萨（Pabhosa）作为替代或补充来源地。[14]考古证据表明，这些石柱都是在采石场雕刻的，然后通过陆路或河流运输，有时要跋涉数百千米；大多数石柱位于恒河支流附近。这五根石柱标示了从华氏城前往尼泊尔的皇家大道。石柱的柱头具有统一的风格，这表明它们是由来自同一地区的工匠雕刻的，而且很显然都来自塔克西拉。

所有的柱子最初都是由柱身和柱头（石柱顶端部件，用来承受和传递荷载）组成。但多数情况下因年久失修，柱头已经丢失。柱头包含三个部分，由同一块石头雕成，而柱身则来自另一块石头。柱头的底座雕刻的是钟形倒垂莲花瓣。柱头的中部是顶板，用来支撑上面的标志性雕塑——通常是动物形象。现存的柱头动物雕塑只有七个。

图 5.9 阿育王石柱狮子柱头上的大象雕刻，现藏于北方邦的鹿野苑博物馆

石柱的形状和设计千差万别：有的高大典雅，有的又矮又粗，有些经

过高度抛光，有些则没有。一些柱头底部有徽记，而另一些则没有。从时间上看，最古老的石柱竖立于毗舍离，柱身短而粗，非常朴素；最晚的石柱则竖立于鹿野苑和桑奇。

这些石柱都非常漂亮。福尔克认为，这些石柱非常精美，它们抛光的程度令人钦佩，向上慢慢变细，显得很优雅，比例也很协调。柱头分三部分，设计精妙，无与伦比。[15] 保存最完整的石柱位于鹿野苑，这是佛陀初转法轮的地方。柱身高 11.5 米，柱头高 2.15 米，围绕所有圣迹修建的围栏都是由同一块石头制成。柱头上有四头背靠背蹲踞的亚洲狮，向四方哮吼。在顶板边缘分别雕刻着大象、奔马、公牛和狮子，中间用战车辐轮隔开。该石柱顶部最初可能有一个象征佛教法轮的辐轮，而且在现场人们也发现了若干轮辐。柱头（不带莲花底座）在 1950 年被用作印度国徽。今天，石柱仍矗立在原来的位置，而柱头则保存在当地的博物馆。估计还有第二根柱子可能也曾经矗立在此地。

最后一根著名的石柱位于中央邦博帕尔（Bhopal）附近的桑奇。直到 12 世纪，桑奇一直都是古印度重要的佛教中心之一。据说，桑奇大塔是阿育王建造的，他还在桑奇大塔外建了许多小塔。这根石柱已经严重断裂，但它的一部分被重新组装，并在原址重新竖立起来。如果凑近看，我们能发现柱身是由精细抛光的砂岩制成，钟形柱头有四头狮子，上面可能曾经支撑着一个辐轮。柱头顶板有四片棕榈叶图案，由两只鹅隔开，不过它们到底是不是鹅还存在争议。这个四狮柱头与鹿野苑的柱头很像，但已经遭到损坏。其他的动物柱头有：毗舍离（狮子）、南帕婆（一根石柱上是公牛，另一根石柱上是狮子）、桑伽施（大象）和劳利亚·南丹格尔（狮子）。

这些石柱最显著的特征是，它们具有高度抛光的表面，因此才会闪闪发光。铭文被刻在抛光的表面上，这表明在阿育王雕刻铭文之前这些石柱就被竖立起来了。这种抛光技艺通常被称为"孔雀抛光术"（Mauryan

Polish），此种技术还出现在阿育王出资修建的婆罗巴洞窟和一些砂岩雕塑中。例如，在巴特那附近一个村庄发现的著名的药叉女（Didarganj Yakshi）雕像（制作年代为 1 世纪），证明这种技术在孔雀王朝之后继续存在。

关于这种抛光技术的起源和石柱的风格一直有很多争论。一些人声称，该技术是借鉴了阿契美尼德人的技术，他们通过金刚砂将砂岩雕塑打磨得非常光亮。另一些人则认为，这种技术起源于新石器时代的抛光技术，但是没有迹象证实这样的演化过程。另外，人们发现印度河流域文明的雕像也在一定程度上经过抛光。多年来，人们普遍认为，阿育王石柱是以波斯–希腊风格的原型仿造而成的。约翰·马歇尔爵士在 1911 年提出过其观点，桑奇和鹿野苑的柱头"完全不符合印度的艺术风格……只有经过几代工艺积累，富有经验的古希腊雕塑家才有能力将它们制作出来"。莫蒂默·惠勒爵士声称，在孔雀王朝之前，印度人所创造的只是一种民间艺术，如果没有"受过波斯–希腊传统训练"的外国雕塑家的参与，这些石柱不可能突然凭空产生。[16] 这些观点反映了受过古典训练的英国学者的偏见，对他们来说，古罗马和古希腊才能代表古代文明的巅峰。

其他学者认为阿育王石柱是波斯的阿契美尼德石柱的仿制品，那里的诸多君主通过石柱宣扬自己的胜利。福尔克认为，孔雀王朝熟知阿契美尼德王朝的建筑成就，甚至在孔雀族人创建王朝之前，这两地就有人员和货物的"频繁来往"。[17] 在尺寸和外观上，这两种石柱都差不多，当然也有一些小的差异：伊朗石柱的钟形底座在柱身底部，而阿育王石柱的钟形底座在柱头上。

这种解释遭到了其他人的质疑，特别是维多利亚与艾尔伯特博物馆（Victoria and Albert Museum）东方部的前负责人约翰·埃尔文（John Irwin）。[18] 他认为，大多数石柱并不是阿育王亲自建造的，而是古印度本

土发展出的一种传统巅峰技术的成果，甚至比佛教出现得更早。这些石柱
"在功能上是宗教的，在形式和风格上是印度世俗的"。他假设存在一种
被称为"宇宙之轴"（axis mundi）的崇拜，在这种崇拜中，石柱是连接天
地的枢纽，从原初的水面显现，指向天空。在他看来，这些柱子也代表印
度士兵在战斗中所携带的旗帜。阿育王石柱并不是独立存在的，它们通常
建在圣树或土丘旁边。可见，古印度君主用宇宙之柱的概念将他们的权柄
与维护宇宙秩序联系起来。后来，它们被佛教徒借鉴，成为佛塔的一大特色。
埃尔文认为，这些石柱最初被称为阿育王石柱，完全是一个意外。

◀图 5.10　公元前 3 世纪采用孔雀王朝抛光
技术制成的药叉女砂岩雕像

▼图 5.11　位于中央邦桑奇的阿育王狮子
柱头

　　为了支持这一理论，他引用了阿育王即位第 11 年的铭文，"如果有

现成的石柱"，他的敕令就应该雕刻在上面。在即位第 26 年时写下的另一段铭文中，阿育王自称他的敕令应该刻在任何有柱子或石板的地方。换句话说，不只是雕刻在他自己建造的石柱上。此外，包括距离华氏城不远的一根石柱在内，许多石柱根本没有铭文。埃尔文得出结论说，阿育王建造的唯一石柱是在蓝毗尼附近发现的两个无柱头的柱身，因为上面的铭文清楚地说明了它们确实是阿育王下令矗立起来的。他认为，在阿育王之前建的石柱包括：南帕婆的公牛石柱、桑伽施的大象石柱和阿拉哈巴德的阿育王石柱，这些石柱都没有铭文。埃尔文的一些解释获得了历史学家的支持，而另一些解释则遭到了质疑。[19]

阿育王石柱的象征意义

现有资料显示，阿育王石柱上的图案主要是花卉和动物；这些可能是阿育王自己选择的，以便与他的正法信息相协调。在七座完整的柱头中，五座是狮子，一座是大象，一座是公牛。柱楣上也雕绘了动物。在毗舍离、劳利亚·南丹格尔的石柱上，以及南帕婆众多石柱中的一根上，各有一头狮子。桑奇和鹿野苑的柱头上各有四头背对背蹲踞的狮子。在鹿野苑的阿育王石柱柱头上，狮子被安置在柱头顶板上，顶板上有大象、马、公牛和狮子的雕像，中间用辐轮隔开，桑奇石柱的四头狮子上也可能曾经支撑着一个辐轮。南帕婆石柱顶部有一头公牛，桑伽施的柱头上有一头大象。而这些雕塑的起源和意义一直是艺术史学家和考古学家们讨论的主题。一些人认为，它们代表了西方某些特定图案的印度化，比如出现在美索不达米亚雕刻品装饰带上的花卉图案。不过，埃尔文提出了一个颇具争议的理论，他认为除了鹿野苑石柱外，这些所谓"外来"灵感催生出的风格与亚历山大之后的波斯－希腊化艺术毫无关系。相反，它们可以追溯到更早的时期，那时印度在文化和经济上与古代近东的文明有联系。1927 年，艺术史学家库马拉斯瓦米（A. K. Coomaraswamy）认为，莲花图案源自埃及的莲花，在公元前 500 年经由希腊和中东传入，而象征王室权柄的狮子则来自西亚，大约在公元前 4 世纪传入印度。库马拉斯瓦米推测，在几个世纪甚至几千年的时间里，印度是古代东方地区的一部分，该地区从地中海一直延伸到恒河流域，并且共享同一种文化，这种文化很可能可以追溯到石器时代。他写道：

> 孔雀王朝以前的艺术主题与孔雀王朝和巽伽王朝的艺术风格并没有太大区别。美好的动物、棕榈、玫瑰花和钟形柱头都是难陀王朝工匠们常见的艺术元素，在阿育王时代也是如此……其中一些流传最广的装饰性（或更准确地说，象征性）图案，如螺旋形状或卍字符，及其相应的神话阶段（如对太阳和火的崇拜）可以追溯到遥远的过去；印度发现的比较复杂的图案和技术可能起源于该地区的任何地方——大多数可能源自美索不达米亚南部，其他则源自印度或埃及。[20]

由于佛陀在世时禁止将他的形象（最早的佛像是在他去世后几个世纪才出现的）雕刻成塑像，所以人们在雕刻中以符号来表现佛陀——象征佛陀觉悟的菩提树、代表佛陀涅槃的佛塔，以及代表正法常转的八辐法轮。石柱上的动物也具有佛教的意涵。佛教徒通常称佛陀为释迦族的狮子（Sakya–simha）。据说，佛陀是以白象的形式进入母胎的，后来他骑马离开皇宫出家。莲花象征着纯洁，因为它的花朵出淤泥（象征贪爱）而不染。无独有偶，鹿野苑柱头的四头狮子，向四方哮吼，据说也象征了佛陀战无不胜的哲学。

　　然而，这些元素在其他语境中也有对应的内涵，如此它们也会出现在早期的硬币和戒指上。作为百兽之王的狮子是一个普遍的象征，体现了统治者的力量和高贵。公牛是古印度的一种象征物，可以追溯到吠陀时代，与因陀罗神相关。在后来的印度教中，公牛南迪是湿婆神的坐骑。根据耆那教记载，大雄的母亲曾经梦见白象、白牛和狮子。我们也可以认为，这些动物雕像不仅象征了王权的不同特征，也体现了阿育王对动物的慈爱和保护。

洞窟铭文

在即位的第 12 年，阿育王下令在比哈尔菩提伽耶以北 40 千米处的婆罗巴山（有四个洞窟）和龙树山（有三个洞窟）凿建洞窟。阿育王可能在菩提伽耶以东 40 千米的西塔马希（Sitamarhi）凿建了第三处较小的洞窟。这些洞窟是为正命派准备的，正命派是获得阿育王父亲宾头沙罗资助的宗教团体之一。大多数在花岗岩山体上凿出的洞窟都有两个房间：一间是长方形，尺寸约为 10 米 ×5 米，一间是半球形，两个房间通过一条狭窄的走廊相连。洞内经过高度抛光处理，能像镜面一样反射，也正因如此，有时会产生怪异的回声。洞窟的弧形屋顶让人想起至今在该地区仍然可以看到的茅草屋顶，洞窟所采用的抛光技术让人想起阿育王的一些石柱。

福尔克写道，这些洞窟"体现了一系列令人惊叹的建筑结构……它们凭空产生，就像阿育王石柱和他的敕令一样"。过去的苦行僧曾经在岩石下寻

图 5.12 洛玛仙人洞窟入口，
位于比哈尔邦毗舍离

求庇护，但"没有任何国王试图在坚固的岩石上为他们开凿出永久住所"。[21]

婆罗巴洞窟是福斯特的小说《印度之行》中马拉巴洞窟的原型。在小说中，主角艾黛拉（Adela Quested）曾被洞内的回响吓坏了。作者福斯特曾两次访问印度：第一次是1912年10月至1913年4月。第二次是1922年，当时他担任德瓦士（Dewas）大君的私人秘书。在第一次访问中，他曾经在巴特那郊区的班基普尔（Bankipur）停留，这里成为《印度之行》中虚构城市昌德拉普尔（Chandrapore）的原型。福斯特还参观了64千米外的婆罗巴石窟。他在自己的书中写道：

> 这些洞窟都很阴暗。即使太阳直射洞门，也很少有光线能从入口通道进入圆形房间。洞窟内空无一物，除非游客进入五分钟后并划亮一根火柴，否则什么也看不见。随着火光的亮起，另一团火苗从石洞深处升起，像一个被囚禁的灵魂在洞窟内壁移动。圆形房间的墙壁曾被极为精细地打磨过。
>
> 说起来，马拉巴洞窟的回声……与原声完全没有区别。无论说什么，都会出现一模一样的单调回声，在墙壁上下震动，直到最后被屋顶吸收。嘣！我们可以用这个字来形容这种声音……完全沉闷。[22]

图 5.13　正命派洞窟外的拱门，位于比哈尔邦毗舍离

在谈到对此地的访问时，哈里·福尔克写道："今天，这些洞窟让人感觉非常不自在。抛光的内壁反射并增强每一种声音，即使是相机快门的咔嚓声听起来也像雷声。想听清别人的讲话是很困难的。想要居住在里面，要么完全保持安静，要么通过某种家具吸收部分声音。"[23] 在为电影版《印度之行》（1984 年）寻找取景地时，导演大卫·里恩（David Lean）参观了婆罗巴山的洞窟，但发现它们"平淡无奇，毫无吸引力"。他还担心纳萨尔派（一个武装革命组织）在该地区的活动。因此，洞窟外景是在班加罗尔附近的尼尔吉里山（Nilgiri Hills）拍摄的，电影的其余部分也大多在那里拍摄。制作公司在那里凿出洞窟的入口，但实际上，洞窟的内景是在伦敦的一个工作室里建造的。电影中的洞窟壁面毫无光泽，完全不像实际中的洞窟。

2018 年 12 月，当参观这些洞窟时，我也体验到了与艾黛拉和哈里·福尔克一样的诡异感觉，但周围的环境与电影中不同。在电影中，山坡上的巨石是成片的。而在实际的山坡上，巨石都是散落的，形态可怖，看起来就像从外星球掉到地球上一样。这里可以作为思考生存意义的理想场所。

最著名的是位于婆罗巴山的洛玛仙人洞窟。洞窟的门雕刻得非常精美，门楣上雕刻着一群面对佛塔的大象。洞窟由两个房间组成：一个是矩形，尺寸约 10 米 ×5 米；另一个是半圆形，直径 5 米，两个房间由狭窄的通道相连。这个洞窟没有铭文。

它的左边是苏达玛（Sudama）洞窟，其中的婆罗米铭文写道："在天爱王即位的第 12 年，此洞窟被供养给正命派苦行者。"它的北面是卡兰·查帕（Karan Chaupar）洞窟，只有一个房间。其铭文显示，在即位的第 19 年，阿育王供养了此洞窟中的教徒。此处铭文没有提到正命派，但是提到该洞窟是用作雨季的庇护所，这表明它也可能是为佛教徒或耆那教徒准备的。最近，考古学家们提出，这些洞窟是正命派信徒举行绝食自杀仪式的场所。[24]这是因为人们发现，在该洞窟的一端，有一个用岩石雕凿出的长凳。

最后一个是毗首羯磨（Vishvakarma）洞窟，该洞窟并未完工。它位于上述洞窟东部 100 米（328 英尺）处，可以通过"阿育王台阶"抵达。在过去，从这些洞窟可以俯瞰穿越岩石的季节河，而且这里曾经是每年节日庆典的场地。

在婆罗巴山以东 1.6 千米的龙树山上有三个洞窟，它们是在几十年后修建成的，阿育王的孙子达沙罗陀[25]将它们供养给正命派苦行者。其中最大的是瞿毗迦（Gopika）洞窟，它只有一个 6 米 ×15 米的房间。铭文写道："瞿毗迦洞窟是一个与日月同寿的庇护所，是天爱十车王即位时为最虔诚的正命派苦行者修建的精舍。"1811 年，弗兰西斯·布坎南（Francis Buchanan）这样形容它："沿着一条极其简陋的花岗岩和灰泥楼梯，在零落的花岗岩石山中蜿蜒向上约 150 码，最后抵达一块东西走向的坚固凸岩。"[26]我的亲身经历证实，爬上这条楼梯非常具有挑战性。在稍高处有两个较小的洞窟，也是十车王给正命派苦行者的供养。

后来，其他团体占据了这些洞窟，并将"正命派"一词擦除。在 5 世纪或 6 世纪，一位名叫阿南陀跋摩（Anantavarman）的印度国王在其中三个洞窟中增刻了印度教神像，并添加了梵语铭文。

佛塔

顾名思义，佛塔是在佛教遗迹或圣地上，用土、砖或石垒成的没有装饰的丘形建筑，其建造历史可以追溯到公元前 4 世纪晚期的印度。根据佛教传统，阿育王从过去的遗址中获得佛陀舍利，并在印度各地建造了八万四千座佛塔。实际上建造了多少座，我们不得而知，但是文献反复提到的数字是八万四千。人们一度认为安得拉邦的阿马拉瓦蒂（Amravati）、北方邦的迦毗罗卫、比哈尔邦的凯萨里亚（Kesaria）和中央邦的巴户特（Bharhut）的佛塔是阿育王建造的，但现在，人们已不再这样认为。

图 5.14　用来存放佛陀舍利的法王塔（建于 2 世纪，位于巴基斯坦塔克西拉），
可能是在过去阿育王佛塔的遗址上建造的

图 5.15　位于中央
邦毗底沙的佛塔

图 5.16　公元前 1 世纪的桑奇
浮雕：《阿育王乘坐战车访问
罗摩伽摩的那迦人》

我们可以肯定地说，至少有一座佛塔属于阿育王，那就是位于中央邦的桑奇大塔。桑奇位于毗底沙（Vidisha）附近。据斯里兰卡佛教编年史记载，毗底沙是阿育王某位王后（或嫔妃）的家乡，这位王后是摩哂陀（Mahendra）和僧伽蜜多（Sanghamitra）的母亲。但遗憾的是，我们无法确定桑奇大塔是不是为她而建。此处遗迹的核心是由阿育王建造的半球形砖结构。人们认为，塔顶曾经有升起的露台，并被木栏杆环绕，顶部还有石制伞盖。在巽伽时期（大约始于阿育王去世50年后），人们用当地的砂岩对佛塔进行了扩建。桑奇佛塔的大门雕刻得美轮美奂，这已是后来公元前1世纪的事情了。在此地还有一根阿育王石柱，上面的铭文对僧团的分裂提出了严厉警告，这是三个所谓的"分裂敕令"之一。

公元前1世纪，桑奇受到安达罗人的百乘王朝（Satavahana/Andhra）统治，百乘王朝对该佛塔进行了重大修复，并派人建造了四个精心雕刻的大门和围绕整个结构的栏杆。佛塔大门上的一些浮雕描绘了佛陀的生活场景。南门的雕刻是为了表达对阿育王的敬意，两根石头门柱上有狮子柱头和其他雕饰。

图5.17　中央邦桑奇大塔南门的雕刻：《阿育王访问罗摩伽摩佛塔》

一些桑奇浮雕还描绘了阿育王时期的生活场景。其中一幅浮雕显示，阿育王在随从的保护下乘坐一辆战车去取回佛陀舍利。在他们身边，还有一群那迦人（可能是土著部落）守护着佛塔。在另一处浮雕中，王后低舍罗绨多（Tisyaraksita）在给菩提树下毒，使其枯萎，阿育王因此而悲伤。这是佛教编年史中的另一个故事。阿育王看起来很虚弱，由两位嫔妃搀扶。其上的浮雕显示，在阿育王于菩提伽耶建造的新寺庙中，菩提树正茁壮成长。根据尼安佐特·拉希里（Nayanjot Lahiri）的说法，这些浮雕能引起人们的共鸣，并显示君王的权力并不是万能的，无论他多么努力，都无法与佛陀媲美。[27]

西门的横梁上雕刻了阿育王前往佛教圣地的朝圣之旅。奇怪的是，这些雕刻把阿育王描绘得又矮又胖，脑袋长得像甜瓜。查尔斯·艾伦（Charles Allen）认为，该地区的人民至今对阿育王记忆犹新，所以这个形象很可能是基于他的真实外表——这与宝莱坞电影中对阿育王的描绘大相径庭。[28]

尽管阿育王建造了如此多的有历史价值的建筑，但没有发现阿育王为自己修建皇家陵园。事实上，我们连他在哪里去世都不知道，但有一些人声称他被埋葬在卡纳塔克邦的桑纳提，这是一个古老的佛教遗址，[29] 人们在这里发现了阿育王的雕像。

虽然铭文提供的有关阿育王生平的信息不多，但从佛教资料中获得的信息激发了人们的想象力，让许多人对阿育王产生了无限遐想。

第6章

阿育王的正法信息

阿育王的大多数铭文都是为了定义和传播他的道德准则和道德哲学，也就是所谓的"正法"，并确保它永远流传。几乎所有的阿育王铭文都提到"正法"，有时甚至一篇铭文中会提到很多次。也有一些铭文涉及他与佛教僧团的关系、边境地区的管理和司法系统，及王室成员的布施。

"正法"（俗语[1]：dhamma，梵语：dharma）的词根是"dhri"（举起，固定，稳定），这个词不容易翻译或定义，人们往往将之解释为宗教法律、道德准则或哲学、正确的行为和义务。根据传统的印度教思想，人生有四个目标：道德行为（Dharma）、世俗成功（Artha）、欲乐（Kama）和解脱（Moksha）。从公元前3世纪开始，婆罗门创作了大量的梵文文献，被称为《法论》（*Dharmashastra*）。这些著作为个人和团体制定了规范、规则、规章和法律，当涉及饮食、性和婚姻，特别是关于每个种姓的适当行为时，可以说是非常具体的。最著名的例子是《摩奴法典》（*Manava-dharma-sastra*），该书成书于公元前100年之后的某个时候。

这种正统的正法概念与阿育王的正法有着本质的不同。阿育王的正法是超越种姓和宗教教义的普遍道德准则。在阿育王铭文的古希腊语和阿拉姆语翻译中，他使用了希腊传统中的"eusebeia"——该术语可以翻译为"美德""虔敬"或"法律"。虽然阿育王承诺，实践正法的人将会进入天堂，但是他的正法并非神授。而且阿育王从未提到过种姓，也没有为任何个体或群体制定规则和法律。相反，他推荐的是所有人都可以，而且应该遵循的行为和态度——这不仅适用于他的帝国，也适用于帝国边界之外的其他印度邦国。因为正法是一种普遍的行为准则。阿育王的正法也不同于佛教传统中的正法含义。在佛教传统中，正法指的是佛陀关于"宇宙法则和秩序"的教法。

阿育王并没有给正法作出准确的定义，但从阿育王的铭文中，我们可以了解正法的属性。正法的主要内容可归纳如下：

- 对一切众生慈悲、友善。
- 对所有宗教团体持宽容态度。
- 顺从父母和长辈。
- 恭敬并供养婆罗门和沙门。
- 善待仆人、奴隶和穷人。
- 对朋友、亲人和其他人慷慨大方。
- 说诚实语。
- 净化心灵。
- 自我控制和谨慎发言。
- 尊敬老师。
- 节制自己的用度。
- 拒绝仪式和典礼。
- 善待囚犯。

这些告诫有强烈推荐的——人们应该培养某些美德，也有规避反对的——人们应该避免某些恶习。阿育王把自己类比为父母，视人民为子女，希望人民获得最好的待遇。他还将自己树立为榜样，让人们效仿他。

在阿育王即位的第27年所书刻的第七石柱敕令中，他叙述了自己弘扬正法的方法。他不像其他统治者那样主张胁迫或征服，而是采取了以立法为基础的说服政策。大多数铭文的开头都有这样一句话："天爱喜见王诏"，但为了使行文更符合现代习惯，我把这个称呼改写成"我"或"国王"。[2]

第七石柱敕令（节选）

过去诸王皆希望人们依靠弘扬正法而取得进步。但是，他们并未获得成功。对于此点，我反躬自省：我要如何鼓励苍生遵循正法，从虔诚奉行正法中取得进步？我要如何通过弘扬正法达到此种目标？……

我决定颁布正法敕令，并下诏对正法进行教诫。我任命官员，让他们教导人们，并向人们诠释正法。我亦下诏乡村官员（rajuka），他们是我在数十万人之中遴选出来的，帮助我弘扬正法。为此，我树立正法石柱，任命正法大督察，并颁发正法敕令。

……我敕令弘扬正法，依靠两种方法：道德制约与说服。但是，道德制约的效果并不如说服。例如，我下令让人们不得杀害某些动物，但是说服的方法让正法得以弘扬，因为它使人们停止伤害人类和动物。

……凡有石柱或石板的地方，都要书刻这些文字，使这些文字长久留存。

可能是在即位的第八年，阿育王参加了羯陵伽战争。这场破坏性极大的战争在他心中留下了阴影，因此他首次想借助正法祛除战争。阿育王的祖父和父亲都没有入侵强大的邻国羯陵伽，但是阿育王在执政期间，可能间歇性地入侵了羯陵伽，因为在铭文中，他并没有像提到其他统治者那样提到羯陵伽王。对羯陵伽的征服是多场战争组成的，在战争中，可能有40 万人被杀害或驱逐——这大约占羯陵伽总人口的四分之一。阿育王在第十三摩崖敕令中表达了自己对征服战争的悲痛和忏悔。这是他最著名的铭文，也是篇幅最长的铭文之一。该敕令书刻于阿育王即位的第 13 年（或之后），出现在十个地方，但重要的是，并没有刻在羯陵伽附近——达乌里（Dhauli）和杰格达（Jaugada）的摩崖上，也许是因为他不想在羯陵伽人的伤口上撒盐。另一种解释是，他想向羯陵伽人展示自己坚定的立场，并不向他们承诺放弃使用暴力。

由于这篇铭文对于理解阿育王的哲学至关重要，因此，我在此完整列出：

第十三摩崖敕令（羯陵伽敕令）

我在即位第八年的时候，征服了羯陵伽国。15 万人被驱逐，10 万人被杀，还有更多人死于其他原因。

征服羯陵伽后，我开始认真践行正法、研究正法，并以正法教诫人们。对于人们惨遭杀戮并受到驱逐，我深深地感到悔恨。但在征服一个国家的时候，这总是难以避免的。然而，更糟糕的是，住在那里的人——无论是婆罗门、沙门还是其他团体，或是顺从长者、父母和老师的居士，或是对朋友、熟人、同事、亲人、奴隶和仆人彬彬有礼的人，都受到伤害或遭到屠戮，或亲眼看到自己所爱的人被驱逐。

即使是那些幸存者……看到朋友、熟人、同事和亲人的不幸，也会感到痛苦。我认为这是不应发生的。所有国家（希腊人除外，因为希腊没有婆罗门和沙门³）的人都信奉某种宗教。因此，即使那些被杀害或被驱逐的人中有百分之一或千分之一的人在受苦，我也会觉得是令人遗憾的。

我将努力安抚我帝国治下的森林部落，与他们讲道理，让他们正确行事。但我也会警告他们，尽管我后悔使用武力，但我仍掌握着权力，也要求他们忏悔，他们如果不照着我说的去做，那么他们就将被杀死。因为我希望所有人都能远离伤害，克制自己，平静而温和。

在此地和所有边界上，我都赢得了正法的胜利……一直到达希腊国王安条克统治的国家，再到更远的托勒密、安提柯、马加斯（Magas）和亚历山大统治的国家。正法的胜利也向南延伸到朱罗人、潘迪亚人的土地上，最远到达多摩罗巴尼（Tamraparni）。在我的帝国内，希腊人、甘蒲阇人、那婆迦人（Nabhakas）、那婆盘基人（Nabhapamkits）、博伽人（Bhojas）、比提尼迦人（Pitinikas）、安达罗人、帕利达人（Palidas）——各地的人们都在遵守我的正法教诫。即使在我的［正法］大使没有去过的地方，人们也听闻了正法、遵循我的教诫，并将继续这样做。我的征服在各地都取得了胜利，这让我感到非常满意，这种满意完全是来自正法的胜利。但是，即使是这种喜悦也微不足道，因为另一个世界的正法之果才重要。

我让人书刻此正法铭文，使我的子孙后代不再进行新的军事征服，或者即使他们这样做，也应该乐于宽容，只进行轻微的惩罚，并将正法的胜利视作唯一的真正胜利。因为这样的胜利才能在今生和来世都产生果报。让他们以此种努力为乐。

这篇铭文揭示了阿育王采取正法政策的动机之一：他对羯陵伽人民的痛苦感到懊悔。他不仅对敌国士兵的死亡和被驱逐感到悔恨，还认识到战争对平民（包括那些过着美好生活的人）的附带损害。

在世界历史上，很少有统治者表现出如此的悔恨之心；相反，像阿契美尼德国王那样的人，反而会夸耀自己的征伐之功，这样的胜利无疑是一场灾难。正如历史学家尼安佐特·拉希里认为的那样，在应该耀武扬威的时候，这位国王却哭泣了……这是对王权概念的惊人逆转。[4] 阿育王也热切地希望自己的子孙后代能遵循他的政策——这一愿望在其他铭文中也有所表达。

然而，他的仁慈不是无限制的。阿育王仍然面临着来自帝国内部森林部落的威胁。他们是次大陆的原住民，在几个世纪前就被赶进了森林，并且一直在抵抗各个王朝的统治。他们的数量肯定非常多，因为孔雀王朝的大部分地区仍然被森林覆盖。作为大象、木材和其他产品的供应地，森林在经济上具有重要意义。阿育王在铭文中说，如果他们乖乖听话，就会受到善待；如果不听话，就会遭受帝王的雷霆之怒，乃至被杀死。在第五石柱敕令中，阿育王禁止为驱赶动物和耕种而焚烧森林，还对可以屠杀的动物做出了限制——这是对森林住民的进一步告诫。

阿育王在铭文中情不自禁地吹嘘。他指出，他的正法哲学已经远远超出了自己帝国的边界，并列举了当时五个希腊化的统治者，他们是亚历山大帝国各地的统治者——安条克二世（公元前261—前246年在位），他是阿育王的邻居，统治着塞琉古帝国的东部地区；昔兰尼加的马加斯（Magas of Cyrenaica，公元前276—前250年在位）；埃及的托勒密一世（公元前285—前246年在位）；马其顿的安提柯二世（Antigonus Ⅱ，公元前278—前239年在位）；以及希腊西北部地区伊庇鲁斯（Epirus）的亚历山大二世（公元前272—前258年在位）。这段铭文帮助历史学家准确确定了阿育王的统治日期。阿育王指出，他的正法信息也传播到朱罗和潘地亚的独立国家，并远至南印度的多摩罗巴尼河（也被认为斯里兰卡的古称）以南。其他群体生活在今天属于阿富汗和伊朗南部的地区，他们是古希腊人（可能在亚历山大之前就已经在该地区定居）和甘蒲阁人（源自中亚的民族），这些人可能是阿拉姆语铭文的预期受众。[5]那婆迦人和那婆盘基人可能是居住在西北部的部落，博伽人在西部，安达罗人和帕利达人居住在东部或南部。

关于阿育王的正法使者是否到过古希腊世界，我们没有第一手记录以资证明。然而，西北部的希腊人肯定与孔雀王朝有过接触。阿育王在坎大哈的铭文是用正统的古典希腊语雕刻的，表明其与希腊本土的联系。历史学家托勒密（100—约170年）声称，在亚历山大里亚有印度人，他从他们那里获得了关于印度的知识，而希腊－罗马作家"金口"狄奥（Dio Chrysostom，40—120年）提到印度人与亚历山大里亚人有交往。一些学者甚至宣称，佛教的寺院模式被采纳并成为德拉波泰派（Therapeutes）和爱森尼派（Essenes）的社区模式——这两个犹太苦行教派分别生活在亚历山大里亚附近（公元前20—公元50年）和巴勒斯坦（公元前200—公元200年）。[6]

阿育王是在他即位的第十年首次提到"正法"这一概念，但他没有使用"Dhamma"这个俗语单词。该篇铭文是用古希腊语和阿拉姆语书刻在阿富汗中部坎大哈的摩崖上，可能是从俗语原文翻译过来的。

以下是对坎大哈的双语摩崖铭文中古希腊语版本的改译，阿拉姆语铭文的内容也差不多。

> 在我即位十年后，我向人们宣扬正法的教义。从那时起，人们变得更加虔诚，世界万物都繁荣兴盛。我自己早已不再杀生；

其他的人，包括那些王室的猎人和渔夫，也同样不再打猎和捕鱼。而那些没有自制力的人也在力所能及的范围内获得了自制力，开始顺从父母和长辈。这和以前大不相同。如果他们再接再厉，就会过上更好、更幸福的生活。

虽然这些铭文包含了正法的一些基本教义——顺从父母和长辈，不杀生，培养自我控制能力——但并没有出现如后来的铭文中提到的遵循正法会获得来世的幸福。

"正法"一词首次出现在第二小摩崖敕令中，书刻于阿育王即位的第11年。

第二小摩崖敕令（节选）

乡村官员首先通过击鼓召集乡民和当地首领，然后教诫他们顺从父母和老师，慈悲众生，并讲诚实语。他们应该遵循这些正法的美德。

他们还应该确保驯象师、文士、战车御者和婆罗门按照古老的传统指导自己的弟子，使其尊敬老师。在家庭中，亲属之间必须相互尊重。这是古老的习俗，可以使人长寿，所以必须执行。

由羌巴达（Capada）雕刻（这是唯一提到雕刻者名字的铭文）。

为什么阿育王要挑选这样一群包括各行各业学徒在内的人来训诫？也许他想到的是老师和学生属于不同家庭或种姓的某个地方（尽管铭文从未提到这个地名），这种混杂的家庭可能容易产生纠纷。

其他关于正法的定义见于第二石柱敕令和第十二大摩崖敕令：

第二石柱敕令

正法是有益之事。但是，我们应当如何解释正法呢？正法的意思是：少过失、多善行、慈悲、布施、真谛和清净。我已经获得了各种形式的洞察力。我给人和兽、鸟和鱼带来诸多利益，甚至拯救其生命，我还施行了许多其他善行。我让人雕刻这篇正法铭文，是为了让人们遵循正法，让正法长久存世，让人遵循正法而行善。

第十一大摩崖敕令

没有比布施正法、宣说正法、遵循正法作为礼物送给别人更加珍贵，而这意味着要优待仆人和奴隶、顺从父母，同时还要慷慨地为朋友、熟人、亲人和宗教团体解囊，也不杀生。父亲、儿子、兄弟、老师、朋友、熟人，甚至邻居都应该说："这是有益之事。这是我们应当做的。"这样，通过正法的布施，他们将在今世获得幸福，在来世获得无限的功德。

阿育王并非幼稚无知。他知道人性是如何阻碍人们（尤其是那些有钱有势的人）觉悟正法的。

第十摩崖敕令

我不相信名声或荣耀能给我带来多少好处，除非它们能引导人们服从正法并遵循正法之道。我所做的任何努力都是为了来世，这样人们就不会有无法获得来世幸福的危险。但是，对于人们来说，无论他们地位高低，只要他们不付出极大的努力并放弃其他一切，就很难做到这一点。对身居高位的人来说，这尤其困难。

第三大石柱敕令

人们只注意到自己的善行，认为"我做了一件好事"；但他们不会注意到自己的恶行，不会觉得"我做了一件坏事"或"这的确是罪恶"。的确，要意识到这一点是非常困难的。但在我的训导下，人们已经开始意识到并思考："残忍、愤怒、骄傲和嫉妒是罪过。不要让这些成为自我毁灭的原因。"一个人尤其应该注意自己的行为，想着："这会给我带来今生的幸福，也会给我带来来世的幸福。"

宗教宽容

阿育王的道德准则中最令人钦佩的特点之一，就是他捍卫并促进宗教自由和宗教宽容。如在第七和第八摩崖敕令中，他写道："国王希望所有教派都能自由生活在任何地方，因为他们都追求自我控制和心灵的纯洁。"当阿育王舍弃了王室所热衷的狩猎聚会，为传播正法而巡行的时候，他"遇到苦行僧（niganthas，尼乾子，经常用于指代耆那教信徒）和婆罗门，并向他们赠送礼物"。

第十二摩崖敕令是阿育王宗教宽容政策最明确的表述。倾听他人的信仰是推进自己信仰的最佳方式，这种观念体现了心理学上的觉知。诺贝尔奖获得者阿马蒂亚·森认为，阿育王"试图编纂和宣传最早的公共讨论规则，这是古代版本的《罗伯特议事规则》"。[7]

第十二摩崖敕令

国王不仅应该通过供养高僧、苦行僧和在家居士，以及授予各种荣誉来表彰所有宗教团体；此外，他还必须弘扬宗教的基本教义。弘扬基本教义可以通过多种方式实现，但其根本在于控制自己说出的话，即不要在不恰当的场合赞美自己的宗教或贬低他人的宗教；即便赞美，也要得体。这样，人们在赞美自己信奉的宗教同时，也在赞美他人的宗教；在扩大自己宗教影响力的同时，也在使他人受益。如果不这样做，不仅会损害自己的宗教信仰，还会损害他人的宗教信仰……因此，只有和谐才是值得称赞的。这样人们就可以倾听彼此的信仰内容，并遵循它们。以下是我的愿望：所有的宗教都应该具备渊博的知识，并保持纯洁的教义。同时，还应告诉他们的追随者"国王认为，较之于礼物或荣誉，弘扬所有宗教共有的基本教义更为重要"，还为此任命了许多官员：正法大督察、管理女性的官员、乡村官员和其他官员。

阿育王没有对"所有宗教共有的基本教义"进行定义，他指的可能仅是自己的正法教义。近 2000 年后，另一位伟大的印度统治者呼应了阿育王对宗教宽容的呼吁，他就是莫卧儿皇帝阿克巴（1556—1605 年）。他呼吁国家保持宗教中立，包括保证 "任何人都不应因宗教而受到干涉，任何人都可以皈依自己喜欢的宗教"。[8] 阿克巴邀请包括无神论者斫婆迦派（Carvakas）在内的所有宗教代表到他的宫廷分享自己的观点，甚至试图结合各种宗教的优点，创立一个新的宗教——"神圣的信仰"（Din-ilahi）。[9]

尽管阿育王对遵循正法教法的人许诺了天堂，但他对来世的描述和对神灵的引用是模糊的，而且只是顺带提出来的。例如，在书刻于阿富汗、奥里萨邦、喜马拉雅山谷和安得拉邦的第四摩崖敕令中，他写道：

第四摩崖敕令（节选）

在过去的几百年里，杀害动物、伤害生命、不尊重亲人、不敬沙门和婆罗门的现象在不断增加。但今天，由于我实践正法，罪恶的鼓声已变成正法的声音，人们看到了天车、大象、火球和其他天人形象。通过我的正法教诫，在不杀生、不伤害众生，尊重亲人、婆罗门和沙门，顺从父母和长辈方面，人们的行为都有所改善。

对这段晦涩的文字，人们一直有不同的解释。阿育王的意思可能是，自从他的正法政策生效后，众天神就下凡到印度了。胡尔彻（Hultzsch）引用班达卡和其他人的话指出，人们总是在战斗、公开表演或戏剧的开场之前击鼓。然而，由于阿育王已经启动了他的正法事业，鼓声不再是战斗的召唤，而是一种邀请，邀请人们见证某些旨在弘扬正法的场面——也许是宗教表演，阿育王在这些场合展示了天人的形象，而天界正是人们来世要去的地方。[10]

动物保护

同样，阿育王的宽容是有限度的。他反对某些节日和庆典，特别是那些涉及动物献祭的节日和典礼。

第一摩崖敕令

我不允许杀生和献祭，更不允许为举办节日而犯下杀生和献祭的罪恶。因为我在节日中看到了许多罪恶，虽然我赞成举办其中的一些节日，它们也仍是罪恶的。以前，在我的御膳房里，每天都有成百上千的动物遭到屠杀而被食用，但现在，我雕刻此铭文，每天只准许杀死三只动物——两只孔雀和一只鹿，而且也不一定每天都要杀鹿。在将来，甚至这三只动物也不会被杀。

在另一篇铭文中，他重复了自己对节日的禁令。

第九摩崖敕令（节选）

人们在生病时、在孩子的婚礼上、在儿子出生时，以及在出发旅行时，都会举行各种庆典（samaja）。尤其是，这些庆典大多是由女性主持的，它们既琐碎又无用。正法是唯一有价值的庆典，它包括善待仆人和奴隶、尊重长者、关爱动物、慷慨供养沙门和婆罗门。

阿育王是笼统地反对为了饮食而杀生，还是只反对为了祭祀而杀生？对节日集会的禁止似乎证明他反对为祭祀而杀生。这是因为在佛教兴起前的宗教以及婆罗门教的仪式中，人们经常会举行祭祀活动。压制这些习俗可能是一项政治举措，即通过削弱婆罗门的控制来加强国王的支配权。更为有趣的是，阿育王只是将女性与这些庆典联系起来，从未明确将婆罗门与这些庆典联系起来，甚至都没提到他们。[11] 高善必（D. D. Kosambi）认为，由于社会从农业经济向乡村经济的转变，祭祀和仪式已经过时了，所以阿育王只是顺应历史发展的潮流。[12]

阿育王支持诸多教派共同发展的最明显迹象是，他采取了一项善待动物的政策，并提倡不吃肉（不过这项禁令执行得并不彻底）。这种理念并不新鲜：耆那教和佛教徒曾强烈谴责吠陀祭祀，并在不同程度上禁止吃肉。祭祀不仅昂贵，也带来伤害。人们挑选最强壮的动物进行献祭，这对家畜的饲养产生不利影响，捐赠动物用于祭祀也会给农民带来负担。有些祭祀活动会持续数天，这是主祭婆罗门的一个重要收入来源。

在第一摩崖敕令中，阿育王提出了他个人的承诺，宣称除了每天宰杀两只孔雀和一只鹿外（在未来，他会采取素食，屠杀孔雀和鹿最终也会被禁止），他已经在自己的宫廷里禁止为吃肉而屠杀动物的行为。为什么他不禁止对这两类动物的屠杀？阿育王可能是在强化一个信息，即他正在通过弘扬正法来取代狩猎行为。也可能是阿育王特别喜欢孔雀肉——这种解释是基于一份佛教文献，该文献称孔雀肉是中部国家人们最喜欢的食物，而阿育王正是来自中部国家。[13]

第五石柱敕令给出了更详尽的饮食指导：

第五石柱敕令

在即位的第 26 年，我禁止杀害以下动物和鸟类：鹦鹉、鹩哥、红头鸭、野鹅、天鹅、兰提无迦水鸟（nandi-mukhi）、鸽子、蝙蝠、蚂蚁、乌龟、无骨鱼、维达维耶迦鱼（vedaveyaka）、恒河的普普萨鱼（pupusas）、鳐鱼、豪猪、松鼠、蜥蜴、犀牛、白鸽、家鸽以及所有既无用又不可食用的动物。另外，不可杀害母山羊、母羊、正在怀孕或哺乳的母猪，也不可杀害六个月以下的牲畜、不得阉割公鸡。不应点燃含有生物的秸秆。没有充分的理由，不能为了杀死动物而烧毁森林。除以上提到这些外，还不得以一只动物喂养另一只动物。

在某些特定的日子不得捕鱼或卖鱼：每一季（四个月是一季）中的第一个满月之日；满月落在提沙星（Tisya）上的三天；[14] 白半月的第十四天和第十五天，黑半月的第一天以及所有斋日。同样，在以下的日子，不得杀害象园和渔场的动物，也不得杀害其他动物：半月的第八天、第十四天和第十五天；惺沙日和普那瓦苏日（Punarvasu）；每一季的前三个满月日；以及节日和斋日。公牛、山羊、公羊、野猪和其他通常被阉割的动物在这些日子里不能被阉割。在提沙日和普那瓦苏日、每一季的第一个满月之日以及接下来的半个月内，禁止给牛和马烙印。

以上的一些禁令呼吁采取人道的做法，例如，禁止杀害怀孕或喂养幼崽的雌性动物，禁止杀害幼崽、家养动物（可能是狗和猫）以及既无用又不可食用的动物。他还对阉割或烙印某些动物的日子进行了限制。伊尔凡·哈比卜（Irfan Habib）注意到，根据铭文可以看出，阿育王对家养动物（在农村和城市社区中被宰杀食用）和森林部落为了食物或毛皮而杀死的动物进行了明显区分，这反映出他试图以此控制森林部落。[15]

该铭文还出现了关于刀耕火种以及烧毁森林熏出野生动物的禁令，这都是很好的环境保护措施。阿育王认为，不应焚烧含有生物的秸秆，这可能体现出他对耆那教伦理的采纳。

限制捕鱼可能是一种调节鱼类供应的手段，因为鱼在孔雀王朝时代是一种重要的商品和食物来源。有人认为，敕令中提到的鱼类在今天是不可食用的，在公元前3世纪也应该不可食用。然而，其他一些禁令的原因就不那么清楚了，尤其是针对第一句中提到的一些鸟类、鱼类和各种野生动物的禁令。许多禁令都涉及对蜥蜴和鼹鼠身体部位的使用，或许是因为它们可以用于制造毒药，因此这些生物被宣布为不可侵犯。

《利论》也有类似阿育王敕令中那些提倡保护动物的段落。对于捆绑、杀害或伤害受法律保护并生活在王室保护区内的鹿、野生动物、鸟或鱼的行为，可以对屠宰场主处以最高的罚款。如果家主这样做，受到的罚款则较低，也许是因为他们杀死动物是为了自己食用。《利论》列出的受到保护的动物包括：长得像其他动物或人类的海鱼、湖鱼或河鱼；禁止为了娱乐而杀死的鸟类包括如下禽鸟：鹅、鸭、野鸡、鹧鸪，以及会说话的鸟类（如八哥和鹦鹉）；其他吉祥的生物；怀孕或哺乳的母山羊、母羊和母猪。另外，六个月以内的动物幼崽也不得宰杀。

在另一篇铭文中，阿育王在确保动物的健康和福祉方面发挥了更积极的作用。

第二摩崖敕令

在我的领地上，甚至在我的边疆地区，在朱罗人、潘地亚人、娑帝耶弗多人（Satiyaputa）、克拉帕陀人，甚至多摩罗巴尼人、希腊国王安条克二世以及其他与其为邻的国境……我在所有这些地方都为人类和动物提供必要的就医服务。在没有药草的时候，我派人把它们带过来，连同根和果实一起种下。我沿着路边种树、挖井，供人和动物使用。

这样的理念可能是从耆那教引进的——耆那教徒为动物和鸟类开设医院，并一直持续到今天。六个世纪后，中国佛教大师法显在华氏城仍能看到一所动物医院。

阿育王为动物开设的医院和药房是世界上最早的动物医院。[16] 接受过医学训练的兽医随军出征，治疗马和象，并为阿育王建立的动物医院工作。通过对祭祀和战争中的动物尸体进行观察，他们在动物解剖学方面的知识可能比对人体的了解更精确。[17]

阿育王善待动物的政策立刻使他受到许多臣民的拥戴，明显看得出这是出于政治目的的宣传。同样，这和大约 2000 年后的阿克巴王所

图6.1　坐在树下石头上的莫卧儿皇帝阿克巴通知自己的臣民，应该停止屠杀动物的行为。出自. 《阿克巴编年史》（*Akbar-nama*）中的插画，约1590年，纸上水粉画

采取的政策遥相呼应。阿克巴的编年史家和首辅大臣阿布·法兹尔写到他时说：

> 国王陛下不怎么爱吃肉，而且反复这样宣扬。虽然可以获得各种各样的食物，但人们由于无知和残忍，竭尽所能地去伤害生物，并欣然杀戮和食用它们。似乎没有人注意到人类内在的仁慈之美，如果不能避免这些残忍行为，就会把自己变成坟墓，或者让自己沦为野兽。如果陛下没有肩负着世界的重担，他会立刻完全不吃肉。现在，他打算逐渐地放弃肉食，只不过还要稍微顺应这个时代的风气。[18]

阿育王的佛教

阿育王在他最早的一篇铭文里首次提到佛教，这也是第一篇用婆罗米文字书刻的铭文。

第一小摩崖敕令（合并版）

到现在为止，我成为佛教居士（优婆塞），已经超过两年半了。然而，直到现在我也没有取得什么进步。即便如此，我参访僧团也有一年多了，因此已经亲近僧团，变得更热心了。在印度（Jambudvipa，阎浮提），以前没有人能与天人联系，现在人们可以和天人进行联系。不仅是伟大的人可以如此，即便是那些卑微的人，只要他们虔诚也能进入天堂。

我颁布此敕令的原因是：让卑微的人和伟大的人都取得进步，甚至让边地之人都知道这种进步是持久的。那么他们就会越来虔诚……

这件事要书刻在这里和山中其他地方。凡有石柱的地方，也要刻在石柱上。你们必须把这份文件带到你们所在地区的各个角落。该敕令是我在巡游期间（为期 256 天）颁布的。

这段话可能意味着他与僧团生活了近一年时间，或者更有可能的是，他对僧团进行了一次国事访问。在访问期间，他对自己的信仰进行了声明。班达卡认为，阿育王不可能出家成为比丘，因为他有君主的职责，但他可以成为一名"比丘趣向者"（bhikku-gatika）：一名虽然"具有宗教倾向，舍弃世俗幸福，但由于具有足够令人信服的原因，不能放弃居家生活"的人。[19]他指出，中国朝圣者义净在 7 世纪看到的阿育王雕像就是身穿僧袍的。然而，义净的记叙无法证实《大史》中关于阿育王皈依佛教的记载，因为据《大史》记载阿育王是受到僧人尼瞿陀（Nigrodha）的感化而皈依佛教。

今天，我们能看到至少有七处阿育王铭文提到人们要以他为榜样，第一小摩崖敕令就是其中之一。在这篇铭文的语境下，指的是像他那样追随佛教，但后来的铭文则是主张追随正法，这样人们就可以进入天堂。阿育王指出，现在天人会与人民进行联系，其含义是有一些争议的。我们既可以从字面上解释——表示天人对他政策的认可，也可以从隐喻上解释——人们将获得幸福，天堂将出现在人间。而且，阿育王没有在任何地方提到佛教的涅槃概念。

在另一处铭文中，他提到了正法巡行（Dhammayatta），这是他在即位第十年对佛教遗址的巡视，并向他的臣民弘扬正法。

第八摩崖敕令

过去的国王都会去游玩，他们外出打猎并享受其他消遣。在我即位的第十年，我去了三菩提（Sambodhi，即菩提伽耶，佛陀觉悟之地）。从那时起，我开始进行与正法相关的巡行。在这些巡行中，我遇到苦行僧、婆罗门和老人，随即供养了他们。我也在乡下与人们见面，教导他们正法，并回答他们有关正法的问题。我从中得到的快乐比任何其他活动带来的快乐都要多。

在即位的第20年，阿育王访问了乔达摩的出生地蓝毗尼，并颁布了以下铭文（其真实性受到质疑）。[20]

蓝毗尼石柱铭文

在我即位的第20年，我亲自来到这里，瞻仰和祭拜释迦牟尼出生的地方。在这里，我建了一处石围栏和一根石柱。因为世尊出生在这里，我免除了蓝毗尼村的赋税，并将粮食的贡奉定为八分之一。

另一篇与阿育王参与佛教有关的铭文只出现在一个地方，也就是拉贾斯坦邦拜拉特一座山间寺院废墟中的摩崖上（现在保存在加尔各答的亚洲协会博物馆）。该铭文的其他版本可能也被送往全国各地的寺院，但是现在已经佚失。在此篇铭文中，阿育王直接对僧团进行了教诫。

拜拉特的小摩崖敕令

摩揭陀国的天爱王礼敬僧团，希望你们一切安好闲适。你们知道我对佛陀、正法和僧团的尊重和信仰有多深。诸位尊者！无论佛世尊说了什么，都讲得非常好。但让我告诉你们如何才能让佛正法长久住世。我希望比丘和比丘尼经常听闻佛陀的以下教法，并对其进行反思（他在此列举了七篇教法[21]）。在家男女信徒也应该依此而行。

根据班达卡的说法，阿育王引用的经文表明了他是一位什么样的佛教徒。[22]他对宗教的仪式、形而上学元素或者戒律并不感兴趣，而是对那些有助于内心成长并适用于僧俗二众的品质感兴趣。例如，他提到的其中一篇经文《圣种》（*Ariyavamsa*）为比丘和比丘尼制定了简单的行为准则：他们应该满足于简单的衣服、以正确的方式获得普通食物、住最简陋的住所，并且应该以禅修为乐。这篇铭文所引用的其他一些典籍，例如《牟尼偈》（*Muni-gathas*）和《寂默行经》（*Moneyasuta*），内容基本差不多。另一篇典籍《当来怖畏》（*Anagata-bhayas*）警告说，要防止可能阻碍修行的事情（如疾病和僧团分裂）。

最后，阿育王在即位的第 26 年，为了维护僧团的和睦，又颁布了三份所谓的"分裂敕令"。它们被书刻在桑奇、鹿野苑和阿拉哈巴德（最初在憍赏弥）的石柱上，可能还书刻在其他地方。内容虽然零碎，却十分相似。以下内容来自桑奇：

小石柱敕令（桑奇）

任何人都不应在僧团中引起分歧。只要我的子孙后代还在统治，只要月亮和太阳还在照耀，比丘和比丘尼僧团就会一直和合，也应该和合。破坏僧团的比丘和比丘尼必须穿上白袍，与其他比丘和比丘尼分开居住。[23]因为我希望僧团保持和合，并长久住世。

……

你们必须保留此敕令的副本，放在你们会堂，并抄录一份交给在家居士。在每个斋日（每月四次），在家居士必须前来接受

僧团的激励。官员在斋日也必须参加。你们必须在所在地区和周
围的要塞准确地分发此敕令。

在这篇铭文中，阿育王的语气是严肃的，甚至说是严厉的。很显然，
他对潜在的僧团分裂行为感到担忧。然而，目前人们还不清楚僧团究竟面
对什么样的分裂威胁。根据斯里兰卡编年史，在阿育王即位的第 18 年，
人们在华氏城举行了一次佛教结集。在这次集会上，僧团一分为二，这表
明佛教僧团在当时就已经分裂。遗憾的是，鹿野苑铭文的开头部分已经残
缺不全。残缺部分的文字可能会对这个问题有所启发，能让我们了解官员
们如何确定某人是否是分裂者。

阿育王是否在弘扬佛教？

关于阿育王的正法与佛教的关系，学者们意见不一。一些历史学家认
为，阿育王在任何地方都没有特别提到涅槃或其他关键的佛教概念，而他
的正法本质上是一种意识形态，目的是促进孔雀王朝社会的和谐与统一。
例如，塔帕尔（Thapar）认为，他没有用"正法"指称佛陀的教导。他重
视的似乎是社会伦理。他接纳有关天人的愿景，并试图将这个准则普遍化。
虽然他许诺遵守正法会进入天堂，但他的正法并不是来自神灵的启示。[24]

约翰·斯特朗（John Strong）认为，阿育王与佛教的关系是矛盾的："他
充其量是对佛教有同情心的半个护持者，他对佛教的关心只是实现帝国宏
图伟业的一部分。"[25]

另一方面，佛教学者理查德·贡布里希（Richard Gombrich）认为，
佛教对阿育王的影响体现在阿育王铭文的内容和风格上。[26] 阿育王铭文中
的许多短语在早期巴利圣典中都有对应的内容。八正道在精神上与阿育王
正法的戒律相似，反映了佛教对善良、慈悲、宽容和布施的强调。佛陀和

阿育王都采用了当时的通用术语，如"正法"一词，同时根据自己的目的随时进行调整。在羯陵伽敕令中，阿育王告诉诸位官员要遵循中道——根据贡布里希的说法，"几乎肯定是在呼应佛教的术语"。

佛教最初的形式本质上是一种无神论宗教，旨在使人们更能忍受尘世的生活。虽然这是阿育王正法的主要目的，但他确实也在一些铭文中指出，遵循他的教诫将导致今生的幸福，并在来世获得回报。这可能更多的是为了鼓励人们遵循正法，并不能体现他自己的信仰。

这些铭文并没有证明本书第 7 章中佛教文献的描述，即在佛教的影响下，阿育王突然从"邪恶的阿育王"（黑阿育王）转变为"善良的阿育王"（白阿育王）。然而，在羯陵伽战争后，阿育王所经历的悔恨以及他对暴力的放弃，可能表明了某种转变，或者至少是精神上的转变。一些作者认为，是佛教信仰让他产生了悔意；而另一些人则认为，是战争的恐怖促使他皈依佛教。

也许阿育王是否佛教徒的问题并不重要。佛教没有类似于基督教洗礼那样复杂的皈依仪式。在当时，各个宗教之间的界限是不明确的。即使是婆罗门的信仰也不要求宣誓，只要求接受婆罗门的权威，并遵守种姓的制度和规则。阿育王的许多思想（如善待动物和不吃肉）在当时是颇为"流行的"，与其他宗教团体（特别是耆那教）"共享"。阿育王坚持尊重所有教派并强调宽容，这表明他不是一个狭隘的宗派主义者，他也支持正命派之类的其他教派。

弘扬正法

阿育工通过所谓"大督察"官员来治国。　般来说，这个头衔似乎用于高级官员。在即位的第 14 年，阿育王设立了一种新的大督察——正法大督察（Dhamma-mahamatta）。他们主要的作用是监督正法的弘扬和实践，确保铭文被雕刻出来，并向当地人民诵读。阿育王在第五摩崖敕令中详细阐述了正法大督察的职责。

第五摩崖敕令（节选）

过去没有正法官员，但在我即位的第13年，开始任命这些官员。现在他们正忙着在所有宗教中建立正法，并关注那些致力于正法的人，以确保他们的幸福——甚至在希腊人、甘蒲阇人、犍陀罗人、里提迦人（Risthikas）、毗提纳加人（Pitinakas）以及西部边境的其他民族中，这些官员也是如此行事。他们正忙于在仆人和主人、婆罗门和商人、穷人和老人中弘扬正法。他们正在努力，为那些致力于正法的人谋求幸福，使他们免受罪恶侵扰。他们忙于帮助囚犯，释放那些有孩子、被施了魔法或上了年纪的人。他们在华氏城和偏远地区到处忙碌，在我兄弟们的后宫，在我的姐妹和其他亲属的家里忙碌。他们在我的国土到处活动，以考察人们是否热衷于实践正法，是否恰当地专心于慈善。

在刚被征服的羯陵伽首都达乌里的铭文中，阿育王敦促他那些主管司法的官员要公平和善良。这篇铭文进一步表达了他仁慈的愿望，同时也警告那些官员不要滥用权力。

达乌里敕令

我要告诫你们这些官员，我用种种善巧施行我认为正确的事情，主要的方法就是给予你们教导。你们管理着成千上万人，因此需要获得他们的爱戴。所有人都是我的孩子，就像我希望自己的孩子在今生和来世都能茁壮成长、幸福快乐一样，我也希望每个人都能如此。

但你们不知道我的深谋远虑。也许你们中的某些人能领会我的深意，但即便如此，也仅能领会一部分。所以，即使你们准备妥当，也要注意……最重要的是在工作中要心平气和，不要轻率莽撞。在司法工作中，经常出现这样的情况：一个人被关进监狱，受尽折磨，但有时竟意外地被释放，而其他许多人仍继续遭受折磨。在这种情况下，你们应该努力做到不偏不倚。然而，如果你们嫉妒、愤怒、残忍、任性、固执、懒惰或消极，就无法做到公正。一个在司法上懒散的人将会无所作为。因此，你们应该努力，努力工作，继续履行自己的行政职责。一定要不负国王的重托。遵循此份敕令就会获得很大的果报，无视此份敕令就会导致很大的伤害。因为无视它，你既无法进入天堂，也得不到国王的青睐……

显然，有些官员并不总是能达到阿育王设立的高标准。阿育王在铭文末尾的告诫（此处未引用）中强调了这一警告的重要性：即使只有一个人在场，每隔一段时间，也要大声宣读此份敕令。为了确保人们不会无缘无故地被监禁或遭受酷刑，他宣布，每隔五年他将派出一名性情温和的官员，以确保官员们遵守他的教诫。乌阇的总督应该每隔三年派出一个类似的官员小组。塔克西拉的官员在巡行时，除了履行正常的公务，也要对此进行调查。

我们不知道阿育王的臣民在多大程度上遵循了他的教诫，也不知道他的子孙是否继续弘扬正法，并按正法的精神进行统治。后来的典籍再也没提到正法，阿育王的铭文也是在近 2000 年后才被破译。然而，根据下一章所讨论的佛教编年史和文献，阿育王的名字竟然在印度境外得以延续。

第 7 章

传奇阿育王：佛教叙事

在所有信仰佛教的地区，阿育王的故事都很受欢迎。包括巴利语、汉语、藏语、日语、缅语、泰语和僧伽罗语在内的多种语言典籍都大篇幅提到了阿育王。事实上，在印度几乎遗忘阿育王的漫长岁月里，斯里兰卡和东南亚地区对阿育王的记忆反倒越来越"清晰"。正如约翰·斯特朗所认为的那样，从历史学的角度来看，世界各地的佛教徒实际上对阿育王一无所知。相反，他们对阿育王的认知几乎完全基于佛教传说。[1]这些佛教典籍中讲述的故事至今仍影响着印度和其他地区的人们对阿育王的普遍认知，并成为小说、电视剧和电影的蓝本。

这些故事反映的是佛教的观点，因此，我们应该将它们作为佛教的教化故事来阅读。它们旨在彰显佛教的力量：能使一位折磨和杀害成千上万人的怪物——"残忍的阿育王"（Chanda Ashoka）转变为正法阿育王：宽容和善良的典范、佛教信仰的捍卫者、佛教护法国王。

对于应该如何从字面上理解这些叙事，学者们众说纷纭。早期的历史学家，如文森特·史密斯（Vincent Smith）认为，只有铭文才具有历史价值，而斯里兰卡编年史只是"愚蠢的虚构或者狡猾僧人编造的传奇故事"。[2]而另一些人，如巴鲁亚（B. M. Barua）和里斯·戴维斯（Rhys Davids），则非常重视佛教编年史，并倾向于淡化铭文的重要性。但他们同时也指出，编年史应获得铭文的证实。斯里兰卡的学者也强调佛教叙事的历史真实性，其中尤为知名的是古鲁格（Ananda W. P. Guruge）的著作《正义的阿育王：一部可靠的传记》（*Ashoka the Righteous: A Definitive Biography*）。[3]

当然，有时骑墙派，如巴利学者威廉·盖格（Wilhelm Geiger, 1856—1943 年）曾将《大史》翻译成德语，然后又翻译成英语，他是这样认为的：

> 《岛史》和《大史》的编纂者并没有任意编造，他们的信息来源不仅是传说和寓言，还包括印度流行的、合理的历史传统。在重建从佛陀去世到阿育王期间的印度历史时，如果我们忽略了锡兰（斯里兰卡）的编年史，无异于因噎废食。[4]

今天，学者们普遍接受的观点是，应该对传说中那些看似合理，且能在一定程度上得到铭文证实的部分给予肯定。

这些佛教典籍主要有两个版本：北印度的梵文版本，即《阿育王传》；斯里兰卡的巴利语版本，即《岛史》和《大史》。这反映了佛教的两个主要分支：斯里兰卡上座部和北方的大乘宗派。[5]几个世纪后，出现了部分基于这些叙事的衍生作品。其中包括 12 世纪的克什米尔编年史《诸土世系》（*Rajatarangini*，直译为"王者之河"），以及 17 世纪早期由中国西藏多罗那他（Taranatha）撰写的《印度佛教史》（*The History of Buddhism*）。此外，还有很多中文佛经。

根据法国学者让·普鲁祖斯基（Jean Przyluski, 1885—1944 年）的说法，[6]梵文和巴利语的版本可能来自同一个阿育王传说，该传说起源于华氏城，甚至可能在阿育王在世时就已流传。这些故事传到了一个主要的佛教文化中心憍赏弥，然后又传到了另一个佛教文化中心马图拉，并在那里被编纂成梵文。然后再从这里，经过中印度的毗底沙传到斯里兰卡，形成巴利语版本。有些传说被刻绘在桑奇佛塔周围的浮雕上，这些浮雕是由 1 世纪的巽伽王朝国王派人建造的。

这两种传统典籍存在着重大差异。斯里兰卡典籍由僧侣在斯里兰卡国王的赞助下撰写，主要目的是强调阿育王在佛教界的领袖角色。他们称，阿育王在华氏城召集了第三次佛教结集，向世界各地派遣弘法僧人。而且阿育王的儿子摩哂陀也是弘法僧中的一员，正是他将佛教带到斯里兰卡。可惜北印度的《阿育王传》或铭文中并没有提及这些事情，它们只提到阿育王派遣正法使者，而不是佛教使者，更没有提到摩哂陀或第三次佛教结集。两种传统典籍有一些雷同故事，但故事结局和解释略有不同——尤其是毁坏菩提树和修建八万四千座佛塔的故事，但阿育王铭文中完全没有提到这两件事。

在这些记叙中，阿育王被称为转轮圣王，这是一个佛教概念，意为正义的君主、世间最伟大的人，可以与出世的佛陀相提并论。他转动正法之轮并统治阎浮提（在古代文献中，印度次大陆被称为阎浮提，即阎浮

图 7.1　佛教转轮圣王（可能是阿育王）的石灰岩浮雕

岛，意思是蒲桃树之岛）。佛教有七种象征物，法轮是其中之一。只要法轮持续转动，就表示正法具有普遍摄受力量。[7]

《阿育王传》

《阿育王传》最初可能是在公元前 2 世纪以口传形式结集而成的，第一种书面厚典出现在 2 世纪。

在这部厚典中，佛陀预言阿育王将成为转轮圣王。据说有一天，佛陀在王舍城经行时，遇到了一个名叫德胜（阿育王的前世）的小男孩正在玩泥巴。这个男孩抓一把泥土放到佛陀的钵里，并声称通过此供养所获功德，他将成为国王。在统治全世界之后，他将礼敬佛世尊。佛陀接受了他的供养，并预言他的愿望将会实现。

阿育王的父亲是宾头沙罗王，他的母亲是美丽的婆罗门之女（姓名不详），出生在瞻波（位于今天的比哈尔邦东部）。她给长子取名为"阿育"，意思是"没有忧愁"——因为她在分娩时没有忧愁。次子名为毗多输柯（Vitashoka，尽忧），意思是"所有的悲伤都停止了"。宾头沙罗讨厌儿子阿育，主要是因为他外貌丑陋，皮肤粗糙——这是他供养佛陀泥土的果报，也是他恶劣本性的象征。一天，宾头沙罗决定测试所有的儿子，以决定谁应该成为自己的继承人，并请正命派苦行僧来考察诸位王子。这位苦行僧告诉国王说，拥有"最好的坐骑、座位、饮食和器皿"的人，将会成为王位继承者。阿育回答说："我的坐骑是大象，我的座位是大地，我的器皿是黏土制成，我的食物是米和酪，我的饮料是水。因此，我知道我将成为国王。"

国王宾头沙罗派阿育率领一支大军去镇压塔克西拉城的叛乱，但没有给他任何武器。由于塔克西拉在过去是独立的，可能对孔雀王朝的统治感到不满，这或许反映了一个真实的事件。据说，阿育当时宣布："如果我的功德足以使我成为国王，那么请武器立刻出现在我面前！"于是，大地裂开，地神向他提供了武器。塔克西拉的居民张开双臂欢迎他，声称他们并不是反对国王，而是反对那些压迫他们的邪恶大臣。后来，阿育以类似的方式受到位于印度北部犍陀罗附近佉沙（Khasas）部落的欢迎。

当塔克西拉的居民再次叛乱的时候，国王宾头沙罗派阿育的哥哥修私摩去镇压他们。后来宾头沙罗身患重病，想召回修私摩，但诸位大臣不喜欢修私摩，他们要求国王册封阿育为王。宾头沙罗拒绝了。但阿育说："如果王位应归于我，请天神给我戴上王冠吧。"——结果天神真的给阿育戴上了王冠。目睹此事的宾头沙罗吐血身亡。听到这个消息后，修私摩赶到华氏城，想杀死他同父异母的兄弟阿育，但掉进了罗提掘多（Radhagupta，旃那克耶/憍底利耶的另一个名字）挖的火坑里。罗提掘多后来成为阿育王的首辅大臣。历史事实是，宾头沙罗去世后的一段时间，阿育王才接受灌顶成为国王，这可能表明他的家人一直在反对他，据说他后来消灭了反对他的家庭成员。但是，我们无法确定这一点。

阿育成为国王后，他的大臣和嫔妃开始蔑视他。妃子们甚至砍下了与阿育王同名的树木。[8] 遭受这样的待遇导致阿育王成为残暴的君王，因此人们称他为"邪恶阿育王"。他在华氏城建造了一座名为阿育地狱（Ashoka's Hell，爱乐狱）的严酷监狱，成千上万的人在那里惨遭折磨并被杀害。《阿育王传》便详细描述了这些酷刑。

一天，阿育王看到他的嫔妃们对年轻英俊的僧人萨摩陀罗（Samudra，意为"大海"）非常爱慕。他非常嫉妒，立刻让人用铁臼把众多嫔妃碾成碎末。然后又下令把这位僧人扔进，充满血、尿、骨髓和粪便的大锅里。但是柴火并不燃烧，因此水无法沸腾。于是，阿育王询问他的神通来自何处，萨摩陀罗回答说，来自对佛陀的虔诚。他将佛陀的预言告诉阿育王：在佛陀涅槃后100年，在华氏城将有一位名叫阿育的国王，他将成为统治四大部洲的转轮圣王，成为正义的统治者，并建造八万四千座供奉佛陀舍利的佛塔。听到这样的预言后，阿育王终于认清了自己，并认识到自己邪恶的行为。他请求萨摩陀罗的宽恕，并承诺从此皈依佛法。他摧毁了监狱并处死监狱长，誓言确保所有众生的安全。

图 7.2　阿育树的叶子（绘于 19 世纪上半叶）

这样的监狱真的存在过吗？中国朝圣者玄奘声称看到了标示此监狱所在地的柱子。19 世纪 90 年代，英国探险家劳伦斯·瓦德尔（Laurence Waddell）将巴特那的"无底井"（Agam Kuan）确定为阿育王地狱的位置。今天，它已成为一处大受欢迎的旅游景点。

《阿育王传》将阿育王描绘成残酷无情之人，这休现了佛教的意识形态偏见。斯特朗认为，施虐式的残忍实际上是佛教圣传中的一种文学修辞，目的是反衬阿育王在皈依佛教后性情和性格的根本转变。[9] 由于阿育王后来成为护法国王和虔诚精神的典范，这就要求他早期的经历同样要具有极端邪恶的特征。奇怪的是，《阿育王传》缺少了一个重要故事，即今天的佛教徒认为他最重要的成就之一：派遣他的儿子和女儿去斯里兰卡弘法。《阿育王传》也没有提到羯陵伽之战。无论如何，由于在这场战争之前他已经信佛一段时间，所以不能把弘扬佛教视作他性情改变的唯一原因。

从此，他被称为正法阿育王——正义者阿育王。他最初的功绩之一是收集佛陀舍利，并把它们交给夜叉（具有超自然力量的众生），让他们把舍利安放在人口超过 10 万的每一个城镇。塔克西拉人口有 360 万，因此该地的居民想要获得 36 箧舍利。但这是不可能的。阿育王见他们毫不妥协便告诉他们，他将处决 350 万人。塔克西拉人很快就撤回了非分的要求——这也许是塔克西拉居民不守规矩的另一个表现。

图 7.3　无底井是比哈尔邦巴特那的一口古井，曾被认为是阿育王的酷刑室

在《阿育王传》中最著名的传说就是，阿育王要求华氏城鸡头摩寺（Kukkutarama，也被称为阿育王园）的住持，确保在一天之内建造八万四千座佛塔。该住持用手遮住太阳，在一天之内便建成了所有佛塔。[10]《阿育王传》说，在同一天，阿育王的妻子钵摩婆底（Padmavati，其他典籍无提及）生下了鸠那罗（Kunala）。

尽管皈依了佛教，阿育王还是时不时地故态复萌。当他看到外道所绘的画像上佛陀向外道教主致敬时，就下令处决该地区所有的外道。然后他又宣布，外教人的头颅可以换取巨额的奖赏——这个故事中的阿育王与历史上真实的阿育王完全相悖，因为阿育王在铭文中明确倡导宗教宽容。一天晚上，他的弟弟毗多输柯（已经成为苦行僧）住在某个牧人家中。牧人渴望获得奖赏，便砍下了毗多输柯的头，并将其献给阿育王。阿育王见此情景，便发誓再也不判任何人死刑。斯坦利·坦比亚（Stanley Tambiah）认为，典籍中纳入阿育王的这些行为，反映了佛教对王权制度的潜在担忧，认为王权制度不可避免地会导致此类行为发生。[11]

《阿育王传》描述了阿育王通过顶礼佛教僧人的双足来表达敬意。当他的大臣们以佛教僧人来自各个种姓为由反对这样做时，阿育王斥责了他们。他说，当邀请某人参加婚礼或用餐时，才应该考虑种姓，而其他事情则不用考虑种姓。因为正法体现的是品质问题，而品质并不反映在种姓上。皮、肉、骨、头和肝……是所有人共有的。……使一个人的身体"优于"另一个人的身体的，仅仅是外在的装饰。[12]

在皈依后阿育王多次前往佛陀生活过的各地朝圣，并建立纪念设施，这些地方包括：蓝毗尼、迦毗罗卫城、菩提伽耶、鹿野苑、王舍城、僧伽施、舍卫城和拘尸那揭罗。为了纪念阿育王，这些地方可能建造过诸多佛塔，但是幸存的佛塔只有桑奇大塔。因为佛陀是在菩提树下觉悟的，所以阿育王尤其被菩提树所感动，并多次向菩提树供奉珍贵的珠宝。他的王后低舍罗绨多嫉妒心非常强，把菩提树视作假想的情敌，并让一个女巫杀死菩提树。菩提树的死亡让阿育王悲痛欲绝。低舍罗绨多意识到自己的错误，请求女巫让菩提树复活。阿育工并不知道几乎让菩提树衰生的人是谁，他用 4000 瓶牛奶灌溉菩提树。随后，菩提树真的重新长出绿叶和嫩芽。这种说法可能是有一定根据的，因为在他即位的第十年书刻的第八摩崖敕令中，阿育王提到自己巡行了 256 处圣地，并访问了三菩提。然而，没有任何铭文提到毁坏菩提树的事情，也没有任何铭文提到王后低舍罗绨多。

鸠那罗是阿育王和缽摩婆底王后的儿子，他因拥有一双美丽明亮的眼

睛而闻名。新王后低舍罗绨多向
鸠那罗示好，被他拒绝了。因此
新王后就密谋报复。正巧阿育王
在生病的时候表示鸠那罗将成为
自己的继承人，低舍罗绨多担心
这将对自己不利，便抓到一名与
阿育王罹患相同疾病的人进行解
剖，发现他的体内有一条大虫子。
在用各种香料进行尝试之后，最
后，她通过喂食洋葱杀死了这条
虫子。因此，她让阿育王食用洋
葱，从而治好了他的病。这样鸠
那罗就无法马上继承王位了。这

图 7.4　泰戈尔绘于 1910 年左右的套色
木版画《阿育王的王后低舍罗绨多》

个故事可能表明，阿育王在年老时患有癌症或某种内科疾病。

在生命的最后阶段，阿育王对佛教尤为虔敬，他向僧团供养衣服和食
物，甚至亲自给僧人喂食。随着他的布施越来越慷慨，大臣们惊恐万分，
劝说鸠那罗的儿子、阿育王的继承人、国库管理人三钵罗底（Sambradin，
也被拼写成"Samprati"）禁止国库发放资金。因此，阿育王捐出了他的
个人财产，最后一贫如洗，只拥有半颗阿摩勒果。最后，他把这颗果实送
到华氏城的鸡头摩寺。僧团将这颗果实捣碎，放入汤中，分发给僧团的每
一位成员。阿育王甚至还想把整个世界都供养给僧团。

从阿育王的临终遗言，我们可以看出他最后对佛教有坚定的信仰，并
放弃了对婆罗门教的信仰：

我并不是想通过此份供养获得回报，

投生到因陀罗的居所，或者梵天界。

我更不希求王权的荣耀，

因为那就像波涛汹涌的大海一样无常。

但是，因为我在布施时怀有信心，

我将获得布施的果报，

这种果报不会被人偷走，

反而会被诸圣所尊重，

并远离一切躁动，获得安稳，

从而主宰自己的心灵。[13]

僧团长老告诉众僧人：

伟大的施主、人中之尊、

孔雀族卓越的阿育王，

曾经是阎浮提之主，

现在只拥有半颗阿摩勒果。

今天，这位世界君主的王权

已经被他的群臣所窃取，

他对僧团的供养只有半颗阿摩勒果，

这样的遭遇似乎在鞭笞那些自命不凡、

热衷于享受巨大荣耀的凡夫俗子。[14]

对这些段落的一个可能解释是，在他生命的最后阶段，阿育王的权力已经被大臣们剥夺。他的大臣们宁愿过着奢侈的生活，也不愿意追随阿育王的正法之道。

故事的结尾叙述了孔雀王朝世系的终结。三钵罗底的儿子是毗诃波提（Brihaspati），他的后代是：牛军（Vrishasena）、华法（Pushyadharman）和普什亚米特拉（Pushyamitra）（这个名单与《往世书》中的不同）。阿育王时，有位将军名叫华友，他的一位婆罗门顾问是"卑鄙而不忠的人"，他告诉华友，如果他希望自己的名字永世长存，就必须摧毁阿育王建造的八万四千座佛塔，并消灭佛教。他询问僧团是愿意保留佛塔还是保留寺院，僧人们选择了佛塔，于是华友摧毁了寺院，并杀死了所有僧人，后来他毙命于护法夜叉之手。《阿育王传》以"随着华友的死亡，孔雀王朝的世系也随之终结"这句话结束。

这里的记叙有不准确之处。华友并不属于孔雀王朝世系，而是一名将军，他推翻了孔雀王朝最后一任统治者巨车王，创立了巽伽王朝。虽然他没有迫害佛教徒的恶名，但在他治下，佛教的境况可能比孔雀王朝时期略显艰难。在巽伽时期，阿育王在巴户特建造的佛塔建筑群甚至得到了扩建。

《岛史》和《大史》

早在公元前 3 世纪，斯里兰卡就是重要的佛教文化中心。《大史》是由斯里兰卡僧人在 5 世纪末或 6 世纪初用巴利语编写的，其中一些内容来源于早期著作《岛史》。这些著作讲述了斯里兰卡的历史：公元前 6 世纪以铜鍱（Tambapanni）为名立国、统治者的世系、佛陀访问该岛的传说，以及佛教僧团的历史——据说斯里兰卡的僧团起源于阿育王派遣的弘法团。

这些著作的核心目的是将阿育王与同时代的斯里兰卡国王天爱帝须和上座部佛教联系起来。在今天的斯里兰卡和东南亚地区，上座部是占主导地位的佛教支派。在《阿育王传》中，阿育王与佛教界的接触仅限于与个别僧人的互动，而斯里兰卡的文献则强调阿育王对整个僧团的皈依。《阿育王传》讲述的是阿育王皈依前的残酷，而《大史》则更多地关注他对灵性教导的追求，并没有强调他的恶行。

　　根据《大史》的叙事，婆罗门旃那克耶为青年才俊旃陀罗笈多灌顶。旃陀罗笈多出身自高贵的孔雀家族，后来统治了整个阎浮提洲。旃那克耶心中"充满了苦涩的仇恨"，他利用旃陀罗笈多，杀死曾经羞辱自己的达那难陀。旃陀罗笈多统治了 24 年，他的儿子宾头沙罗统治了 28 年。宾头沙罗有 101 个儿子（包括阿育王），他们是由不同的母亲所生。然而，这里的阿育王并不像《阿育王传》中那样丑陋，他在"勇气、魅力、体力和神力"方面超越了所有人。在杀死了所有兄弟（除了最年幼的帝须）之后，阿育王赢得了对整个阎浮提洲的绝对统治权。而从佛陀涅槃到阿育王即位，中间已经过了 218 年。接着，阿育王将他唯一幸存的兄弟提拔为副摄政王。《阿育王传》也提到了帝须，这表明他可能是一个历史人物。[15]

　　阿育王效仿他的父亲宾头沙罗，连续三年进行施食，供养了六万名博学的婆罗门。然而，当他发现许多婆罗门非常贪婪时，遂命令他们离开。之后，他改为邀请不同教派的信徒前来受食；不过，在对他们的信仰进行考察之后，也遣散了他们。不久，阿育王在街上看到一位英俊的佛教僧人尼瞿陀，立刻深深地被他吸引。细问后才得知，原来他是阿育王的侄子，他的父亲是被阿育王杀害的王子须摩那（Sumana）。即便如此，阿育王仍被他平和的举止所打动，请他就信仰问题对自己进行教导。尼瞿陀回答说："精进导向永生，放逸导向死亡。"这次相遇后，阿育王便成为佛教的弘扬者。

　　这本书还叙述了阿育王的前世，他的前世是蜂蜜商。有一次，他供养了一位苦行者一钵蜂蜜。当被问及他想要什么回报时，蜂蜜商回答说，自己想要获得对阎浮提洲绝对的统治权。而这位苦行者就是尼瞿陀的前世。一位名为阿三帝蜜答（Asandhimitta）的妇女正好目睹这一切，便希望在来世成为阿育王的皇后。在业力的作用下，她如愿以偿。根据后来的佛教文献，她成了阿育王最宠爱的妻子。

聆听了尼瞿陀的教诲后，阿育王对他和一个小型僧团进行了布施，并最终向六万名僧人提供永久的食物供养。当被问及佛陀留下多少教法的时候，一位长老僧回答说，佛陀的教法有八万四千法蕴之多。随后，阿育王向八万四千个城镇布施金钱，还命令世界其他地方的国王们建造寺院，他自己则在华氏城建造了一座寺院。根据《大史》的记载，在该寺院的一个盛大节日庆祝会上，阿育王皈依佛教，向成千上万的僧尼致敬。邪恶阿育王从此被称为正法阿育王。

在即位之前，阿育王在前往乌阇担任总督的途中曾于毗底沙停留，这是一个靠近今天博帕尔的繁荣小镇，在当时是个主要的佛教中心。在这里，他遇到了一位名叫德薇（Devi）的美丽女孩，她的父亲是一位信佛的知名商人。我们不清楚阿育王是否娶了这位女孩，因为阿育王即位时，德薇并没有陪同他前往华氏城。有人认为，阿育王在帝国各地的王宫都有王后和家庭，并将此作为统一的政治联盟网络。[16]

尽管不确定他们是否正式结婚，但我们知道，他们育有两个孩子：儿子摩哂陀、女儿僧伽蜜多，他们都在华氏城陪伴阿育王。在阿育王的皈依仪式上，主持仪式的长老告诉阿育王，向僧团布施钱财是不够的，真正的虔诚信徒会让他的孩子做出宗教宣誓。阿育王便询问他 20 岁的儿子摩哂陀和 18 岁的女儿僧伽蜜多是否愿意加入僧团。摩哂陀和僧伽蜜多都表示愿意出家，虽然阿育王想让摩哂陀继承王位，但还是同意他出家。在阿育王即位的第六年，摩哂陀和僧伽蜜多都剃度出家，前往兰卡岛弘法。摩哂陀与其他六位佛教长老一起，感化国王天爱帝须和其他贵族成员，让他们皈依了佛教。

图 7.5　这棵菩提树位于斯里兰卡阿耨罗陀补罗的大眉伽林，
是由阿育王于公元前 286 年赠送的树枝种植出来的

　　阿育王铭文仅提到阿育王曾经向斯里兰卡派遣弘法团，并没有提到他的儿子和女儿是海外弘法团的成员。实际上，这些弘法团弘扬的是阿育王的正法，而非佛法。关于摩哂陀的唯一证据是斯里兰卡的一处铭文，其中写道："这是长老伊帝卡（Idika）和长老摩哂陀之塔，他们有幸来到此岛。"[17]

　　由于阿育王在佛教界拥有很大威望，对于这些典籍的编纂者来说，将该岛崇信佛教归功于阿育王的子女是很有好处的，这样就利用王室世系将他们的叙事与这位伟大的统治者联系起来，从而间接地与佛陀联系起来。另外，在典籍一开头，即《大史》提到，摩哂陀和斯里兰卡国王天爱帝须有过接触。《大史》告诉我们，尽管从未谋面，斯里兰卡国王和阿育王保持着长期的友谊，还互相交换礼物。天爱帝须请求阿育王把菩提树枝送到斯里兰卡，阿育王在即位的第 12 年满足了他的愿望。伴随着这次菩提树的移植，发生了许多奇迹。因此，斯里兰卡国王专门给这棵树加冕，并为此举办了盛大的庆典。其中一根树枝被种植在阿耨罗陀补罗城（斯里兰卡古都）的大眉伽林（Mahamewna Gardens）。今天，这里仍然是若干佛教寺院的所在地，也是佛教研究中心。在阿育王即位的第 13 年，他的爱妃、虔诚的佛教徒、前世叫作阿三帝蜜答的女人去世了。几年后，他将美丽但邪恶的低舍罗卡（Tissarakka，《阿育王传》中称为低舍罗绮多）封为王后。阿育王对菩提树的钟爱引起了低舍罗卡的嫉妒，她用一根毒刺杀死了菩提树。然而，此时这棵树的一部分已经被移植到斯里兰卡，并且茁壮成长。斯特朗指出，这个故事代表了一种企图，即试图"美化斯里兰卡，将之作为印度佛教传统唯一和真正的继承者"。[18]

图 7.6　桑奇南门的浮雕"阿育王和他的两位王后以及枯萎的菩提树"
（公元前 100—公元 100 年，中央邦）

《诸王世系》

500 年后，在写本史诗《诸王世系》中，阿育王被列为克什米尔的第一位国王。[19] 这部史诗是印度最重要的历史文献之一，由历史学家迦尔诃纳（Kalhana）于 12 世纪用梵文写成。这部史诗的大部分内容不可靠，不过它确实表明，当地的传统延续着对阿育王的记忆。根据这部史诗的说法，阿育王生活在公元前 2000 年，并为位于今天斯利那加（Srinagar）附近的古都斯利那加利（Srinagari）奠定了基础。迦尔诃纳认为，阿育王建造了两处佛塔，并在克什米尔建造了两座湿婆神庙。根据这部著作，阿育王的继位者是他的儿子伽罗卡（Jalauka），但没有任何史料提及此人。

阿布·法兹勒的《阿克巴则例》中提到过这份写本史诗，且称其是为阿克巴大帝翻译的。其中提到阿育王是"废除婆罗门教，建立耆那教信仰"的国王。"耆那"（Jain）一词可能是"胜者"（jina）一词在翻译中出现的讹误，而胜者是佛陀的另一个称号。

喇嘛多罗那他的《印度佛教史》

中国西藏喇嘛多罗那他（1575—1634 年）在《印度佛教史》（1608 年）中写道，佛陀涅槃后，出现了一位阿育王，活了 150 岁。他统治了 100 年，在生命中他有 76 年都在不断礼拜佛塔。[20] 其中的大部分材料似乎来自佛教的叙述，即将阿育王描绘成虔诚的佛教徒。

根据此书，阿育王是印度北部瞻钵瓦那（Camparana）国王和一位商人之女所生。他长大之后才华横溢，"精通六十种技艺"。当相士问及谁吃的食物最好等问题时，阿育王的回答与《阿育王传》中的答案相同。当尼泊尔人民反抗瞻钵瓦那国王时，阿育王平息了叛乱，并获得华氏城作为领地。他在华氏城建造了 500 座花园，"由千位女乐师环侍，嬉戏享乐，通宵达旦"。当摩揭陀国王去世后，当地的大臣又想起了相士的预言，遂迎请阿育王登上王位。与此同时，他的兄弟们也各据一城各自称王，且各自尊崇自己的宗教。诸王子中，长子追随顺世学派的秘密教法；次子信仰大自在天（Mahadeva）；三子信仰毗湿奴；四子追随吠檀多；五子皈依耆那教的天衣派；六子追随名叫姑奢子（Kausika）的婆罗门梵行者。经过长时间的争斗，阿育王不仅打败了他的诸位兄弟，还杀死了他们手下的 500 名大臣，"他变得非常凶暴，若不对人处以刑罚等事，就心中不安然，饭也吃不下去"。

在一名婆罗门的要求下，阿育王决定进行一次献祭活动。这名婆罗门告诉他，如果他能以一万人献祭，他的帝国就会兴盛，他也会因此获得解脱。阿育王建造了一座祭祀堂，并最终找到了一个同意充当刽子手的人，他命令刽子手将所有进入的人杀死，直到杀足一万人为止。阿育王因此获得了"邪恶阿育王"的恶名头衔。当一名佛教僧人进入祭祀堂的时候，刽子手决定用油来煮死他，但是油无法伤害到这位僧人。阿育王和刽子手看到这一幕，立刻跪倒在僧人的脚下，"菩提种子在他们的心中萌发了"。当一位著名的佛教圣者来到皇宫并进行开示后，阿育王开始日夜不停地行善，并供养了三万名僧人。

随后，阿育王组建了一支具有神力的军队，兵不血刃地征服了从喜马拉雅山脉北部到温迪亚山脉南部的整个阎浮提洲。他的老师告诉他要用装有佛陀舍利的宝塔来庄严大地，于是他开始寻找舍利，并建造了八万四千座佛塔。在华氏城，阿育王用三个月的时间供养了六万名阿罗汉，为他们提供了尊贵的高座，最后还向每位僧人布施昂贵的僧服。由于这样的大布施，他被称为"正法阿育王"。

中国的朝圣者

关于阿育王和孔雀王朝的另一些典籍来自勇敢的中国佛教僧人，他们在公元 1000 年之前就到了印度。这些僧人希望找到佛教典籍并将其带回中国翻译。其中最重要的是法显（337—422 年）和玄奘（602—664 年）。这些典籍直到 19 世纪末才被中国以外的人所知，当时它们被翻译成西方语言，探险家和考古学家将他们的记叙作为寻找阿育王遗迹的指南。

这些朝圣者从中国佛教典籍的角度来解释阿育王铭文。中国佛教典籍主要将阿育王描述为佛教僧团的支持者和佛塔的建造者。法显和玄奘都是从当地僧人那里获知铭文的内容。那些本地僧人可能编造了一些解释（就像今天的某些导游一样），因为当时没有人能够读懂婆罗米文字。两位朝圣者都没有提到石柱敕令，但是他们的确记录下了石柱的情况，其中一些石柱（包括舍卫城的两根和华氏城的另外两根）至今也没有被人发现。他们认为这些石柱是阿育王建造的纪念性建筑，用来纪念佛陀一生中的事件。可惜的是，在 12 和 13 世纪佛教在印度消亡后，连这种关联也被人们遗忘了。

图 7.7　日本 14 世纪画作《玄奘西行图》

图 7.8　法显（337—约 422 年）画像，作者未知

据说法显从中国一路步行，穿过冰冷的沙漠和崎岖的山路，最终抵达华氏城。当时华氏城已经成为一片废墟。城墙和城门依然屹立着，"雕文刻镂，非世所造"。他的旅行记录表明，阿育王死后 600 年，印度人仍然延续着对他的记忆。法显几乎描述了与阿育王传说有关的每一处地方，并用了一整章的篇幅来讲述阿育王时期的历史。阿育王在中文里被称为"无忧"，意思是"没有忧愁"。在华氏城，法显看到了两根人们所称的阿育

王石柱，一根顶部有狮子无铭文，另一根
顶部空空但有铭文，根据当地人的翻译，
法显写道："无忧王以阎浮提，布施四方
僧，还以钱赎，如是三反。"由于在当时，
已经无人能阅读婆罗米文字，当地人翻译
的铭文内容可能是虚构的，也可能是几个
世纪以来一直保留在民众记忆中的印象。

图7.9　法显站在阿育王宫殿
遗址旁

法典回到中国大约 200 年后，另一位
僧人玄奘则花了 17 年时间周游印度。[21] 当
时佛教已经衰落，佛教遗迹也成了废墟。
然而，人们认为这些佛塔和寺院都是阿育
王所建，由此我们可以看出阿育王的持续
影响力。在华氏城，玄奘看到一根石柱（至今未被人发现），上面有一段
残缺不全的铭文。根据玄奘的记录，上面写的是："无忧王信根贞固，三
以赡部洲施佛、法、僧，三以诸珍宝重自酬赎。"[22] 玄奘还记录道，在其
他地方也发现了阿育王石柱，这些地方包括舍卫城、波罗奈、尼格里哈瓦
（Niglihawa）和蓝毗尼，蓝毗尼的石柱被折成两半，据说是被龙所伤。玄
奘很欣赏波罗奈附近一根石柱的光耀表面。他形容说："碧鲜若镜，光润
凝流。"他声称，他遇到了一座纪念鸠那罗失明的佛塔，如果盲人向该塔
祈祷，就会恢复视力，还有一根石柱标示出阿育王刑场的所在地。

尽管这些资料的可靠性有待商榷，但几个世纪后，它们为考古学家探
寻历史上的阿育王提供了宝贵的指导材料。

第 8 章
孔雀王朝的政府和行政管理

在公元前 250 年的鼎盛时期，孔雀王朝是世界上最大的国家之一。它的面积超过 500 万平方千米，人口估计有 5000 万—6000 万。喜马拉雅山脉将其与东亚隔开，而兴都库什山脉则将其与西亚隔开。除了次大陆的最南端，孔雀王朝统治着整个的其他地区，该地区在今天包括巴基斯坦、阿富汗、伊朗东南部、孟加拉、尼泊尔南部和印度全境。[1]人们通常认为，阿育王铭文所在地标志着孔雀王朝的边界所在。

在难陀王朝对其帝国进行中央管理之前，印度有很多小王国。这些国家后来逐渐失去了独立性，并受到华氏城统治者的集中控制。因此，孔雀王朝居住着许多种族和部落，他们有着不同的语言、习俗和传统，并且存在着大量宗教团体。

旃陀罗笈多

孔雀王朝的统治者采用"拉贾"（raja，王）的简单头衔指代自己，就避免了早期吠陀时期流行的"帝王"（samrajya）或"大王"（maharaja）

等头衔，也没有采用波斯统治者自封的"万王之王"（maharajadhiraja）。即使在他们的帝国扩张到极点之后，孔雀王朝的统治者也只是把自己看作摩揭陀的国王。人们没有试图神化统治者，而神化统治者的做法在后来的朝代变得更加普遍。

麦加斯梯尼的《印度史》提供了有关国家组织和国王职责的信息，其中包括战时领导军队，主持司法审判和举行祭祀活动。麦加斯梯尼写道：

> 国王不只是在战争时期离开宫殿，为了到法庭审判案件，他也会离开宫殿，一整天都待在法庭上，不允许审判因任何事情中断，有时甚至错过接受木柱按摩的个人保养。即使在接受四名按摩师按摩期间，他也在继续审理案件。他离开宫殿的第二个目的是去狩猎……[2]

旃陀罗笈多和他的继任者似乎都设立了内阁会议或咨询委员会。麦加斯梯尼的记述将印度人分为七类，其中最后一类顾问，他们虽然人数最少但都在帝国中担任最高职位，如军队首领和财政部长。关于行政管理，麦加斯梯尼写道：

> 这些国家的高级官员，有些管理市场，有些管理城市，有些管理军队，还有一些负责监督河流、测量土地。这与埃及是一样的，特别是这些人也检查水闸，通过水闸将水从主运河排放到支流，这样就能平等地向所有人供应水资源。同时这些人还负责管理狩猎者，并有权根据猎人的表现对其进行奖惩。他们收税并监督与土地有关的职业，如伐木者、木匠、铁匠和矿工。他们修建道路，并每隔10斯特迪亚（约1800米）设立一根标示岔路和里程的柱子。[3]

这段话显示了一种组织良好的行政系统，与考蒂利耶在《利论》中描述的并没什么不同。监督灌溉并确保水资源公平分配体现出孔雀王朝对农业的关注，而农业是孔雀王朝财富的基础。麦加斯梯尼指出，所有土地都属于国王，农民不仅必须向国王缴纳土地税（可能是一种地租），还要上交四分之一的农产品（一些历史学家对这种说法有争议）。[4] 因此，他们已经制定了有效的征税方法，这也许是延续了难陀王朝创立的方法。

城市（可能是华氏城）的行政管理有一套更复杂的系统。根据麦加斯梯尼的说法，官员们被分成六个五人委员会。[5]

其中，第一个委员会负责工艺。

第二个委员会负责照顾外国人——安排住宿，提供助手，陪同他们离开国境，在他们生病时提供照顾，在他们去世后负责埋葬。这表明在都城必定有相当大的希腊人和其他外国人社区。

第三个委员会统计出生和死亡情况，以便征收税款，并为政府预估人口的规模。根据麦加斯梯尼的说法，牧民、猎人、工匠和店主必须提供某些公共服务，并为他们的劳动产品缴纳相当于其价值十分之一或二十分之一的税收。逃税可被判处死刑。残疾人和婆罗门可免于纳税，但是婆罗门必须履行研究吠陀的重要职责。刹帝利（尤其是那些职业战士）收入很高，并免缴赋税。麦加斯梯尼还提到一个被称为乡村管理者（agronomoi）的群体，他们负责收税，这可能类似于阿育王的乡村官员（rajuka）。根据《利论》，当地的乡村官员和地区官员负责税收管理，并向首席税收官报告。

第四个委员会负责监督贸易和商业，包括确认度量衡的准确性，并保证产品公开销售。商人只能经营一种商品，除非他们为额外的商品支付税款。

第五个委员会监督制造物品，以确保新旧物品分开出售；将新旧物品混在一起将被处以罚款。

第六个委员会负责征收所售物品价格十分之一的税款；不缴纳此项税款的人可以被处以死刑。所有这些委员会共同监督影响公共利益的事项，包括公共建筑的维修，调节价格并管理市场、港口和寺庙。

阿育王的治国之道

阿育王是一位尽职尽责、不知疲倦的统治者。在第六摩崖敕令中，他曾指示官员，只要发生重要事情，在任何时候——无论白天还是晚上，都要向他报告。

第六摩崖敕令

在过去，事务的处理和报告的提交并不总是及时有效的，所以我做了以下安排。

我在各地都委派了上奏官，指示他们向我报告经常发生的事情——无论我是在用膳，还是在后宫、内宫、农场、轿舆、花园各地。无论我在哪里，我都要处理政务。如果大督察们在会议上出现争议，或者有人提议对我下派的任何捐赠或公告进行修改，或对授权给诸大臣的其他事项进行更改，无论何时何地，必须立即向我报告。

努力工作和有效地处理事务并不能让我满足。我认为，我的责任是促进所有人的福利，当然，这都需要努力工作和提高效率。没有什么比增进世人的福祉更重要的了。我所做的一切努力，都是为了履行我对众生的义务，使他们在今生幸福，来世上天堂。书刻此篇正法铭文旨在让它能长久地流传下去，也是为了让我的妻儿用同样的热情增进世人的福祉。

根据阿育王的铭文，我们可知，帝国至少分为四个行省。各行省的省会分别为：羯陵伽的省会托萨利（Tosali）；阿槃提的省会乌阇（中央邦西部）；犍陀罗的省会塔克西拉；卡纳塔克的省会苏伐罗那祇梨（Suvarnagiri）。西北行省可能还残留着旧有的阿契美尼德官僚机构，主要根据是该地区的阿育王铭文是用佉卢文书刻的。难陀王朝和孔雀王朝在组织行政机构时可能借用或改编了阿契美尼德的一些元素。

上述行省中前三个都各由一位"王子"（kumara），这个词有时也翻译为"总督"，是国王的代表管理。根据塔帕尔的说法，总督有自己的大臣和委员会，有权任命自己的官员，让他们进行巡查并监督司法行政。[6]第四个行省由一位贤人（aryaputra，直译为"圣子"）管辖，贤人可能是国王的长子和法定继承人。根据佛教文献，宾头沙罗任命他的儿子修私摩为塔克西拉总督，任命阿育王为乌阇总督；据说，阿育王后来任命自己的儿子鸠那罗担任塔克西拉总督。

在铭文中还有未提到的两处地点，有可能是两个行省。其中，潘古拉里亚（Pangurariya）的摩崖敕令提到了位于中央邦马内马德萨（Manemadesa）的另一位王子，名为桑跋（Samba），这可能是第五个行省；在索拉什特拉的卡提瓦德（Kathiwad）甚至可能有第六个行省，因为在该地区发现的后期铭文中有两位非皇家行政人员的名字。根据某些摩崖敕令，乌阇和塔克西拉的总督可能每隔三年派官员巡视一次。托萨利的王子没有安排任何巡视，但是，阿育王会亲自视察——或许是因为这是新征服的地区（羯陵伽），需要更强有力的控制。

在某些情况下，总督由该领地原有统治者担任。2世纪时，塞迦王楼陀罗达曼在古吉拉特邦朱纳格特一块刻有早期阿育王铭文的岩石上写道，国王旃陀罗笈多的总督普夏笈多（Pushyagupta）在那里修建了一个水库和大坝，随后"希腊国王塔夏斯帕（Tushaspha）在主政期间为孔雀族的阿育王修葺了管道"。

第三和第四摩崖敕令提到了巴律舍（parishad）。这可能是为国王提供建议的顾问委员会，不过他们没有真正的立法权力。阿育王的顾问可能是各地的领导人，他们有自己的支持者，而顾问委员会的权力取决于这些顾问在辅佐国王时发挥的作用。在第六摩崖敕令中，阿育王说，他的信使应该向他报告顾问委员会内的任何意见分歧，这意味着他虽不必出席会议，但会认真听取他们的建议。语言学家波你尼是《文法书》（*Ashtadhyayi*）的作者，此书可能写于公元前 4 世纪中叶。他使用"被顾问们包围者"（parishadvala）一词作为国王的另一个名称，并谈到了若干类型的巴律舍，其中包括一种处理紧急情况的秘密巴律舍。

阿育王任命了一大批官员协助各地的国王和总督。第一层官员由驻扎在帝国各大城市和地区的大督察组成。"大督察"似乎是对政治系统中重要官员的一种笼统称呼。他们与正法大督察——负责弘扬阿育王正法信息的官员——仅有些微不同。实际上，他们被赋予这个头衔表明了阿育王对其作用的重视。还有管理外国人、妇女事务、边境和城市的大督察。阿育王铭文表明，当时的行政程序并不规范：有的官员每五年巡视一次，有的每三年巡视一次。

在大督察之下是乡村官员（rajuka），他们负责管理村庄（janapada）。"Janapada"一词曾经用来表示独立的国家，后来被用来指代与城市相对的农村地区。波你尼和佛教文献表明，该词也代表文化（也许是语言）单位。乡村官员可能就是麦加斯梯尼所说的"掌管河流，丈量土地，对人民拥有奖惩权力"的官员。《本生经》（*Jatakas*，关于佛陀前世的故事）提到过被称为"rajuka"的官员，他们负责测量农民的土地，以确定应缴的税款。在阿育王时代，他们行使司法权。阿育王在第四石柱敕令中描述他们的职责。铭文中使用督促公正（samata，这个词也被翻译为"一致"）的句子，这可能是要求惩罚不应基于犯罪者的种姓，或者仅仅是要求平等地进行惩罚。

第四石柱敕令（节选）

　　我的乡村官员是在数十万人中遴选出来的。我让他们自行决定奖惩，以便他们能够自信地、无畏地履行职责，从而增进乡村人民的福祉和幸福，并使他们受益。他们会知道什么能让人民获得幸福，并通过那些虔信正法的人教诫乡村人民，使他们在今生和来世获得幸福。乡村官员必须服从我，也必须服从能领会我旨意的官员。而后者反过来会鼓励乡村官员，确保他们让我满意。

　　如同一个人将孩子托付给一位聪明的保姆一样，此人一定是认为"此保姆能把我的孩子照顾好"才行。我任命乡村官员，也出于此目的，即旨在增进乡村人民的福祉和幸福。为了让他们无畏、自信、不受干扰地履行职责，我已下令，奖惩由他们自行决定。他们必须在司法程序和惩罚中保持公正。我还准许死刑犯缓期三天，让他们的亲属去说服乡村官员免除他们的死罪；或者，如果这样做没有成功，就让他们布施或斋戒，以使亡者在来世获得幸福。

　　下一个级别是巡员（pradesika，这个词只在第三摩崖敕令出现过一次）。它有时被翻译为"地区官员"或"收税官"，即进行巡视并执行司法和财政职责的人。这种官员可能与《利论》中描述的治安官（pradestr）相同，其主要职能是收税、管理刑事司法和追捕盗贼。级别更低的是佐使（yukta），他们似乎是高级官员的助手，陪同他们巡行（《利论》将他们称为会计）。当然，肯定也有专门的官员负责公共工程，包括修建道路、种植芒果园、经营医院，治疗生病的人和动物。

第三摩崖敕令

　　在即位的第 12 年，我下令佐使、乡村官员和巡员一起，每五年巡行我的帝国一次，以指导人们学习正法以及其他事项。孝顺父母，以及布施朋友、熟人、亲人、婆罗门和沙门都有功德；不杀生也有功德；适度消费并不贪求财产也有功德。大督察委员会将指导佐使登记这些规则，并解释原因。

　　阿育王是如何挑选和任命这些官员的？他似乎并没有采用一种竞争性考试的公务员制度——如中国早在汉代初期便建立的察举制度或英国在印度改良的公务员制度。

　　在孔雀王朝中，行省被划分为区，区又被细分为聚落。就像今天一样，最小的行政单位是村庄。一个村庄有 100—500 户人家。税务官员负责管理 5—10 个村庄，他们的职责包括登记土地，对人口、田地、牲畜和其他产生收入的单位进行普查。每个村庄都有一位村长或长老，他们对这些税务官员负责。铭文显示有两种城市：一种是在中央地区的城市，它们由中央行政部门管理；另一种是各行省的城市，如塔克西拉，它们享有更多的自治权，甚至可以铸造自己的钱币。

　　塔帕尔认为，阿育王采取了三种不同的治理模式[7]：第一种模式是，核心区域是摩揭陀宗主国和印度河 – 恒河平原（大约是阿育王石柱敕令所在的地方），采取的是"高度集中的管理"。第二种模式是，摩揭陀国土掌控着印度的经济，在其征服的领土上，原有的共和政体和君主政体是次级核心区域，其经济结构经过重组以符合宗主国的经济结构。这些地区由总督和高级官员管理。第三种模式则普遍存在于边地，这些地区相对孤立，人口不多。帝国政府并没有试图重组这些地区的经济，且这些地区的森林覆盖率通常很高。但是，政府也会利用当地的资源，如木材、大象和宝石。

为了做到这一点，政府利用了当地人的专业知识和技能，但是，这些森林居民也给阿育王带来了很多麻烦。

《利论》

今天的历史学家们除了铭文外，还有另一个信息来源，以了解孔雀王朝的治理和生活，那就是憍底利耶的《利论》。该著作有各种译名：《国术手册》（*Manual of Statecraft*）、《国术论》（*Treatise on Statecraft*）、《政体论》（*A Treatise on Polity*）、《物质利益的科学》（*The Science of Material Gain*）和《政治学 / 政治经济学》（*The Science of Politics/Political Economy*）等。原文只保存在少数写本中，最古老写本可以追溯到 12 世纪。《利论》属于论书（sastra），是某种形式的论文、著作、手册或汇编，讨论主题包括宗教、医学、哲学甚至动物医学等知识领域。《利论》的古老写本是用梵文创作的，主要采用偈颂的形式，遵循专业论述的传统，一般不提及当时的事件或人物。帕特里克·奥利维尔和马克·麦克利什（Mark McClish）认为，这本书的写作特意避开任何历史背景，因为特定的历史背景可能会限制本书在不同情况下的适用性。[8] 对憍底利耶来说，人生最重要的目标不是正法，而是利益（artha）或世俗的成功，更确切地说，是国王的权柄和成就。《利论》基本上是一篇世俗论文，宗教在其中扮演次要角色，经济发展扮演核心角色，因为经济发展才能增强国王的财富和权力。

人们之所以认为作者是憍底利耶，是因为每一章或每一节末尾都声称他是作者。《利论》正文结尾处的一句偈颂指出，它的作者是毗湿奴笈多（Vishnugupta），一些学者认为这是憍底利耶的原名。但也有人认为《利论》的作者是旃那克耶——据说此人是一位婆罗门，曾帮助旃陀罗笈多击败难陀王朝。这个假设是基于此书结尾的一段话："那个人出于愤怒迅速挽回了落入难陀人手中的论文、武器和土地，正是他创作了此论书。"（XV.1—

73）[9]

传统观点认为，旃那克耶在公元前 4 世纪后期创作了这部作品，当时他已不再担任旃陀罗笈多的首辅大臣。这一观点得到了著名历史学家和翻译家康乐（R. P. Kangle）的支持，他在 1965 年提出，并没有令人信服的证据证明这部作品的作者不是帮助旃陀罗笈多在摩揭陀登上王位的憍底利耶。[10]

然而，在此书 1913 年被发现并出版后不久，人们就对其作者和日期提出了质疑。1923 年，历史学家萨曼达尔认为，对于公元前 300 年左右的那段历史，我们不能把《利论》视作理所当然的权威。[11]支持这一观点的人注意到，书中没有提到旃陀罗笈多、孔雀王朝或华氏城，书中讨论的王国只是中等规模的国家，而不是一个帝国。

基于典籍和统计分析，印度学家托马斯·特劳特曼（Thomas Trautmann）得出结论，认为《利论》不是某一位作者的作品，而是由某人将过去诸多老师的著作汇编，然后分成章，并在每章末尾添加偈颂。这位编辑者创作了第一章和最后一章，可能还添加了其他原始材料。[12]这样一来，《利论》就类似于其他古印度典籍，如《遮罗迦本集》（*Charaka Samhita*）或《爱经》（*Kama Sutra*）——它们都是经过长时间编撰而成的。将憍底利耶等同于旃那克耶的段落也是后人添加的。

马克·麦克利什对此表示同意。[13]在他看来，憍底利耶是典籍的编辑者，而不是典籍的写作者。憍底利耶也努力表明，他的作品是在过去诸多老师文章的基础上改进或完善而成的。大约在公元前 1 世纪，一位不知名的专家汇集了一些与治国方略有关的不同资料，同时又添加了一些他自己的材料，将它们整合成一篇综合性论文。此论文又成为其他典籍的来源，大约在 3 世纪，一个自称憍底利耶的人编辑了这部著作，同时又添加了更多的新材料，将其重新命名为《憍底利耶的利论》。在笈多王朝（319—467 年）

时期，人们将此著作的作者归为传奇政治家旃那克耶。笈多王朝希望将自身与孔雀王朝联系起来，以此提高自身的地位，而将这本著作归为旃那克耶的作品，是实现此目标的一种方式。

为了确定《利论》的创作日期，历史学家考察了内部的证据。例如，该作品提到，在印度，亚历山大里亚的红珊瑚和罗马的珍珠是受人推崇的奢侈品。然而，直到公元前 1 世纪中叶，印度才开始与罗马进行贸易。这部著作只提到了铜质和银质的戳印硬币，而没有提到在 1 世纪或 2 世纪早期取代它们的模铸金币，所以我们认为它的创作时间肯定早于这一时期。我们很难判断，憍底利耶所用的某些特定原始资料究竟是在什么时候创作的，是他还是其他人创作的。然而，由于这本书是基于更早的材料，奥利维尔得出结论：从理论上讲，有些材料可能接近或属于孔雀王朝时期。[14] 尽管此书描述的是一种理想状态，但总的来说，它"为我们提供了有关印度社会，尤其是其物质文化的宝贵数据"。[15]

憍底利耶并没有构想出最好的政府形式。对他来说，不言而喻的是，"国王和王权涵盖了国家的方方面面"（VIII.2.1）。没有强大的国王，生活的其他目标（尤其是正法）就无法实现。因为没有权威，弱者将被强者掠夺，社会必将陷入无政府状态。人们必须维护法律和秩序，并建立行政机构。其核心概念是"惩戒法"（dandaniti），即通过罚款和惩罚制度（包括监禁和体罚）来执行法律。憍底利耶写道："严刑峻法使人感到恐惧，姑息轻罚遭人蔑视，刑罚适当才能受到尊重。如果对事实进行适当认定后再进行惩罚，会使臣民拥护正法，获得成功和快乐。"（I.4.10—11）遗憾的是，由于作者已经声名远扬，被引用最多的段落反而是他的厚黑之术——使用间谍、双重代理人和外国间谍来维护国王的权威。这使憍底利耶获得了"印度马基雅维利"的绰号（尽管这两位的目的和方法有一些重要的不同）。[16]

憍底利耶设想的政体是一个小型的区域性王国，该王国拥有各种自然特征——山脉、山谷、平原、丛林、湖泊和河流。边境是部落所占据的山脉或丛林，且这些地区并不完全受到国王的控制。主城依水而建，防御严密。至少还有四个其他城镇作为行省首府。公路将国内的城镇连接起来，并通向邻国。因此，《利论》并没有解释如何统治像孔雀王朝这样的大型跨区域帝国。

《利论》中的行政管理

麦克利什认为，当把《利论》中所描述的行政管理概念化时，重要的是要记住，无论是国王还是臣民，都不会将当时的国家理解为我们想象中的民族国家。他写道："《利论》的中央管理与其说是官僚机构和办事处的集合，不如说是由国王任命一群人，让他们监督被认为对国家成功运作至关重要的事项。"[17] 国王本人也积极参与国家事务的管理。《利论》中的一段呼应了麦加斯梯尼对旃陀罗笈多日常行程的安排，类似的描述也出现在阿育王第六摩崖敕令中。在这段文字中，憍底利耶为国王在首都的生活制定了严格的行程（I.19—24）。国王的一天（包括白天和黑夜）被分成了 16 部分：

白天

1. 听取防卫和预算汇报。

2. 审理臣民提交的案件。

3. 洗澡，吃饭，诵读吠陀经。

4. 与大督察会面，检查账目。

5. 咨询他的顾问委员会，并听取间谍和秘密间谍的报告。

6. 从事娱乐活动或听取咨询。

7. 巡查大象、马匹、战车和军队。

8. 与军队首领讨论军事战略。

9. 在一天结束时进行黄昏祈祷仪式。

晚上

1. 会见秘密间谍。

2. 洗澡，吃饭，诵读吠陀经。

3. 休息，欣赏音乐。

4. 睡觉。

5. 在音乐声中醒来，反思《利论》以及应做之事。

6. 会见顾问并派遣间谍。

7. 接受顾问祭司的祝福，并会见他的医生、厨师和相士。然后，去集会厅。

日程中没有安排会见王后或庞大的后宫，也没有安排会见其他家庭成员——也许这包含在娱乐活动中。此外，国王还被要求遵守婆罗门教的仪式，包括诵读吠陀经和会见祭司。

憍底利耶相当重视高级官员的任命，并将这些官员称为阿摩迪耶（amatya），意思是"国王之友"。虽然在《利论》中，等级的确切划分有些模糊，但这种高级官员可能包括治安官和法官。尽管憍底利耶列出了阿摩迪耶所需的许多具体品质，但并没有根据种姓施加限制，只指出他应该是"贵族出身"。为了确定候选人是否拥有合适的品质，必须向他的熟人和同一领域的专家询问，并需要直接进行观察才行。在任命高级官员时，则需要通过更迂回的方法来检验他们的诚信。例如，派遣秘密间谍，对大臣进行贿赂，让他们谋反（I.10.6）。

同样，阿摩迪耶也要审核并任命其他官员，其中包括：财务官、收税官、城市管理者、法官、地方法官、宫廷侍卫长和大使。日常职能由较低级别的官员——督员（adhyaksha）执行，他们监督与经济相关的特定领域，并向收税官汇报。《利论》第二篇描述了他们的事务范围，包括采矿、黄金、商品、森林产品、军械库、度量衡、海关、纱线、农业、酒精、屠宰场、妓女、航运、牛、马、大象、战车、步兵、通行证和牧场。督员每年都会获得一份预算，并要向国库上缴利润。然而，我们无法确定这样的责任分配是否在孔雀王朝或其他时代实践过，或者仅仅是一种理想。

国王的安全是憍底利耶的主要关注点，无疑这种情况跟旃陀罗笈多时代是一样的。关于国王日常生活的 16 个部分中有 3 个是关于安全问题的，《利论》的 15 篇中有 3 篇涉及秘密行动。国王最主要的恐惧来自暗杀的威胁。国王的仆从数量庞大，包括：理发师、按摩师、乐师和歌妓。这些人必须经过仔细的审查，并由国王的卫兵进行搜查和监督："当他起床时，应该由手持弓箭的女侍卫陪同；在第二处宫殿，由穿着长袍和头巾的太监管家陪同；在第三处宫殿，由驼背者、矮人和吉罗多人（kirata，森林居民）陪同；在第四处宫殿，由顾问和亲属陪同，大门口侍立着手持长矛的卫兵。"（I.21 .1）而且准备食物的地方必须安全无虞，并由品尝者反复检测。《利论》对如何识别有毒食物提出了一些十分荒唐的方法，例如：有毒的米饭会发干，散发的蒸汽颜色和孔雀脖子一样；有毒的炖菜会很快变干，并不断冒泡；有毒的果汁中间会有蓝色条纹；有毒的牛奶会有红色条纹；等等。不过，在今天的人看来，这些似乎更多的是食物变质的迹象，根本无法表明该食物掺杂了毒药。与此同时，作为安全保障，擅长解毒的医生必须始终与国王保持密切联系。

最具潜在危险的人物包括：王后、后宫嫔妃和宫廷中的其他女性。憍底利耶引用了过去王后杀死国王的故事（与佛教故事中阿育王的邪恶王后相呼应）。另一种危险来自苦行僧，人们认为他们具有神通，因此要禁止他们与国王相见。

经济

在憍底利耶看来，构建和维持强大的经济体非常关键，这可以增强国王的权力，并让他持续地开疆扩土。因此，他建议国王向诸位官员学习经济（vartta）。《利论》设想的国家拥有混合型经济，其中国有和私营企业都参与所有经济部门。督员管理辖区内的私营和国有企业。国家对农业部门进行干预，鼓励在新的地区定居和清理森林，向农民提供工具和种子，并给予免税待遇。皇家和私人都拥有农场畜群。国家为大象、木材、蜂蜜和其他森林产品保留了森林保护区，并为王室狩猎活动设立野生动物保护区。矿山由王室垄断，然后由国家出租给私人。政府主导贸易，并拥有贸易分支部门，由个体商人管理，国家负责确保贸易路线的安全。政府实行严格控制，以确保贸易商不会在纳税时作弊，还会仔细监督商家，以确保他们不会欺骗公众。国家垄断了酒和盐，似乎还会为妓院提供启动资金。

这样构想出的王国也具有福利国家的若干特征。因公殉职人员的妻儿会获得口粮和工资，儿童、老人和病人也会获得救助。憍底利耶建议，那些生活在战乱、疾病或饥荒地区的人应该免税。

税收

憍底利耶写道，国王的首要职责是监督国库（I.11.8）。税收是国王向臣民提供保护所获得的补偿。在这本书中，憍底利耶说了一段非常有名的话："人类被鱼的法则（大鱼吃小鱼）所控制，让摩奴……成为他们的国王。他们缴纳六分之一的粮食、十分之一的商品，还有金钱来供养君王。获得这样的支持，国王方可为臣民带来幸福和安全。"（I.13.5）阿育王铭文提到了两种税：巴厘（bali）和帕迦（bhaga）。帕迦相当于农产品的六分之一，阿育王对蓝毗尼居民免征的就是此种税。标准税收似乎是作物的六分之一，但也可能会根据土壤质量而有所不同。

《利论》用一整章介绍了城市管理规章（Ⅱ.36），证实了麦加斯梯尼描述的一些细节。城市被分为四个区域，每个区域由一名官员管理，并向首席城市官员汇报。这些官员管理城市生活，严格控制居民和外国人的流动。他们可以搜查房屋，拘留陌生人，还可以在酒馆、赌场和作坊中围捕罪犯和外国人。每天晚上都实行宵禁，天黑后任何人都不能进出城市。就像麦加斯梯尼的第三类官员一样，这些官员必须了解其所在地区居民的一切情况，包括他们的收入。《利论》还提到了负责监督税收的独立官员，官员们会对偷逃税款的人处以巨额罚款，但不会处以死刑，这与麦加斯梯尼的记述一致。城市督员负责保持道路和城市建筑物的维护，而房主则负责保持房屋清洁。在街上扔垃圾的人要被罚款。

由于大多数建筑物都是木制的，因此禁止在夏天生火，房主必须准备梯子、绳子、水桶和其他消防物品。在街道、十字路口、大门和皇家建筑物内要放置备用水。

司法和法律制度

麦加斯梯尼认为，印度人是一个诚实的民族。尽管他们没有成文的法律，但偷窃行为很少发生。然而，这一评论可能是基于错误的信息。麦加斯梯尼声称印度人很少就金融交易而互相起诉，也不需要印章或证人。他们的房屋和财产无须看守。但是，这种田园诗般的画面与《利论》中的描述相矛盾。《利论》的第三篇和第四篇的第 4 章—第 13 章专门讨论了司法和法律制度。虽然这些法律和法规可能与阿育王时期的不同，但肯定是一脉相承的，在这个繁华的、以商业为导向的、充满诉讼的社会中，也一定普遍存在各种犯罪和不端行为。

法律体系基于正法（公认的社会原则）、当时的法典、地方习俗、种姓习俗以及皇家法令。国王本人可以通过罚款或更严厉的处罚来惩治腐败官员。对公众而言，由法官（dharmastha）和治安官（pradestr）负责的法院维护着正义。涉及个人纠纷的民事诉讼由三名法官组成的法庭审理。原告提出诉求，然后和被告都要出示证据和证人，书记员记录诉讼过程，法官在询问各方当事人后作出裁决。

诉讼领域涉及结婚、离婚、继承、债务、诽谤和人身攻击（被认为是个体当事人之间的事务）等问题。下级侮辱上级，会加倍处以罚款。在一段有趣的段落中，憍底利耶写道："对于与身体有关的侮辱，如'独眼'和'跛脚'。如果是如实陈述，需罚款 3 帕纳（Pana）；如果是虚假陈述，则罚款 6 帕纳。"对于嘲讽性地赞美那些独眼、瘸腿之类的人，说"你的眼睛真漂亮，应罚款 12 帕纳"。（Ⅲ.18.1—5）法庭对证人非常倚重，但有很大的一个群体被排除在证人之外，这些人包括：诉讼人的某些亲属和敌人、罪犯、苦行僧、麻风病人、贱民、国王、有学问的婆罗门和国王的嫔妃或官员，但这些群体的内部诉讼不受此限。

《利论》几乎没有提供关于法院位置、管辖区域或审理时间的信息，只告诉我们法官在比村庄大的城镇审理案件，且誓言的性质因证人的种姓而有差别。

第一种常见案件是遗产纠纷。许多纠纷涉及遗产继承。资产由家庭共同拥有，在父亲去世时，由有效继承人（通常是儿子）平均分配，但有时也可由其他家庭成员继承，这将视情况而定。《利论》为不同的群体规定了不同的继承规则。继承份额也可以根据母亲的地位来确定，母亲属于婆罗门的，儿子继承四份；母亲是刹帝利的，儿子继承三份；等等。（Ⅲ.6.17）

第二种，也是最常见的案件是债务纠纷。《利论》规定贷款必须在公开场合，在证人面前进行，并遵守有关利息的规定。根据《利论》，正常交易的"合理"月息为 1.25%；商业交易的月息为 5%；对于穿越乡村荒野地区的商人，月息为 10%；对于海上贸易商，月息为 20% 或每年 240%——不同利息反映了风险程度。（Ⅲ.11.1）

第三种是人身攻击案件，除了造成死亡的案件，大多数人身攻击案件都在民事法庭审判。惩罚反映了攻击者和受害者的相对地位、受伤部位和受伤程度。处罚通常是罚款，如果伤势较重，罚款可能会很高。攻击他人妻子的罚款将翻倍。

第四种犯罪行为与赌博有关，特别是使用骰子赌博，这种赌博在当时一定非常流行。憍底利耶主张让赌博成为国营产业。通过从赢家、出租场地和设备以及典当还债业务中抽取 5% 的利润，作为国库收入。对赌场的监督也使当局能够发现那些明显超过自身能力进行消费的人。被骗的赌徒可从诈骗者那里获得补偿。（Ⅲ.20.1—13）

第五种，即像谋杀和强奸这样更严重的罪行，一般会提交特别治安官自行调查。特别治安官还可以调查官员（包括法官）的犯罪行为。国家司法系统的这个分支被委婉地称为"去刺"[18]，涵盖了所有保护国王和王权安全的方法，包括许多在今天看来不可取的方法。《利论》描述了一个广泛的间谍和秘密间谍网络，成员包括线人、刺客和密探。

除以上这些，《利论》中最著名（或者说最臭名昭著）的部分是第四篇和第五篇。憍底利耶在这里介绍了国王用来了解国家事务的种种狡诈之术。有两种间谍："秘密机构"——来自日常生活的线人，他们报告在履行各自社会角色过程中获得的信息；以及"流动间谍"——被派去执行特定任务的行动间谍。

第一类间谍包括"狡猾的学生"、改变信仰的苦行僧、屋主、商人和普通苦行僧。间谍的能力足以让美国军情五处或中央情报局的官员击节赞赏。例如，狡猾的学生"胆子大，知道别人的弱点"，只要他们报告任何可疑的事情，都会获得金钱和荣誉的奖励。以苦行僧身份进行活动的间谍应该在城市里结交光头苦行僧，每月必须在公共场合吃一次素食或一把大麦，而私下里可以随心所欲地饮食。

第二类特工即流动间谍可以进行各种伪装。例如，假扮成乐师或按摩师潜伏到危险的地方（比如政府官员的住所），然后获取信息甚至暗杀目标。扮演成苦行者的女性间谍尤其受到推崇，因为她们容易获得人们的信赖。一批来自尊贵家庭的特殊间谍被委以高级职务，这样他们就能够与王子和高级官员交往。刺客和投毒者需要具有不同的技能。对于憍底利耶来说，刺客是"村野莽夫，他们不顾个人安全，为了金钱而与大象或猛兽搏斗"，而投毒者是"对亲人冷酷、残忍而又懒惰的人"。（I.12.1—5）

间谍的主要任务之一是测试国王任命的官员和王室成员的忠诚度。被测试的人包括王储、宫廷侍卫长、治安官、收税官、城市管理者和顾问。甚至在被任命之前，官员们也要接受由国王的亲信进行的秘密测试。例如，一位女苦行僧可能会告诉某位高级官员，王后爱上了他，想和他约会，还要给他额外的金钱奖励。

即使在通过了这些测试之后，国王还会继续派遣间谍，尽力根除不忠行为。对于那些没有通过测试的人往往会处以罚款、监禁、体罚，甚至被处决。然而，如果某位官员深受公众爱戴，或者广受同僚支持，国王就会对他施行秘密惩罚。即利用间谍陷害他，或者煽动嫉妒他或想要继承遗产的兄弟杀死叛徒——这样一来，刺客也会因弑兄罪而被处死。

低阶官员有自己的间谍网来监视乡村和地方官员。治安官也有权处决违法者（比如，盗窃宝石者和其他盗窃政府贵重财产的人）。

治安官也负责处理谋杀、强奸和其他严重罪行，他们使用与其他官员相同的间谍网络。他们的权力不仅包括审理案件，还包括决定谁应该为犯罪负责。这需要调查、审讯技术和法医方面的专门知识。为了获取信息，可以施以酷刑，但是对受刑对象有所限制，可以免于受刑的人包括：罪行轻微者、儿童、老人、病人、疯子、醉汉、饱食者或饥饿之人、孕妇等等。在这些情况下，应该从他们的熟人那里获取信息。

《利论》提出了一份有趣的病理判断指南，可以说是现代法医科学的前身。例如，如果怀疑某人是中毒身亡，就把他吃剩的食物扔进火里，看是否会噼啪作响或变成蓝色，以此判断食物是否掺有毒药。（IV.7.1—14）另外，治安官可以将秘密间谍安插到犯罪团伙中，诱使他们犯罪。特别注意的是，森林部落是经常遭到怀疑的对象。

虽然设立了监狱，但《利论》并不建议将罪犯关进监狱，而是倾向于以罚款或劳役的形式让他们赎罪，且只有监狱长才有权下令对囚犯施行酷刑（IV.9.22）。管理监狱的官员应该公正地对待囚犯，不应该剥夺他们的睡眠、饮食、锻炼或其他活动。在某些特定的日子里——比如，征服其他国家、册立太子或王子诞生，都有大赦的规定。

虽然阿育王的铭文中有一些暗示，但我们不知道这种制度在孔雀王朝时期实施到何种程度。如第四石柱敕令上面写着，司法权掌握在乡村官员手中，"制定法律要公平，审判也要公平"。被判死刑的囚犯会获得三天的缓刑，以便他们的亲属有时间进行上诉。阿育王还说，在即位后的 26 年里，他对囚犯施行了 25 次大赦。在第五摩崖敕令中，阿育王敦促诸位官员尽力公平地对待囚犯，并声称，如果他们要养家糊口，被人施了魔法或者上了年纪，那么就应该尽可能释放他们。

外交政策

憍底利耶在《利论》第八篇、第十一篇和第十二篇重点讨论了外交政策，即国王应当定期与顾问进行讨论，并派出使者。憍底利耶推崇外交政策的核心是"拉贾曼荼罗"（rajamandala，直译为"诸王圈层"）这一概念。与统治者所在国家接壤的国家被视作敌国，而那些与敌国接壤的其他国家则形成另一个圈层，可以被视作统治者的天然盟友，因为敌人的敌人就是朋友。接着，可以扩展到第三圈层，他们是敌国的盟友，再扩展到第四圈层，是盟友的盟友，以此类推。还有一些不适合此框架的中立国。统治者应该尽量牺牲其他国家的利益，以增加自己国家的实力。如果可能的话，还可以征服或统治其他国家。憍底利耶描述了实现这一目标的六种方法，包括和谈、宣战、无为、备战、向更强大的国家寻求保护以及与其结盟。他主张大量使用秘密间谍，派他们在外国散播叛乱的种子，甚至进行暗杀。

阿育王赞同这种权力政治的政策吗？我们完全不知道。首先，我们不知道阿育王要面对哪些敌国，但可以肯定阿育王一定有一些敌国。其次，我们不知道阿育王的帝国有多团结或和平，也不知道各地的统治者是否保留了一些独立性，不知道他们是否容易发生叛乱（塔克西拉似乎就发生过叛乱）。不过我们已经发现，铭文显示森林部落出现了反对阿育王的声音，阿育王用各种策略予以反击，包括和解、赠送礼物和暴力威胁。我们可以将他的正法哲学解释为统一多样化（可能是充满戾气的）族群的尝试。

将《利论》作为孔雀王朝重要信息来源的历史学家认为，这个帝国是高度中央集权的，有等级森严的官僚机构、组织良好的警察和军队系统，还有高效的税收机构。[19] 然而，这一观点遭到了其他人的反对，尤其是印度历史学家杰拉德·福斯曼（Gérard Fussman），他不仅不将《利论》作为孔雀王朝的主要信息来源，而且认为孔雀王朝的离心力很强。[20] 孔雀王朝幅员辽阔，这使得沟通变得困难，因此地方代表可以在本地发挥相当大的影响力。假设信使每天可以在印度河－恒河平原上行进 100 多千米，那么从华氏城出发的信使需要 30 天才能到达坎大哈。由于地形和雨季的原因，南北之间的沟通甚至可能更慢。在西北部使用佉卢文和希腊语可能意味着那里的官员是波斯人和塞琉古人。

格里戈里·邦迦德 – 列文（Grigory Bongard-Levin）采取了更加客观的观点：

> 孔雀王朝行政管理的一个特点是，中央政府对国家生活的各个方面实行严格控制，力图使各行省机构处于从属地位。另一方面，我们也不应该高估国家机器集中化和官僚化的程度……在各行省，特别是在边远地区，自治的倾向非常强烈。[21]

第 9 章

孔雀王朝的经济与社会

在孔雀王朝的统治下，尤其是在旃陀罗笈多和阿育王统治时期，印度是古代世界最富有的政治实体之一。一位经济学家估计，公元元年，印度GDP占世界的32%（人口占世界三分之一）[1]，在孔雀王朝时期，这一比例甚至更高。这一时期见证了农业的发展、人口和居住规模的增长、手工业的专业化、文字的出现以及国内外贸易的激增，这些都得益于广泛的海陆贸易路线网络。

我们对孔雀王朝社会和经济的了解主要来自以下几份资料：麦加斯梯尼的《印度史》、阿育王铭文、佛教和耆那教的典籍以及《利论》。虽然学者们对《利论》的历史真实性存在分歧，但马克·麦克利什和帕特里克·奥利维尔还是认为，尽管《利论》中的描述缺少时代背景并且是理想化的，但也是憍底利耶所在时代习俗和实践的重要记录。[2]

另一个有价值的二手资料是语言学家波你尼的《文法书》（共八章）。[3]据称，波你尼出生在犍陀罗，并在塔克西拉的大学学习和教学。他致力于定义梵语的形态和句法，从而将当时的俗语用法与作为精英和宗教语言的

梵语用法区分开来。波你尼编纂了一份常用词汇表，同时还创建了 4000
多条语法规则，对各种语言现象进行分类。同时，这些规则又可以用来生
成其他词汇。西方人在 19 世纪中期发现波你尼的著作后，将他称为"现
代语言学之父"。

为了描述当时正在使用的语言，并编纂一部词典，波你尼在全国各地
游历，他收集的词汇涉及生活和社会的方方面面，包括习俗、民俗、政府、
医学、农业、食品、运动、服装、家庭关系等。他与社会各阶层的人交谈，
包括音乐家、猎人、鞋匠、厨师、商人、作家、乞丐、信徒、农民、祭司、
顾问等。

和《利论》一样，《文法书》也是基于早期语法学家的作品。历史学
家最初认为波你尼的这部著作是在公元前 6 世纪完成的，但最近的学术研
究表明，它的编纂完成时间可能迟至公元前 350 年（亚历山大入侵前后），
比此前认为的更接近阿育王的时代。[4] 希腊作家提到波你尼与一位难陀国王
的友谊，并声称他去华氏城参加过会议。在此次会议上，哲学家们聚集在
一起，提出提高作物产量和促进公众利益的方法。对《文法书》最有名的
注释是另一位学者钵颠阇利（Patañjali，可能生活在公元前 2 世纪）所著的《大
疏》（Mahabhasya）。《大疏》也是孔雀时期史料的一个来源。

波你尼是否通过书写的方式创作《文法书》是一个很有争议的话题。
虽然有些学者（特别是哈里·福尔克）认为《文法书》是通过口头传承下来的，
但我们很难想象，如果不借助书面形式，如此复杂的著作如何能传承下来。

城市

孔雀王朝的城市（尤其是首都华氏城）是热闹喧嚣之地。在一篇经文中，
佛陀是这样描述拘舍婆提（Kushavati）城的：

> 无论白天还是晚上……王城拘舍婆提（拘舍罗国的一个城市，位于今天的北方邦）都会响起十种声音，即：象声、马声、战车声、鼓声、塔波鼓声、琵琶声、歌唱声、铙钹声、钹锣声以及"吃喝玩乐"的声音。[5]

佛教和耆那教在城市居民中很盛行，因此婆罗门教的一些典籍表达出对城市风气的不满。例如，宣称应该避免在集镇学习《吠陀经》。

如果说在《利论》中，生活的目的是获得利益（artha，即世俗的成功），那么婆罗门教典籍中的生活目的便是实现正法（即正义），而生活的第三个目的——欲乐（kama）——则是另一部知名著作《爱经》的主题。与《利论》一样，《爱经》的作者、创作时间和地点都存在争议。历史学家认为其创作时间在公元前400—前200年之间，地点在印度北部的一个城市（也许是华氏城）。同样，这部著作是基于许多古代文献而创作出来的。

《爱经》第四章描述了有教养的富有的上流社会男士（nagaraka，有时翻译为"城里男人"）如何生活。他的房子应该位于城市或大城镇，宽敞且临近水源。还要被花园环绕，花园里种满芬芳的鲜花。早上，经过精心打扮后，他在余下的时间里沉湎于愉快的消遣：参加庆典、社交聚会（有教养的男男女女聚在一起讨论艺术并朗诵诗歌）、宴饮和野餐、洗澡、采摘鲜花、会见情人。他应该会说梵语，也会说俗语，以此体现自己既博学又平易近人。正如某偈颂所言："在智者生活的社会中，人们说话行事总应考虑他人并总能给人带来快乐，智者也将因此而受到人们的尊敬。"[6]

孔雀王朝的首都华氏城是当时世界上最大的城市之一。正如憍底利耶在《利论》（Ⅱ.2）中描述的理想城市：它应该位于中心位置，但靠近河流或大海，以方便贸易和商业活动，这是国王收入的主要来源。根据实际地形，该城市的形状可以是圆形、矩形或方形，但一定要有三条南北向的道路（称为皇家大道）三条东西向的道路，将城市分为 16 个部分。主干道应该有 16 米宽，较小的通道为 8 米宽。主街道的尽头是外城墙的大门。憍底利耶对城市规划的大部分讨论都涉及安全问题。从三条平行的护城河中挖出的泥土被用来建造土墉，土墉上种植着荆棘丛和有毒植物。土墉上有一道墙，高 5—10 米，宽为高的一半，由砖或石砌成，每隔 54 米（177英尺）建有塔楼和城门（Ⅱ.3）。

国王的宫殿位于首都的中心，周围的住宅和商户按照等级顺时针排列：婆罗门住北方；商人、技术工人和刹帝利住东方；首陀罗住西方；主要神灵的寺庙位于中心地区；次要神灵的小型神庙被供奉在郊区。火葬场位于城墙外，那里是旃陀罗（处理尸体的贱民）的住所。

《利论》建议制定详细的住房法规。在开始开发建筑地块之前，必须仔细划定边界，以避免暴露于潜在的有毒或危险因素之下。对于房屋的出口和入口位置，以及窗户的大小和位置也都有要求。但是，邻里之间的协议优先于这些规范。

两幢房子之间的界限以灌木丛或铁柱为标志，否则，相邻两户之间的基础墙应相距约 48 厘米。除非在紧急情况下，如分娩（因为分娩需要比正常情况更多的水），厕所、排水管或水井不应通向或靠近邻居的房子。车和动物、壁炉、水箱和磨坊应与邻居的财产相距 28 厘米—48 厘米。两座房屋之间应该有一条 64 厘米—84 厘米的通道，相邻房屋的屋顶之间应该有 8 厘米的缝隙，不过也可以重叠在一起。

关于住宅的实际建造，《利论》中提供的信息很少，因为建造是不受国家监管的。在考古挖掘中，人们发现了过火砖建造的房子。这些房屋都配有水井，有些是砖砌井，有些则是大型环形陶井。

饥荒和自然灾害

麦加斯梯尼声称印度从未遭遇过饥荒，其实是不可能的。在当时，农民靠天吃饭，雨季是影响农作物收成的关键时期。在旃陀罗笈多去世前后，苦行僧跋陀罗巴睺带领一大批耆那教徒逃往南方，以躲避比哈尔邦即将发生的饥荒。阿育王铭文并没有提到饥荒，但阿育王确实警告了焚烧森林和刀耕火种的问题，并在全国各地植树。

图 9.1　印度北方邦出土的 3 世纪刻有婆罗米铭文的索戈拉铜板

《利论》第四篇第三章概述了预防和处理老鼠、猛兽、蛇、火灾、洪水、疾病、饥荒和其他自然灾害的措施。有些建议很实用：村民在夏天应在户外做饭，以防止火灾；在雨季，应该远离洪泛区，并随时备好船只。为了灭除老鼠，各家各户应该放出獴和猫，并缴纳"鼠税"，大约每周上交一定数量的老鼠。

国王应该储存种子和食物，以备饥荒时使用，还要让人们兴建要塞和灌溉工程，并以食物为报酬。国王也可以用粮食来换取领土，在极端情况下，也可以与臣民一起迁徙到另一个地区。在北方邦的索戈拉和孟加拉国的莫霍斯坦纳（Mahasthana），有两处铭文提到了储存粮食以防止饥荒或其他灾难。这两处铭文都可以追溯到阿育王时代。[7]

旅游和交通

在孔雀王朝时期，人们喜欢四处迁徙。不仅是商人、苦行僧、艺人会旅行，普通人也会走亲访友、朝圣或参加集市和节日。连接主要城市的道路往往以终点命名。不过，考古学家发现，典籍中提到的这些道路几乎没有铺筑的迹象，人们可能仅仅在清除丛林后，再将地面略加平整，就将之作为道路。因此，旅行者要花很长时间才能抵达各地，当他们不得不穿越丘陵地区时，旅途尤其艰难。

曾经有几条陆路和海路将古印度与古希腊世界、中亚和古代中国连接起来。印度的货物，特别是纺织品和香料，被运送到遥远的欧洲。其中，最重要的道路是北方大路（uttarapatha）。该道路由旃陀罗笈多分八个阶段修建而成，之后就再也没进行过修葺；直到 16 世纪才由舍尔沙扩建重修；然后是莫卧儿王朝；最后由英国人扩建重修，英国人称它为"大干线路"（Grand Trunk Road）；如今，这条道路的部分路段是印度 19 号国道的一部分。大干线路总长约 2600 千米，从华氏城到

图 9.2　中央邦巴户特一座佛塔东门上的《骑马者》雕刻，制作于巽伽王朝时期

塔克西拉，再到巴克特里亚，并于此汇入其他贸易路线。阿育王石柱标示的可能是该道路位于印度河－恒河平原的路线。在旃陀罗笈多治下，专门有一批官员负责它的维护。阿育王所做的则是在主要道路两旁种树、挖井，并修建旅馆，大约每隔2000米就有一个路标指示距离。另一条道路从北方邦东北部的舍卫城向东南延伸至王舍城，沿着恒河和亚穆纳河还有一条东西向的路线。

普通人徒步出行，富裕者则骑乘动物或乘坐畜力车。商人们用公牛和骆驼拉着货车或用船运送货物。有趣的是，在古印度就已经开始"标准化"制造了。最突出的一点是，车匠把货车部件交付给买家，买家须自己组装。皇室成员和贵族们乘坐由马、骆驼和驴子拉动的彩车出行。有些彩车用来自犍陀罗的特殊羊毛或豹皮和虎皮做了奢华的装饰。政府官员和士兵都骑马。《利论》对马匹一天行进的距离进行了规定，一匹马一天所走的距离称为一个阿斯维纳（asvina），大约相当于65千米，不过一般来说一天可以走100千米。

贸易和商业

孔雀王朝的商业生活充满活力。政府根据商业资本额、所经营的商品以及商务访问的国家对商人进行分类。佛教文献提到，有些商队有多达500辆车，他们从印度东部前往西北部的目的地。商品包括竹子、柱子、石头、马、甘蔗、家具、香水、丝绸、羊毛、棉花、亚麻布、毯子、兽皮、靛蓝、漆、皮革制品、铁链、农具、织机、陶器、金银饰物、珠宝、宝石、武器（长矛、标枪、战斧、弓箭）、盔甲、乐器（包括维纳琴、鼓和钹）、货车、战车、船只、母牛、公牛和马；另外，还有蔬菜、粗糖、盐、糖浆、黄油、谷物和豆类等食品。进口商品包括来自欧洲的葡萄酒、珍珠和珊瑚，还有来自中国的丝绸。

航运（特别是恒河和朱姆纳河的航运）是主要的运输方式。商人们拥有自己的船只或与人合用，有些船队的船筏多达 500 条。古印度商人的足迹遍及斯里兰卡、阿拉伯南部和非洲东海岸。孔雀王朝的政府成立了一个特别委员会为外国商人解决各种问题。实际上，在孔雀王朝建立之前，占印度的造船业就很发达。如在亚历山大入侵印度期间，旁遮普的一个部落在希腊人的造船厂为他们建造桨帆船。

在市场上，商品以银币支付或物物交换的方式出售，物物交换的商品主要是食物、衣服和家畜等日常生活用品。其中，布匹常作为一般等价物存在。母牛是另一种实物交换工具和一般等价物。一个由城市官员组成的委员会负责监督物价的调控，并管理市场、港口和寺庙。

从给农民的小额贷款，到给商人的大额贷款，在古印度各种放贷行为都很普遍。虽然麦加斯梯尼写过印度人不放债也不借钱，但事实似乎并非如此。因为，至少波你尼提到的利息就从 6%—10% 不等（他谴责这是高利贷）。憍底利耶规定非商业性交易的法定利息为每年 15%，但对于风险更大的经营项目来说，利息可能要高得多。贷款账目通常在收获季节结束时结算。有时人们把自己作为贷款的担保人。

憍底利耶不信任商人。他认为商人总是在寻找欺骗顾客和政府的方法，所以商品的销售受到严格控制。根据《利论》的规定，贸易大督察必须保存所有运输货物的记录，并对商人的利润进行核算，以便对他们征税。试图隐瞒销售情况的商人将面临死刑的惩罚。政府对价格和利润都有控制，本地商品的利润上限为 5%，外国产品的利润上限为 10%。

商品的税率因商品而异：一些纺织品为 4%，熟食为 5%，皮毛、象牙等为 10%—15%。关税为 20%，但是为了鼓励对外贸易，可以进行调整。试图通过在产地直接购买商品以避税的行为将被处以重罚。

货币、铸币和度量衡

印度是世界上最早出现铸币的国家之一。而公元前500年左右出现的货币体系对印度的经济和社会关系产生了重大影响。恩格斯认为，正是货币体系破坏了部落制度的基础，使其无力抵抗"金钱的胜利行军"。[8] 货币是一种可以运输和储存的商品，统治者可以用货币的形式收税，也可以用货币充实国库以发动战争。波你尼提到一种被称为"尼什卡"（nishka）的货币，它被用来支付歌手的表演。他还使用术语卢比（rupya，"rupiah"和"rupee"的起源）表示一种有印记的金属片，由金或银制成。大约公元前600年，在印度东部又铸造出一种被称作卡夏帕那（karshapana，简称"帕纳"）的硬币。这种具有标准重量的戳印硬币是由银和铜制成的。它们可能源自在犍陀罗使用的阿契美尼德帝国戳印硬币，上面经常刻着一只猫头鹰——这是雅典的象征（印度的仿制品有时也用鹰为标志）。

《利论》中的薪酬（V.3）

职位	帕纳 / 年
首席顾问、军队首领、王太子、王太后、王后	48000
收税官、财务官、行政官	24000
行省总督、王子、顾问等	12000
治安官、军官	8000
相士、游吟诗人等	1000
秘密间谍	1000
艺伎	1000
教师	500—1000
步兵、会计等	500
杂耍人员	250
工匠	120
仆人、矿工、随从	60
农场里的奴隶和雇工	3

这些硬币的形状不规则，并印有一个或多个符号，如公牛或卐字符。后来的孔雀王朝大量发行了这样的硬币，它有四种面值。最常见的图案是太阳、几何图形、辐轮、动物、人像、山丘和树木等。一些历史学家认为，这些符号可能与哈拉帕印章有关，但是支持者寥寥。

《利论》提到帕纳银币有四种面值，被称为马斯卡（masika）的铜币也有四种面值，但没有提到更早时期就已经存在的金币。硬币是由中央政府和私人铸造的，《利论》试图阻止私人铸币行为（I.12.26）。孔雀王朝后期铸币数量不断增加，但相应的铜含量也在不断增加，这表明货币正在贬值。

根据《利论》记载，帕纳银币用于支付税费、罚款和工资，并用于商业。政府官员、王室成员、治安官、间谍、艺伎、士兵和其他工人都以现金领取薪酬。首席顾问、军队首领、王太子、王太后和王后之所以获得巨额薪酬，可能是为了防止他们受到叛乱的影响；给收税官、财务官和宫廷侍卫长的巨额薪酬是为了"使他们在工作中保持尽心竭力"。但我们不应该从字面上理解这份薪酬数量，因为像《利论》这种论书的作者都喜欢列一些看起来很漂亮的清单，列出这种几何级数字是他们的典型做法。

遗憾的是，《利论》中几乎没有关于食物、衣服、住房、奶牛和其他物品的成本信息，因此我们无法了解当时的购买力。劳工的薪酬并没有以货币的形式进行规定。农工、牧人和商贩没有薪酬，他们获取所生产的农作物、黄油或商品的十分之一作为报酬。在社会底层，大多数交易可能是通过实物交换的形式进行的。

另外，波你尼和憍底利耶都提到一种标准化的度量衡系统。重量似乎是基于拉提（ratti，相思豆或豌豆）种子的重量，而长度则与大麦种子的长度有关。

农业

孔雀王朝绝大部分统治地区是农村。孔雀王朝的社会基础是农业村落，大多数人都自给自足。而印度肥沃的土壤（一年两季作物）和农民的高超技能也给古希腊人留下了深刻的印象。

对此，波你尼提到了三类农民：无犁者、拥有好犁者和拥有坏犁者——犁是富裕的标志。公牛负责拉犁、雇工负责耕种、农作物采取混合播种的方式种植（例如，芝麻和豆混种）。当时，耕地被分成几块，政府官员会对土地进行测量，并估算其面积。牧场由全村人共同拥有。

波你尼在他的书中列出了大量与农业相关的词汇，包括与耕作、播种、除草、收获和脱粒相关的不同术语，以及不同类别的土地——可耕地、牧场、灌溉地和荒地。另外，与牛有关的词汇也很丰富，甚至连牛的年龄、身体状况以及烙牛所使用的符号都有。波你尼列出了几个水稻品种，还提到大麦、绿豆和红扁豆、芝麻、黍和硬皮豆。

我们发现，在佛教文献中提到了灌溉渠和水坝的修建。无独有偶，麦加斯梯尼也提到了一种特殊的政府官员，他们的工作是检查灌溉工程，以确保每个人都获得公平份额的水供应。憍底利耶认识到，灌溉是种植作物的基础，并敦促统治者重视这一点。

一般来说，农村的事务是由村长和长老会负责与管理的，他们负责维护寺庙，仲裁争端，维护村庄的界碑，管理牧场的使用，并驱逐不受欢迎的人。他们还会督促所有人必须分担庆典和其他公共项目的费用。

在农村里，一般有农户饲养少量的牛，但在一些特别大的村庄也有雇佣牧人的大型私人牲畜养殖场。对于管理者，阿育王提到过一位负责牧场的官员，而憍底利耶则用整整一章的篇幅来描述牲畜大督察。（Ⅱ.29）

由于开垦农田不多，孔雀王朝的许多土地一直被森林覆盖。当然，这些森林既有天然的，也有人工种植的。也正因为森林太多，盗贼喜欢将偷来的牲畜藏在一些偏远的森林里，而且森林也是其他犯罪活动的庇护所。

如果抛开上面我们提到的这些，实际上土地可分为私有和国有两种。森林、未开垦的土地和荒地都属于国家。国王可以在这些土地上建立新的村庄，而耕种者在一定时期内可以免于纳税。有一处佛教文献曾提到，有一位婆罗门地主拥有的土地在耕种时需要使用 500 张犁和 3000 头牛。大地主们向自己的佃户收取地租，并向国家纳税，税款根据土地面积和产品价值而定。根据憍底利耶的说法，土地可以优先售卖给亲人，然后是邻居和债权人，最后是其他人。

行业和职业

孔雀王朝统一印度并建立中央集权政府，带来的首个影响便是促进了手工业的发展。麦加斯梯尼将工匠归为第四类人。他指出，一些人（特别是武器制造者和造船者）直接为国家工作，可以免于纳税。根据波你尼的说法，每个村庄至少有五名工匠：陶工、铁匠、木匠、理发师和洗衣工。其中，在自己的作坊而不需要去客户家中工作的木匠享有较高的地位，而且他们还能获得客户农产品的一部分作为报酬。其他工匠还包括弓匠、染布工、矿工、织工、制毯工（西北地区的毛毯因其鲜艳的色彩而受到推崇）、皮革工、金匠和架子工。今天，考古发掘出的用捏塑法制造的陶器动物、鸟类和人物，特别是跳舞的女孩，以及儿童玩具，表明当时有熟练的工匠在进行专业的城市工艺生产。

古印度的纺织品制造始于哈拉帕时期，当时古印度的织物早已国内外驰名。棉花和丝绸是主要的出口商品。根据《利论》记载，用棉花、羊毛、树皮纤维、大麻和亚麻纺纱的工作主要由妇女承担，尤其是寡妇、无家可归者和残疾妇女，以及其他需要资助的人。而织布似乎一直是由男人主导

的领域。（Ⅱ.23.8）

《利论》列出的职业超过了 120 种。其中工匠包括：艺术家、雕塑家、理发师、制篮匠、木匠、工程师、金匠、皮革工、陶工、制绳匠、铁匠、制衣匠、制带师、洗衣工、织布工和珠宝匠。专业人员包括：会计师、文员、相士、占卜师、医生和助产士。根据考古证据，我们知道古印度的珠宝制造、金器制造、象牙和木雕艺术达到了很高的发展水平。在许多城镇，从事同一行业的技工居住在同一街道和街区。

技工形成了由世袭会长领导的行会（sreni，这个词也有阶级或类别的意思）。行会具有世袭性，即行会的成员把各自的手艺传承给自己的子女。且每个行会都有自己的内部规章，当然该规章必须向当地政府登记。随着时间的推移，一些行会最终变成了世袭种姓（jati）。大型行会凭借自身对生产近乎垄断的地位而拥有相当大的权力。甚至它们还充当起银行的角色，人们可以在行会存钱，并获得利息的回报。一些行会非常富有，势力也很大，他们发行自己的硬币，并向宗教组织进行大量的捐赠。

除此之外，《利论》对艺人、私人随从和驯象师的分类非常详细。例如，艺人分 16 种，驯象师分 15 种。然而，这些职业也被间谍和特务用来作为掩护，所以这可能不是一个真实的统计。

采矿

早在公元前 2000 年，铁矿开采和铁器加工便在印度河 - 恒河平原中部和温迪亚东部兴盛起来；到公元前 3 世纪时，古印度的铁矿冶炼技术已经相当先进。[9]究其原因，主要是这个地区拥有接近地表的优质铁矿和丰富的森林木炭，可以生产出高纯度的铁。由于铁的大量使用，人们普遍使用铁犁，在灌溉工程中也应用铁器，砍伐森林，开垦农田，这加强了农业的基础，加速了摩揭陀的发展。在此期间，也可能已经出现了钢制品。公元前 5 世纪的古希腊作家克泰夏斯报告说，他从阿契美尼德王朝宫廷获得两把印度钢剑。

为了获得更多的矿藏，人们在拉贾斯坦邦的阿拉瓦利山脉（Aravalli Range）开采银、铅和铜。一些矿井用木材支撑形成巷道，深达 100 米。在塔克西拉出土的一个花瓶里我们发现了黄铜成分（铜、锌和铅的混合物），这是全印度最早的黄铜制品实例。由此可见，孔雀王朝已垄断了矿山和矿产制品的贸易。憍底利耶表示，采矿是一切权力的来源，他要求单独任命"负责矿山、挖掘、金属和坑道的大督察"（Ⅱ.12）。

在卡纳塔克邦靠近阿育王铭文的位置，人们还发现了含有黄金和半宝石的古代矿场。孔雀王朝南部行省首府起名为苏伐罗那祇梨，意思是"黄金之城"（可能是由于它靠近金矿）。在《利论》中，黄金大督察（Ⅱ.13）负责监督由首席金匠管理的作坊。

除此之外，孔雀王朝的石雕也达到了很高的水平，阿育王石柱和柱头就是明证。

教育

在波你尼的书中，还列出了许多与教育系统有关的词汇，这也许反映了他自己与塔克西拉大学的联系。在孔雀王朝建立前后古印度有一个传统，即前三个种姓的男性一生将经历四个阶段：梵行（brahmacharya）、家居（grihastha）、林居（vanaprastha）和遁世（sannyasa）。第一个阶段可以持续 37 年之久，但通常情况下远没有这么长；第二个阶段从结婚开始，然后还包括努力养育孩子并获取财富；第三个阶段要求男性逐渐放弃自己的责任；在第四个阶段，他从尘世退隐，准备迎接死亡。

在梵行阶段，学生要和老师住在一起，当时有许多老师业已开办了学校。一学年分为若干季，每季都有一门特定的课程。学习方法根据科目的不同而不同。如婆罗门学生通过背诵来学习吠陀经文。

存在于公元前 600—前 500 年间的塔克西拉大学是当时印度少数几所大学之一，甚至有些人称其为世界上第一所大学。在鼎盛时期，它拥有超过 10500 名学生，其中一些学生来自遥远的波斯帝国、希腊、古埃及和中国。授课教师经验丰富，他们教授三吠陀、语言、语法、哲学、医学、外科学、政治、战争、天文、会计、商业、音乐、舞蹈和其他表演艺术、神秘学以及数学。塔克西拉大学也因其法学院、医学院和军事学院而闻名。从军事学院毕业后，学生将从老师那里获得自己的剑和弓，成绩优异的还会获得一套铠甲和一颗钻石。

社会结构

麦加斯梯尼认为，印度社会分为七个等级（古希腊语称为 "mere" 或 "gene"）。[10] 他可能是受到希罗多德的启发，因为希罗多德也把古埃及人分为七个种姓（直到 19 世纪，西方作家还将古埃及和古印度进行类比）。麦加斯梯尼的分类似乎也是以职业为基础，但同时也与印度的种姓（varna）大致对应。他写道，所有人都不能与自己种姓以外的人结婚，也只能从事世袭的行业或职业，即不能从事任何其他行业或职业。到了孔雀王朝时期，这已经成为一种既定的习俗。

第一类人是以婆罗门为代表的高种姓人群。虽然"哲学家、沙门和婆罗门"的人数不多，但他们是孔雀王朝最有威望的人。婆罗门并不是指祭司，而是某些苦行团体的成员。麦加斯梯尼认为，他们之所以最有威望，因为胎儿时期，他们便获得"智者"的呵护，智者会向他们的母亲提供"谨慎的暗示和建议"。后来，他们不断地获得各种老师的教导，这些人一般会住在城外的森林里，他们在森林里过着简单的生活，睡觉时以芦苇或鹿皮为床，不吃肉食，放弃性生活，以听闻严肃的教法度日。就这样生活 37

年后，他们才会回归世俗家庭生活，按照自己的意愿娶妻生子，因为他们没有奴仆，所以大部分工作都得亲自做。他们穿着精致的薄纱，戴着金饰，享受肉食，但不吃家养力畜的肉。他们从来不和妻子交流自己的哲学思想，原因是她们可能会把哲学的奥秘泄露给渎神者，也可能是因为她们会成为更好的哲学家而离开丈夫。

虽然看起来有些夸大其词，但上述包括梵行（放弃肉食和性生活）在内的教法的确至今都是印度苦行主义的一个可识别特征。37 年梵行期的说法甚至在摩奴的著作中也获得了某种程度的证实——摩奴建议追随古鲁学习 36 年，或者学习"18 年或 9 年，直到完全学会三吠陀为止"。[11]

麦加斯梯尼称，婆罗门关于物理现象的观点非常粗糙，因为这些观点是以寓言为基础。但在某些方面，它们与希腊人的想法不谋而合。例如以下的观点：世界有始有终，世界是球体，创世之神遍布世界各处。麦加斯梯尼注意到，婆罗门对生育、灵魂的本质和许多其他问题的看法与希腊人非常相似，但麦加斯梯尼并没有特别地提到轮回。

一些婆罗门——麦加斯梯尼在这里指的是祭司——为死者举行祭祀和仪式，以获取供养和特权。每年年初，他们会聚集在国王面前，就如何改善作物和牲畜提出建议，同时还会预测干旱、洪水和疾病。那些提供了合适建议的人可以免于纳税，而预测错误的人将会获得惩罚，遭到公开的羞辱，余生必须保持沉默。

在《伪奥利金哲学》（*Pseudo-Origen Philosophia*，是公元 3 世纪或 4 世纪的早期基督教文献）引用的一段话中，麦加斯梯尼描述了一个由哲学家组成的教派，他们住在森林里，不吃肉，不吃煮熟的食物，喜欢吃掉在地上的水果，只喝塔迦贝纳河——南印度栋格珀德拉河（Tungabhadra River）——的水。他们终身不婚，但是和当地妇女生育子女。他们赤身裸体，相信身体只是灵魂的遮盖物。所有人都被与生俱来的敌人——肉欲、食欲、愤怒、欢乐、悲伤、渴望——所束缚，只有战胜这些敌人，才能趋向神。他们以轻蔑的漠视态度看待死亡，认为一旦摆脱了尘世的束缚，就会看到纯净的阳光，"如同鱼儿跃出水面所看见的景象"。这段话可能是指耆那教（因为天衣派尤其避免吃肉并且推崇裸体），也可能指正命派或其他裸体苦行者（sadhu）。

他还告诉我们，最受尊敬的群体是林住者（Hylobioi），他们生活在森林里，靠吃树叶和野果生存，穿着树皮做的衣服。他们戒淫欲，也戒饮酒。古印度的国王们会派使者向他们询问诸多事情的起因，并通过他们礼拜神灵，向神灵祈祷。

第二类人是受到尊敬的医生，他们过着俭朴的生活，主要吃稻米和大麦制成的食物。医生通过调节饮食而不是使用药物来达到治疗的目的，但是也会利用软膏和膏泥进行治疗。他们利用药物学知识（可能是使用药用植物）增进夫妇的生育能力，并能决定后代的性别。

我们可以看出，麦加斯梯尼在这里指的似乎是阿育吠陀医生。一种常见的理论是，阿育吠陀起源于吠陀的魔法咒语，后来由医生苏胥如塔（Sushruta）和遮罗迦（Charaka）编纂成文。与其他古印度典籍一样，此二人的著作是对早期权威著作的汇编。据估计，苏胥如塔汇编的最早内容可追溯到公元前250年，遮罗迦汇编的最早内容可追溯到公元前400年。苏胥如塔的著作因其对外科手术和外科程序的描述而闻名，其中包括：摘除白内障、鼻子再造术、皮肤移植和截肢，而遮罗迦重点强调饮食。

佛教则拥有独立的（或者说平行的）医学传统。佛教的"赤脚医生"在村庄里生活和工作，与婆罗门不同的是，他们愿意接触病人和临终之人。他们对尸体的观察也促进了医学实践和理论的发展。在寺院生活的背景下，医疗和护理的行为标准得到了发展，并发展出专用医疗机构，为比丘、比丘尼服务，最终也惠及在家居士。[12] 也许阿育王正是受此启发，才在帝国各地建造医院。

奇怪的是，麦加斯梯尼没有提到佛教徒。蒙特斯图亚特·埃尔芬斯通（Mountstuart Elphinstone）在 19 世纪末期写道：

> 虽然佛教在亚历山大之前已经存在了两个世纪，却从未被古希腊作家明确注意到，这的确是一件不同寻常的事情。唯一的解释是，佛教追随者的外表和举止并不特殊，以至于外国人无法将他们与普通民众区分开来。[13]

第三类人是流浪的牧人和猎人，他们住在乡下的帐篷里。他们可以饲养、出售或出租力畜。他们清除土地上的野兽和野鸟，避免农民的作物遭受损失，因此，可以从国王那里获得粮食补贴。

关于这一群体，《利论》认为，"国王应在不可耕种的土地上为他的人民提供牧场"（Ⅱ.2）。他们饲养的动物有奶牛、水牛、山羊、绵羊、驴和骆驼（马和大象由政府督察员照顾）。在古印度，牛是最重要的牲畜，《利论》（Ⅱ.29）中对牛有详细的说明，这反映了人们对牛的福祉和其经济价值的关注。虽然牛不能被宰杀吃肉，但牛倌可以在牛死后售卖牛肉或牛肉干。牛倌、水牛倌、挤奶工和黄油搅拌工每人平均要照顾 100 头牛。每年牧牛者要向牛主人或监管牛的政府官员缴纳每头牛 8 瓦拉卡（varaka，相当于约 19 加仑）的酥油和每头牛 1 帕纳的税款。每个牛群要包括数量均等的老母牛、奶牛、怀孕母牛、首次产犊的母牛和小母牛。生病或残疾的奶牛、难以挤奶的奶牛或虐待小牛的奶牛要分开饲养。

这些动物都获得了精心的照料。《利论》所推荐的饲料包括不同配量的青草、干草、油渣饼、碎米、岩盐、油、肉、酸奶、大麦或扁豆粥、牛奶、荤油、糖和姜（Ⅱ.29.43）。虐待牛会受到严厉的惩罚。在凉爽的季节，每天挤奶在一次以上的人将会被斩掉拇指；杀牛或偷牛的人将会受到死刑的处罚。善待动物（尤其是牛）显然是当时社会盛行的风气。

第四类人是制造农具、武器和其他物品的工匠，此外还有出售这些物品的商人——该群体在一定程度上对应于吠舍。其中一些人以劳役的形式向国家纳税，但那些制造盔甲和造船的人可以免于纳税，甚至还能从他们唯一的雇主（国王）那里获得津贴。

第五类人是士兵，他们是数量第二庞大的，且由国王供养的人群。这些人很可能是刹帝利。麦加斯梯尼不以为然地写道："在不需要为国家服务的时候，他们把时间花在无所事事和酗酒上。"一些更高贵的刹帝利直接为国王服务，担任顾问和大臣。

第六类人是监督员，他们监督所有发生的事情，并向国王或治安官报告。一些人被委托监督城市，另一些人则负责监督军队。这两种监督员都雇佣艺伎充当间谍。

第七类人包括审议公共事务的顾问和评议员——这个群体包括国王的顾问、将军和首席治安官。这是人数最少但最受尊敬的群体，对应于阿育王的大督察。他们属于统治阶级，来自婆罗门和刹帝利。

《利论》描述的社会分成两个群体：雅利安人和非雅利安人。雅利安人指的是南亚"有教养的"居民，非雅利安人包括蔑戾车（Mlecchas，外国人）、土著（Adivasi，森林部落住民）和旃陀罗（被剥夺种姓的贱民）。雅利安人由四个种姓组成。憍底利耶相当详细地介绍了各个种姓的角色和职责，包括有关通婚的规定。然而，种姓制度远比这复杂得多，因为过去和现在，许多种姓并不完全符合四个瓦尔纳的出身（jati）分类。根据波你尼的说法，"出身"指的是某个行会，而在《利论》中，它指的是某个本地社区（甚至包括外国人）。憍底利耶命名了14个出身，他将其归因于不同种姓之间的通婚（Ⅲ.7）。另外一个词是族姓（gotra），指某人的父系血统。《利论》对这些范畴进行了列举，城市管理者应该在人口普查中列出："根据他们的种姓、族姓、姓名和职业以及收入和支出，列出男性和女性的人数。"（Ⅲ.36.3）婆罗门和刹帝利通常免于纳税，结果就是给农民和工匠带来了沉重的负担。

苦行僧来自各个种姓，并被分配到森林地区进行冥想和其他修行。那些因为严重过失而脱离雅利安人群体的人会受到排斥，不得不住在城市或村庄以外的地区。旃陀罗只能使用他们自己的水井，并居住在聚落之外。其他贱民包括：养狗者（svapaka）、猎人和捕鸟人，他们受雇充当守林人。丛林部落的住民都有自己的首领，这些部落住民可以被征召为士兵，但是，人们认为他们不值得信赖并且只对掠夺感兴趣。

虽然传统上婆罗门应该学习吠陀经并主持仪式，但他们通常是一个多元化群体，有些婆罗门会从事农业、贸易、手工业，甚至参与军事活动。政治和经济权力主要掌握在刹帝利手中，他们中的许多人拥有大量的地产，并在军队中担任最高职位。有些婆罗门担任统治者的顾问并获得丰厚的报酬，国王赐予他们土地和金钱，因此他们变得非常富有。据说，佛陀曾经说过如下的话："以前，婆罗门生活在森林里，过着俭朴的生活，现在他们住在由卫兵严密防守的坚固宫殿里。"[14] 邦迦德·列文也认为，在孔雀王朝时期，一个人的地位更多地基于他的财富，而不是他的种姓。[15] 有些吠舍变得非常富有，但其他吠舍却沦落到首陀罗的层次。他们无法担任政府高级职位，只能以士兵身份在军队服役。

奴隶制和契约劳工

麦加斯梯尼声称古印度没有奴隶制，但这可能是因为古印度的奴隶制与古希腊的不同。例如，在斯巴达，奴隶受到非常严酷的对待，甚至可能被雇主杀死。[16] 梵文单词"dasa"，有时被翻译为"奴隶"，指的是比其他雇员享有更少权利的工人。阿育王的一些敕令提到仆人和奴隶都应该受到善待。然而，佛教文献和《利论》表明，富裕的家庭确实有家庭奴隶，奴隶劳工被用于采矿、清理森林、耕种田地和其他活动。大地主和中等地主拥有奴隶，寺院也拥有奴隶。一个人可以生而为奴，也可以自愿出卖自己、在战争中被俘或因司法惩罚而成为奴隶。[17]奴隶可以用金钱换取自由；但如果女奴为主人生下儿子，她和孩子都将在法律上获得自由；但奴隶通常并不是贱民，因为如果他们是贱民，就不被允许进入更高种姓者的家庭。他们也不需要履行贱民的职责，如处理尸体、粪便、尿液或吃剩的食物。

《利论》第三篇第 13 章给出了管理奴隶和劳工的规则。凡是贩卖雅利安儿童的人都要被罚款；但是，外国人卖掉或抵押自己的孩子并不算犯罪。《利论》描述了这样一种情况：某个家庭为了摆脱贫困，会成为更富裕家庭的奴隶。当他们能筹到足以重获自由的钱时，未成年的孩子应该是首先获得自由的人。契约劳工是指因无力偿还债务而被自己或他人抵押或质押的人。他们受奴役的时间长短由契约决定。禁止殴打、强奸女性契约劳工；禁止迫使她们给裸体男性洗澡。如果发生此种情况，她们必须被释放。

农场（甚至小农场）的大部分工作都是由雇佣劳工完成的，特别是在播种和收获的时候。这些人通常都是贫穷的首陀罗，他们没有自己的土地，因此只能从事手工业、在王室和私人作坊工作，或者从事家庭服务工作。农场的雇佣劳工会获得农作物作为报酬，其他雇佣劳工会获得食物（也许还有少量的工资）作为报酬。憍底利耶详细描述了雇主的虐待行为（比如拒绝支付工人工资），并对这些行为处以罚款。

饮食

麦加斯梯尼还告诉我们，那里的居民"身材……超过了普通人，并因其骄傲的神情而与众不同。他们精通艺术，人们认为呼吸纯净空气，喝上等泉水的人就应该如此。"[18]他对古印度人饮食的节俭印象深刻：除了祭祀，他们从不饮酒，主要吃米饭和浓汤的混合物（某种形式的豆酱或咖喱）。然而，他对古印度人单独用餐和用餐时间不固定的习惯提出了批评。小麦在冬季和夏季播种，水稻和黍在夏季播种。在河岸和沼泽地带，水果自然生长，蔬菜苗壮成长。

波你尼的《文法书》中有很多关于食物及其烹饪的词汇。在《文法书》中，他把食物分为食品和调料两类。食品（bhakshya）指的是肉类、豆酱和蔬菜，调料（misra）指的是可与其他食物混合以增加风味的食物，如酥油、芝麻和糖（椰糖和蔗糖）。他还将调料与为使食物变得美味而必须添加的佐料区分开来，佐料包括盐、酸奶、酥油等。制成品（samskrita）一词指的是可以从生产地直接食用的食物，如酪乳、酸奶和牛奶。

波你尼列出了六种大米，并特别指出摩揭陀的萨利米（sali rice）特别好吃。几个世纪后，中国朝圣者玄奘也称摩揭陀的大米"其粒粗大，香味殊越"，闪闪发光，这使它成为富人的首选。其他粮食作物包括大麦、小麦、玉米或黍（Panicum miliaceum，这是穷人的主要食物）。熟米饭（odana）可以单独食用，也可以与肉混在一起。米饭和肉混在一起，再掺杂煮扁豆是一种常见的菜肴。大麦被制成粥，浓稠的粥类似于鹰嘴豆泥状的糊状物，类似于今天印度的糊糊（sattu），稀粥则类似于汤。甘蔗被种植并加工成包括结晶糖和粗糖在内的各种产品。糖果是用酥油、牛奶、粗糖和小麦粉制成的。煎饼（Apupa）是一种用小麦或大麦面粉制成的扁饼，用酥油煮熟，并用糖浆或蜂蜜浸泡，是现代印度煎饼（malpua）的祖先。另一种由捣碎的芝麻和蔗糖（或椰糖）制成的甜食是比哈尔风味小吃芝麻甜糕（tilakuta）的前身。

作为酬劳的补充，家仆会获得食物。当然，他们也可以吃剩饭剩菜，不过谁能吃哪些剩饭剩菜是有严格规定的：餐盆里吃剩的要给家庭理发师，锅里剩下的要给厨师，而饭盆里的剩饭粒要给狗、乌鸦或其他食腐动物。

憍底利耶规定，督察员必须检查市场上售卖食物的制作情况，以确保顾客不受欺骗。例如，当大麦被煮成粥时，应该膨胀到原来的两倍，黍膨胀三倍，普通大米（vrihi）膨胀四倍，昂贵的大米（萨利米）膨胀五倍。在其中掺杂面粉的行为将被处以罚款。城市必须有足够的肉干、鱼干和可储存数年的商品，以用于饥荒救济。

在憍底利耶所描述的王国，主食是大米；他规定了不同人的消耗量，这可能意味着一种配给制度。雅利安成年男子的主食为一数（prastha）[19]大米（1 数 = 大约 0.6 公斤或 1.3 磅），四分之一数豆酱和十六分之一数清黄油或油。妇女的份额为成年男子份额的四分之三，儿童的份额为成年男子份额的二分之一。低种姓的成员只能获得六分之一数的豆酱和二分之一数的油。甚至还有对动物的配额：狗只能吃一数的熟米饭，鹅和孔雀只能吃半数熟米饭。除了米饭和豆酱，还有其他菜肴，包括肉咖喱和鱼咖喱，但没有具体说明数量。《利论》甚至包含一个基本的食谱。

憍底利耶的肉咖喱食谱（Ⅱ.15.47—49）

20 帕拉（pala）肉（约 740 克，1.6 磅）。

0.5 库杜巴（kuduba）的脂肪（约 40 克，1.4 盎司）。

1 帕拉盐（约 40 克，1.4 盎司）。

1 帕拉糖（约 40 克，1.4 盎司）。

2 陀罗尼卡（dharanika）香料（约 8 克，0.2 盎司）。

0.5 薮凝乳（约 300 克，10.5 盎司）。

包括鸟类、野生动物和鱼类在内的所有动物都受到国家保护。屠夫只能出售无骨的新鲜宰杀肉。如果屠夫在肉里掺杂了骨头或缺斤少两，他就必须作出八倍的赔偿。禁止屠宰牛犊、公牛和奶牛，违者处以巨额罚款，这表明在某种程度上禁止屠宰牛。（Ⅱ.26.7—11）

城市和城镇都有出售熟食的公共食堂，这些食堂会定期进行检查，以发现包括外国人和罪犯在内的不良来客。《利论》规定，偷猎将被处以重罚。六分之一的野生动物应该在国家森林保护区内自由自在地生活（这样的规定也可能是用来保护王室狩猎保护区）。其他受到保护，以免遭到"各种骚扰"的动物还包括：大象、马、"人形"动物（可能是猴子）、鹅、婆罗门鸭、鹧鸪、孔雀、鹦鹉和其他鸟类——这与阿育王的保护措施遥相呼应。

酒

憍底利耶介绍了五种酒：

- 弥多迦酒（Medaka）。水、大米、香料粉和草药粉混合物、蜂蜜、葡萄汁、姜黄、黑胡椒和长胡椒发酵而成。

- 波罗娑讷酒（Prasanna）。香料、槟榔（putraka）树皮和槟榔果调制的大米发酵而成。

- 阿娑婆酒（Asava）。木苹果糖和蜂蜜调制而成。它也可以由芝麻和甘蔗汁制成，并以肉桂粉和其他草药和鲜花进行调味。

- 阿利斯塔酒（Aristha）。将水、糖浆和药物放在上罐里，上面覆盖蜂蜜、黄油和长辣椒粉的混合物，再放入大量大麦，至少需要经过七个晚上的发酵。

- 梅利耶酒（Maireya）。用包括葡萄在内的不同原料制成的酒。根据甜味剂的质量有不同的等级，掺入精制糖的是最高等级。

虽然梅利耶酒非常受欢迎，但佛陀明令禁止其信徒饮用。最著名的葡萄酒称为"迦毕式耶那"（Kapisayana），是用生长在阿富汗东北部的迦毕式省（Kapisi）的葡萄酿造的。在印度西海岸出土的双耳瓶碎片表明，公元前1世纪左右（甚至可能更早），从罗马进口葡萄酒的贸易十分繁荣。

酒精饮料的生产和销售由国家垄断，受到酒类大督察管控。《利论》对酒类大督察职责的描述表明当时存在着热闹的酒馆。每个村庄至少有一家被政府监管的商店，它兼有销售和酒馆的功能。这些场所的房间里有床和椅子，并用鲜花装饰。为了避免寻衅滋事的行为，每次只能出售少量酒水，而且只能在酒馆里喝。不过，品行好的人可以把酒带至酒馆外。政府派间谍入驻酒馆，以确保顾客的花费没有超出他们的承受能力，并防止他们隐藏偷来的东西。间谍会特别注意那些"表现得像雅利安人，但和美丽的情妇烂醉如泥"的外国顾客。如果顾客在醉酒时丢失了任何东西，店主必须赔偿损失，同时还要支付罚款。

在举行特殊仪式的场合，每个家庭也可以制作某些酒精饮料供自己使用，其中包括用大米、大麦、葡萄、棕榈、杧果、木苹果、甘蔗、赤铁树（Bassia latifolia）、茉莉花或树皮制成的饮料。在节庆、集会和朝圣的场合，他们可以制作足够饮用四天的饮料，但前提是要向国家上缴一定的份额。

服装和装饰

麦加斯梯尼评论了印度人的精致外表。尽管他们的生活很简单，但"非常重视美，并利用各种方法来改善自己的外表。……他们的长袍是用棉、亚麻或丝绸制成的，并加入金线，再用宝石装饰，他们还穿着用优质薄纱制成的镶花衣服"[20]。

阿利安引用麦加斯梯尼的话，对印度人的穿着做了如下描述：

　　印度人穿亚麻衣服……用亚麻树的纤维制成……这种亚麻的
颜色比其他亚麻都要白……他们所穿的亚麻袍覆盖到膝盖和脚踝
之间（裹裙或缠腰带？）和一半披在肩上，一半卷在头上的衣服。
印度的富人戴象牙耳环……尼阿库斯说，印度人把他们的胡须染
成各种颜色：有些人的胡须看起来非常白，有些人的胡须是深蓝色，
有些人的是红色，有些人的是紫色，还有些人的是绿色。在夏天，
那些有地位的人都会有随从撑伞。他们穿着做工精细的白色皮鞋，
高高的彩色鞋底使他们的个子看起来更高。[21]

图 9.3　中央邦巴户特一座佛塔东门的雕刻《戴有精致头饰的女子》，
该佛塔建于巽伽王朝（公元前 184—前 175 年）

　　可见，普通人穿的是粗棉布衣服；而富人穿的是丝绸和细棉布衣服，
有时还在布料上织上金银丝线。憍底利耶描述了几十种纺织品，包括它们

的产地及织造和染色方法。这些纺织品包括亚麻、羊毛、动物毛发、棉、细纱布和丝绸。虽然人们通常认为丝绸是中国发明的，但哈拉帕也出土了用野生蛾所吐丝线制成的织物。然而，通过栽培桑叶喂养蚕，然后制作丝绸的方法可能是从中国人那里学来的。

来自巴户特的一些雕像展现了富人的服装，这些人可能是富裕的朝臣或有钱的商人。上流社会的男性和女性都穿着三件无缝线的衣服。其中一种被称为下衣（antariya），由白色的棉花、亚麻或棉布制成，有时还绣有金丝。它从腰部开始，裹住臀部，用一条带子系在腰间，并垂至小腿或脚踝。另一种是被称为上衣（uttariya）的长方巾，以不同方式垂下，覆盖身体的上半部分。女性的头发从中间分开，在后面扎两条辫子或一个大发髻，通常饰以吊坠和珠宝。

男性和女性都佩戴由黄金和宝石制成的项链、耳环、手镯、臂章和绣花腰带。耳环不仅大，还特别精致。鼻环在那个时期还没有出现。憍底利耶在《利论》中用若干章节介绍了装饰品生产作坊的监管，这些装饰品的材料包括：金、银、铜、钻石（印度在公元前 4 世纪或前 3 世纪开始开采钻石）、珍珠、红宝石、蓝宝石和其他宝石。（Ⅱ.13.14）

娱乐和休闲活动

狩猎（尤其是围猎野鹿和野猪）是王室和富人的消遣方式。一般来说，他们用带刺的箭射杀猎物，有时也会使用成群的猎犬。憍底利耶认为打猎是四大恶习之一，其他三个分别是赌博、酗酒和淫乱。早在《梨俱吠陀》中就有掷骰子的记载，波你尼描述了两种不同的掷骰子方式。一种是在被分成几个方块的棋盘上玩，这是巴棋戏（Parcheesi）的前身（"Parcheesi"来自梵语的"Panchavimshati"以及印地语或乌尔都语的"pacchis"，意思是"25"）；另一种是国际象棋的前身。人们热衷于打赌和赌博，并在斗鸡、动物比赛和类似的比赛中下注。憍底利耶主张建立由政府管理的赌场，赌场规则要诚实无欺，国家对所有赢家征收 5% 的税。

《利论》列出了职业艺人，其中包括：演员、舞者、乐师、说书人、杂技演员和魔术师。在一些特殊集会上，昼夜都有演出和表演，但阿育王明确反对这些集会。人们在村子里建造了专门建筑来安置艺人，以防止他们与当地人交往而分散工作注意力。体育项目包括摔跤、拳击、射箭和击棍比赛。在东印度妇女中流行节日的采花活动，巴户特和桑奇的大门上描绘了这样的场景。

女性地位

虽然有些父母喜欢为年幼的女儿包办婚姻，但只要年龄一大，女孩往往都会自由选择自己的丈夫。一些女性甚至在吠陀学校学习；还有一些女性成为教师，甚至苦行僧，致力于研究并投身宗教。波你尼提到了专门使用长矛作战的女战士；麦加斯梯尼也讲述了携带武器的女性，她们负责守卫国王的内宫，并陪同国王狩猎。

这个时期的婚姻制度较为宽松，不像后来离婚和寡妇再婚都成为禁忌。憍底利耶告诉我们，只要双方都同意，夫妻能够以相互憎恨为理由离婚。（Ⅲ.3.15—19）如果丈夫长期不在身边，如成为苦行僧或死亡，已经生育的妻子可以在一年内再婚，没有生育的妻子可以在七年内再婚。寡妇也可以成为苦行僧，在这种情况下，她可以保留剩余的嫁妆。当然，寡妇也可以再婚，不过根据憍底利耶的规定，她只能嫁给丈夫家族的男人。然而，如果妻子对丈夫的暴死表现出过度的悲伤，就可以怀疑她谋杀了丈夫。（Ⅳ.7.14）

佛教徒和耆那教都允许女性以比丘尼的身份加入僧团，这是婚姻之外的另一种选择。在建立比丘僧团五年后，佛陀才首次允许女性剃度出家。

第一位剃度出家的女性就是佛陀的姨母摩诃波阇波提·瞿昙弥（Mahapajapati Gotami）。然而，佛教对女性持有一种矛盾的态度。较之于比丘，比丘尼需要遵守更多戒条，因为人们担心女修道者会把男修道者引入歧途。

此外，女人的生活还要受到诸多限制。憍底利耶写道："娶妻的目的是生儿子。"根据《利论》，女人要一直受到父亲、丈夫或儿子的控制，并服从他们。没有丈夫的允许，她不能去游玩，不能去看戏，也不能在丈夫睡着或喝醉的时候离开家。但是，丈夫对妻子的体罚不能超过三巴掌。如果妻子受到虐待，可以离家出走，在生病或其他紧急情况下，不能阻止妻子回娘家探亲。

如果女性无法生育，或者在 12 年内没有生儿子，她的丈夫就可以娶第二个妻子。如果没有儿子，女儿可以继承父亲的财产，但即便没有生下任何子女，寡妇也不能继承丈夫的财产。如果寡妇不再婚，就可以保留对嫁妆和珠宝的控制权。结婚时不是处女的新娘会被处以巨额罚款。乱伦可被判处死刑。男同性恋是非法的（但女同性恋显然并不是非法的）。男性与王后、婆罗门女或女苦行僧发生性关系，女性与奴隶或役工发生性关系，都是犯罪。

通奸是一种很严重的罪行，违反的女性将会受到割掉鼻子和耳朵的惩罚（据称，古印度外科手术的成就之一是使用身体其他部位的皮肤再造鼻子。不过即使是现代医生，也无法重现这种技术）。堕胎是一种严重的罪行。强奸会受到各种惩罚，包括罚款、截肢，如果受害者死亡，甚至会被处以死刑。成为契约劳工或奴隶的女性受到某种程度的保护，以防止受到虐待，如果她们受到虐待或因主人而怀孕，就可以获得自由。

根据憍底利耶的描述，女性是劳动力的一部分。没有其他谋生手段的女性可以在国家机构从事织布和纺纱的工作。因守妇德（指自愿践行某种形式的深闺制度）或出于健康原因而不愿在公共场合露面的妇女可以在家工作。

女性的另一种选择是成为艺伎（ganika）。[22]《利论》用了整整一章来介绍艺伎大督察。（I.27）艺伎的来源有四种：她们要么是艺伎的女儿，要么是买来的，要么是战争中的俘虏，要么是通奸的女性。国家通过经营妓院来控制卖淫，这意味着妓女和艺伎都是国家雇员；但是"以出卖色相为生"的女性如果缴纳六分之一的收入税，就能自己开业工作。"拥有美貌、青春和艺术才能"的女性可以获得丰厚的报酬，也可以获得大量资金配额用于购买珠宝、乐器和其他相关工具。在年长色衰之后，她们就可以充当鸨母。鸨母的工资也很高，但必须向国家提供相关收入的全部账目。

在梵语戏剧中，艺伎通常说梵语，而仆人和其他地位较低的人说的是俗语，这表明艺伎受过良好的教育。艺伎应该多才多艺，包括唱歌、演奏乐器、绘画、读心术、制作香花、按摩和房中术。（II.27.28）

一些家庭专门从事艺伎行业，而艺伎的儿子往往会接受训练成为戏剧和舞蹈表演的制作人。在去世或退休后，鸨母的财产只能由女儿、姐妹或副手继承。虽然艺伎要为所有客户服务，但任何欺骗、伤害或绑架艺伎的人都会受到严厉的惩罚。另一方面，如果国王令其服务某个人，而艺伎抗命不从，可能会被鞭笞 1000 下，或者被处以巨额罚款。对客户表现出反感的艺伎将被处以酬金一半的罚款，而杀死客户的艺伎将被活活烧死或淹死。《利论》提到这些惩罚，表明这类问题一定经常出现。

在主要贸易路线沿线的城镇中，妓院生意兴旺，许多主顾都是富有的商人。有些艺伎变得非常富有，她们资助寺院，捐钱行善，在饥荒期间为饥饿的人提供食物。毗舍离的名妓菴摩罗女（Ambapali）曾经施食供养佛陀和 1250 名僧人，并将一座花园供养给僧团。

第 10 章

孔雀王朝的衰落

公元前 232 年，阿育王去世后，孔雀王朝的庞大帝国在短短 52 年内就灭亡了。公元前 185 年，孔雀王朝的最后一任国王巨车王在检阅军队的时候，被军队的婆罗门指挥官巽伽族的华友杀死。

在阿育王和华友之间很可能经历了六位孔雀王朝统治者。但由于缺乏可靠和一致的信息，这个数字是不确定的。耆那教和佛教编年史对旃陀罗笈多和阿育王死后的历史鲜少记载。而考古证据上，除了十车王在即位后于龙树山所书刻的三处铭文之外，也没有发现其他铭文。

我们的主要信息来源是《往世书》，但是这部著作制造的问题比解决的问题更多。虽然所有《往世书》一致认为孔雀王朝总共统治了 137 年，但它们彼此之间（甚至同一部《往世书》内部）对统治者的名字和统治时间都存在分歧，这表明孔雀王朝在当时一定是处于混乱和衰落的状态。如果说前三位君主——旃陀罗笈多、宾头沙罗和阿育王——统治了 85 年，那么其余几位的统治时间约为 52 年，这意味着，他们各自统治的时间都很短。

人们在某种程度上确定，历史上存在着如下六位国王。他们是：

- 十车王，在位 8 年（约公元前 232—前 224 年）。
- 三钵罗底（Samprati），在位 9 年（公元前 224—前 215 年）。
- 舍利输迦（Salisuka），在位 13 年（公元前 215—前 202 年）。
- 提婆伐摩（Devavarman，又被称为 Somasarman），在位 7 年（公元前 202—前 195 年）。
- 萨塔陀拉（Satadhanvan），在位 8 年（公元前 195 年—前 187 年）。
- 巨车王，在位 2 年（公元前 187—前 185 年）。

历史学家对阿育王与钵摩婆底所生之子鸠那罗是否当过国王存在分歧。根据《阿育王传》的说法，阿育王的邪恶王后低舍罗绨多利用阴谋导致鸠那罗失明，但只有部分《往世书》将他作为阿育王的继承人。佛教典籍并没有提到他是继承人，如果作为佛教徒的鸠那罗真的继承了王位，佛教徒应该会记载下来。根据当时的习俗，他的失明可能是继位的一个障碍。

中文佛经提到过鸠那罗。根据中文的记载，阿育王在位时派鸠那罗担任总督，鸠那罗政绩斐然、深受欢迎，于是，阿育王决定把帝国疆土从印度河到中国边境的地区分割出来，置于鸠那罗的治下。这些地区可能需要保护，以免遭受巴克特里亚王国希腊人的入侵。塔帕尔认为，这可能表明阿育王的帝国在他去世前后便分裂了。西部地区，包括犍陀罗和克什米尔，由鸠那罗统治，东部地区由阿育王的孙子十车王统治。[1]

另一种说法是孔雀王朝被十车王和三钵罗底分而治之。佛教和耆那教文献称三钵罗底是鸠那罗的儿子，而《往世书》则声称他是十车王的儿子。其他资料说他们都是阿育王的孙子，也就是说十车王与三钵罗底是兄弟或堂兄弟。

根据克什米尔编年史《诸王世系》，阿育王的继任者是阇卢迦（Jaluka）。据说，当时阿育王祈祷能有一个儿子来消灭西北部的外国人，于是阇卢迦便降生了。据说阇卢迦信仰湿婆，敌视佛教，这可能就是佛教和耆那教典籍中没有提到他的原因。他的王国覆盖了克什米尔和犍陀罗，后来又扩张到印度北部的部分地区。甚至还有人认为，阇卢迦这个名字也可能是鸠那罗的讹误。

在耆那教的资料中，阿育王的继任者是三钵罗底，耆那教的作者赞赏他反对佛教。据说他曾在乌阇和华氏城两地治理孔雀王朝。这可能意味着帝国西部的首都已经从华氏城迁到乌阇，以应对来自古希腊人建立的巴克特里亚王国的越来越大的压力。三钵罗底的继承者是舍利输迦或十车王。十车王是正命派的支持者，他在龙树山上为正命派开凿了洞窟，并书刻铭文以纪念自己的供养。关于十车王的其他情况，人们所知甚少，他即位时大约20岁。

西方唯一叙及后阿育王时代的是古希腊历史学家波利比乌斯（Polybius）。他在公元前206年写道，叙利亚的安条克三世渡过印度河，与印度国王重修旧好，印度国王赠予他150头大象，"这是国王同意赠予他的财富"。波利比乌斯称这位印度国王为幸军王（希腊语：Sophagasenos，梵语：Subhagasena），但因为这个名字在其他地方没有出现，所以无法确定他的身份。但这份资料表明，当时孔雀王朝已经失去了西北部的一些领土。

孔雀王朝为什么会灭亡？

孔雀王朝的灭亡是突然而且具有戏剧性的。原因很多，一些人指责阿育王；另一些人为他辩护。一个可能的解释是，阿育王之后的国王缺乏他的远见和能力，无法保持帝国的统一。
对任何国王来说，统治如此庞大且多样
化的帝国都是一种挑战。孔雀王朝包括
处于不同经济发展阶段的地区，有许多
部落和民族，他们说不同语言、信仰不
同宗教、有不同习俗。正如《利论》明
确指出的那样，那个时代的人们没有国
家意识，他们只忠诚于国王而不是国家。
即使地方统治者抵抗希腊人的入侵，也
是为了保护自己的领土。国王统治着帝
国的核心地区，因此需要他具有智慧、
精力和能力。虽然我们对阿育王继任者

图 10.1　梅拉·穆克吉（Meera
Mukherjee）的雕塑作品《羯
陵伽的阿育王》，位于新德里
孔雀酒店（ITC Maurya）

的性格和能力知之甚少，但他们很可能无法像阿育王那样能干。他们也不
能延续阿育王的正法政策，如果他们对正法的意义缺乏了解，并且有自己
的宗教或哲学信仰，那么情况就更是如此了。正法基本上是阿育王独有的
个人哲学。

孔雀王朝的官僚主义可能是另一个原因。因为需要维持庞大的军队和
政府官员队伍，政府的资源肯定捉襟见肘。在阿育王的一些敕令中提出，
他的指示总是无法有效传达给官员，而且他们并不总是能理解他的旨意。
行省的官员通常是本地人，他们有相当大的自由，从而会产生脱离中央政
府的离心力。斯坦利·坦比亚（Stanley Tambiah）写道，孔雀王朝是建立
在一个"类似星系般的结构上，较小的政治复制体围绕着中央实体旋转，
处于裂变或合并的永恒运动中"。[2]

由于官员们只是效忠国王而不是国家，统治者的更换可能会带来严重
问题，即导致叛乱或敌对势力的攻击。《利论》中有一章专门讨论了国王

的大臣可以采取哪些措施来防止这样的灾难（V.6.94—95）。国王的去世也可能意味着高级官员的更换或退休，从而缺少连续性。塔帕尔认为，这种情况原本可以通过竞争性考试制度来避免。[3]

另一种说法是，阿育王正法的和平政策削弱了帝国的实力。在第十三摩崖敕令（羯陵伽敕令）中，阿育王表示希望他的子孙后代不要寻求新的军事征服，而要将正法的胜利视为唯一真正的胜利。拉伊乔杜里认为，阿育王背离了他的祖先那种富有进攻性的军国主义，严重损害了孔雀王朝的军事效率。他写道："随着羯陵伽战场上最后发出的痛苦哀号声，摩揭陀帝国的军事热情消失了。"因为阿育王呼吁他的子孙后代"避免新的征服，避免流血，这表明，对于由旃陀罗笈多和旃那克耶通过卓越天才所建立的宏伟建筑，他们无法肩负起维护其完整性的任务"。[4]

历史学家乌宾德·辛格（Upinder Singh）在一定程度上同意这一观点："仅仅经过早年的一次战役便建立起长期的统治，这可能对军队的动员能力产生了不利影响。"[5]然而，铭文中没有任何迹象表明阿育王在羯陵伽战役后解散了军队，更没有任何迹象表明他是一个彻底的和平主义者。例如，阿育王并没有废除死刑。他向反叛的部落地区发出严厉警告，声称他对违法行为的赦免是有限度的。在羯陵伽战役之后，他似乎没有发动其他战争，这可能是因为没有更多的领土需要征服。他的边境是安全的，并且与邻国保持着友好关系。

拉伊乔杜里还认为，偏远行省的官员始终受到压制，这才导致了叛乱。他列举了在宾头沙罗统治时期，阿育王被派去镇压塔克西拉的叛乱，还列举《阿育王传》中记载鸠那罗王子被派遣去平息叛乱。可是，这两个故事都来自佛教的叙述，并不完全可靠。因此，拉伊乔杜里进一步指出，在羯陵伽敕令中，阿育王警告他的官员，在没有正当理由的情况下，不要不公正地监禁或折磨民众，并且还承诺轮换那些"性情不温和、漠视生命神圣性"

的官员。阿育王认为有必要列入这一警告，这表明并非所有官员都是性格温和、尊重生命的。然而，这一警告只出现在羯陵伽敕令中，阿育王可能急切地想获得当地人民的效忠。

关于阿育王的佛教传说都有这样一个故事：在阿育王统治末期，他几乎被剥夺了权力。《阿育王传》讲述了他因为供养僧团耗尽国库，在生命的最后一刻哀叹道："我失去了权力，只拥有半颗阿摩勒果。"在 2 世纪的梵文典籍《庄严经论》（*Sutralamkara*）中，阿育王对他的官员说："我的权力已经丧失。当我拥有权力的时候，没有人敢反对我，也没人背叛我，所有的叛乱都被平息。"玄奘提到阿育王的一些大臣篡取权力，他引用阿育王的话说："我已经被背信弃义的强臣所掌控。"即"见逼强臣，天下非已"。阿育王在其统治的最后几年没有留下铭文，这一事实可以成为这种说法的佐证。

历史学家哈拉普拉萨德·夏斯特里（Haraprasad Shastri，1853—1931 年）提出的另一种解释是，巽伽族的华友得到了孔雀王朝婆罗门的支持。那些婆罗门憎恨阿育王对佛教和异端团体的支持，憎恨他禁止祭祀，还憎恨他任命大督察，因为这样就削弱了婆罗门的地位和声望。[6] 邦迦德、列文同意这一观点，指出阿育王的偏爱佛教的倾向肯定会引起其他宗教团体的批评。[7] 然而，反祭祀运动的根源可以在吠陀经中找到，这并不是阿育王或佛教独有的。阿育王在铭文中从未将佛教作为国教，他敦促人们尊重沙门和婆罗门。众多的大督察很可能是从婆罗门阶层中挑选出来的，华友是阿育王的将军，本身就是婆罗门，这一事实表明婆罗门并没有受到歧视。

有些人谈到了经济原因。高善必认为，孔雀王朝似乎陷入了财政困境，这一点从货币的持续贬值中可以看出。[8] 他还声称，孔雀王朝无法继续扩张基础资源，主要原因是恒河流域开垦出来的森林土地特别肥沃，而王朝疆域已经扩展到了土壤远不如恒河流域肥沃的地区。缺乏合适的交通工具也可能是经济发展的一个障碍。南比哈尔邦的矿山开始被洪水淹没，而南印度的金属由于地处偏远部落，很难开采和垄断。国家主导的商品生产将采矿的角色让位给了村庄。[9] 另一方面，考古发现表明，当时的经济在不断扩张，物质条件也有了很大的改善。新兴的商人阶层利用剩余财富来装饰宗教建筑，如巴户特和桑奇的宗教建筑。

希腊人的入侵也削弱了孔雀王朝的实力。大约在公元前 250 年，巴克特里亚总督狄奥多特（Diodotus）宣布从塞琉古帝国独立。巴克特里亚王国位于奥克苏斯河以南，兴都库什（其与孔雀王朝的边界）以北，相当于今天阿富汗北部和乌兹别克斯坦的一部分。巴克特里亚不仅高度城市化，还很繁荣，被称为"千城帝国"。狄奥多特的继任者扩张了这个帝国，大约在公元前 180 年，希腊的巴克特里亚国王狄米特琉斯（Demetrius）越过孔雀王朝的边境，征服了阿富汗南部和印度西北部的部分地区。如果孔雀王朝不是已经处于混乱状态，古希腊人对西北部的入侵（至少在短期内）可能会遭到抵制。

公元前 175 年，巴克特里亚军队已经抵达华氏城。但公元前 145 年左右，他们失去了对巴克特里亚的控制，同时仍继续统治次大陆的西北地区。这个所谓的印度－古希腊（或印度－巴克特里亚）王国[10] 延伸到今天的旁遮普邦、哈里亚纳邦、查谟和喜马偕尔邦，并持续统治到 1 世纪初。在印度－希腊国王［尤其是弥兰陀一世（Menander I），公元前 165 或前 155—前 130 年在位］统治期间，佛教非常兴盛。据说，弥兰陀一世在阻止华友的进攻后皈依了佛教。弥兰陀一世的都城是舍竭拉（Sagala，现在在巴基斯坦的锡亚尔科特），他的控制范围可能已经延伸到华氏城，迫使华友将他的首都迁到毗底沙。

公元前 185 年，巽伽族的华友刺杀了孔雀王朝最后一位君主巨车王，这与其说是一场人民革命，不如说是一场政变。在长达 112 年的时间里，巽伽王朝的历代国王继续统治着一个不断萎缩的帝国，最终覆盖的领土与旃陀罗笈多崛起之初的摩揭陀王国差不多大。巽伽帝国横跨孔雀王朝的中部，包括印度河－恒河平原中部、恒河上游和马尔瓦东部，但它并不是孔雀王朝那样的中央集权国家，而更像是一个分封制国家。它以毗底沙为中心，周围有一圈附属国，其中一些附属国有足够的自主权来发行自己的硬币。巴沙姆写道，除了笈多帝国和一些小帝国之外，"所有后来的印度帝国都属于半封建状态，松散而不稳定……总的来说，后孔雀时代的印度历史是不同王朝争夺地区统治权的历史，在近 2000 年的时间里，印度失去了政治上（而非文化上）的统一"[11]。在佛教传统中，华友是婆罗门教的忠实支持者，也是佛教的狂热反对者，他摧毁了阿育王建造的八万四千座佛塔。据说，他甚至试图恢复古老的马祭仪式，而这种仪式在孔雀王朝时代从来没有举行过。然而，这可能是一种夸张的说法。更有可能的是，在婆罗门的帮助下，人们恢复了在阿育王统治时代不被鼓励的做法。此外，在巽伽王朝统治期间，佛教在南亚次大陆和其他地区继续扩张，建造了一些宏伟的建筑——特别是在巴户特和桑奇的佛教场所建造了一些佛塔和石柱，佛教艺术也很繁荣。

巽伽王朝一直与国内外势力交战，这些势力包括羯陵伽、德干的百乘王朝（安达罗）和印度－古希腊王国。根据《往世书》，巽伽王朝持续了 112 年，大约在公元前 75 年结束。华友统治了 36 年后，他的儿子火友（Agnimitra）继位。和孔雀王朝类似，最后一位巽伽王朝的统治者提婆菩提（Devabhut）被他自己的大臣婆薮提婆（Vasudeva）推翻。婆薮提婆创立甘婆王朝（公元前 75—前 30 年），但是很快就灭亡了。关于该王朝，人们所知甚少。

接下来的大雷云乘王朝（Mahameghavahana，约公元前 1 世纪至 5 世纪）以羯陵伽为中心，曾一度控制印度东部和中部的大部分地区。其最著名的统治者是迦罗卫罗（Kharavela），他护持着耆那教。我们从婆罗米语的象窟（Hathigumpha）铭文中可以了解到他的成就，此铭文书刻在距离达乌里阿育王摩崖敕令仅 10 千米的岩壁上。

在南印度，孔雀王朝的解体导致了百乘王朝的出现，该王朝控制着今天的特伦甘纳、安得拉邦、马哈拉施特拉邦，有时还控制着邻近的部分地区。百乘王朝从公元前 3 世纪或公元前 2 世纪开始统治，到 3 世纪时，已分裂成若干更小的国家。百乘王朝同时支持婆罗门教和佛教。在此期间，在统治者和一些个人的支持下，人们建造了几座寺院和大型佛塔。

大约在公元前 2 世纪，来自中亚印欧语系部落的塞迦人开始入侵印度西北地区。到 1 世纪时，塞迦诸王已经取代希腊人，征服了北印度的大部分地区，统治区域西至浦那，北至乌阇，并将乌阇作为首都。其后是贵霜人，这是另一个印欧语系的民族，他们在 1 世纪征服了整个印度西北部和北部的大部分地区。

贵霜王朝最伟大的统治者是迦腻色伽（Kanishka，约 127—150 年在位），他统治着一个非常大的帝国，从中国的边境延伸到华氏城、乌阇、憍赏弥、马图拉和德干高原。在当时，东西方的贸易往来频繁。迦腻色伽的两个首都分别位于今天的白沙瓦（Peshawar）和卡皮萨（Kapisa）。他是一个仁爱之君，护持不同的教派和宗教，包括祆教、希腊诸神，甚至地方性拜蛇教。迦腻色伽也是佛教的大护法，并主持了在克什米尔举行的第四次佛教结集。贵霜王朝的统治在 2 世纪或 3 世纪结束。

在迦腻色伽统治时期，犍陀罗艺术流派兴起，它融合了不同的艺术传统（包括伊朗、希腊－罗马和印度艺术），并产生了一些精妙绝伦的印度雕像。犍陀罗风格的雕塑所塑造的佛陀通常穿着希腊－罗马式长袍。人们凿开山崖雕刻出巨大的造像，其中包括著名的阿富汗巴米扬大佛，该佛像在 2001 年被塔利班摧毁。

320 年，笈多族的旃陀罗（Chandra）在华氏城即位，并获得了"万王之王"的崇高称号。通过迎娶强大的离车族之女，他提高了自己的地位，赢得了对印度河－恒河平原东部和中部（包括摩揭陀）的控制。他的儿子海护王（Samudra Gupta，335—375 年）扩大了帝国的版图，最终覆盖到除最南部以外的大部分次大陆地区。

图 10.2   位于中央邦的桑奇大佛塔，建于公元前 3 世纪

笈多王朝试图象征性地将自己与孔雀王朝联系起来。王朝创始人通过"笈多"将自己与孔雀王朝创始人联系在一起，而海护王将自己的颂词刻在了阿育王敕令旁边。笈多王朝的首都是华氏城，以旃陀罗笈多和憍底利耶为主角的戏剧《指环印》创作于笈多王朝的旃陀罗二世统治时期。

笈多王朝的权力在旃陀罗二世（约 375 — 415 年）时期达到巅峰。这一时期的文化生活充满活力，有时被称为古印度的黄金时代。它见证了梵语剧作家迦梨陀娑的戏剧创作、阿旃陀石窟壁画、数学成就（包括首次使用数字"0"）、杰出的雕塑和寺庙建筑。与孔雀王朝不同，笈多王朝信奉婆罗门教，毗湿奴和湿婆等神开始取代古老的吠陀神，获得人们的崇拜。向婆罗门发放土地的现象始于百乘王朝，在笈多王朝有所增加。然而，笈多王朝的统治者也支持佛教徒和耆那教，桑奇仍然是一个重要的佛教中心。中国旅行家法显提到了笈多王朝国内的和平和仁政，人们鲜少犯下重罪，佛教持续繁荣，但是主张有神论的印度教也很盛行。巴沙姆写道："在此时期，印度可能是世界上最幸福、最文明的地区，因为衰败的罗马帝国正被蛮族分割，而中国正经历着汉唐之间的混乱时期。"[12]

来自北方的另一个民族——匈奴的入侵削弱了笈多王朝，使其分裂为若干小王国。605 年，印度国王曷利沙·伐弹那（Harsha Vardhana，605—647 年）创立了一个短命王朝，该王朝的中心位于今天北方邦的卡瑙杰（Kannauj），他曾部分恢复了笈多王朝的政治制度。作为佛教徒，他可能一直在效仿阿育王，在全国各地巡行，会见臣民，在路边建造旅馆和医院，甚至曾经禁止捕杀动物（至少在一段时间内如此）。他还为那烂陀大学（University of Nalanda）增建了一座大型建筑，当时这所大学有多达 4000 名学生。曷利沙在卡瑙杰举行了一次著名的集会，邀请不同宗教的代表发表各自的观点。在尚未指定继承人的情况下，曷利沙被刺身亡，他的王国分裂成若干更小的王国，其中包括位于孟加拉的波罗王朝，该王朝在 9 世纪早期达到鼎盛时期，是次大陆北部的主导力量。

第 11 章

孔雀王朝的遗产

虽然直到 19 世纪阿育王石柱被重新发现之前，阿育王的名字和遗产在印度几乎被人遗忘，但在佛教占主导地位的国家，阿育王的盛名一直在流传。在阿育王去世后的几个世纪里，有关阿育王的文献被翻译成许多种语言，他成为佛教领袖的典范。然而，正如约翰·斯特朗指出的那样："从历史学的角度讲，世界各地的佛教徒实际上对阿育王一无所知。相反，他们对阿育王的热情几乎完全基于围绕他而产生的佛教传说。"[1]

中国和东南亚的阿育王

1 世纪时，来自印度的弘法僧人很可能通过陆上丝绸之路，途经阿富汗和中亚，将佛教传入中国西部。在随后的几个世纪里，中国学者和朝圣者前往印度学习并收集写本。其中最著名的是法显（活跃于 400 年左右，他在 337—422 年期间游历了印度）和玄奘（602—664 年）。几个世纪后，他们的旅行记录为亚历山大·卡宁厄姆（Alexander Cunningham）和其他寻找孔雀王朝历史遗址的人提供了宝贵信息。玄奘注意到印度在中亚的影响，因为中亚人使用的正是印度文字的变体。

在 2 世纪中期，佛教经文首次被翻译成中文。因为和道教一样，佛教强调禅修和禁欲，因此早期的中国人将佛教与道教联系在一起，结果佛教很快被精英和知识分子所接受。来自印度和中亚的僧人前往中国教授佛法并翻译经文，其中就包括阿育王的故事。《阿育王传》在 281 年被翻译成中文。这些作品将阿育王理想化为拥有半神地位的统治者，这正是佛教的理想君主。《阿育王经》是在崇佛的梁武帝（502—549 年在位）支持下于512 年翻译完成的。梁武帝推崇素食，禁止动物祭祀，并效仿阿育王，举行大型佛教供养仪式。他还树立阿育王的雕像，并认为这些雕像具有神奇的力量。

阿育王的故事对短命的隋朝开国皇帝隋文帝（581—603 年在位）有重大影响。[2] 隋文帝出生在寺院，由一位尼姑抚养长大，他以阿育王为榜样，努力效仿阿育王的政治和宗教理想。在早期的统治中，隋文帝因平息叛乱导致许多人丧生，他因此表示忏悔，赦免了两万名罪犯，并推崇素食和善待动物，包括禁止在特定的日子宰杀动物。

隋文帝支持兴建寺院，积极扶持佛教，并对寺院广作供养。他派使者向全国 30 个州分送佛陀舍利。他还效仿阿育王的方式兴建佛塔，并在敕建佛塔的诏书中经常提到阿育王。同时，像阿育王一样，他一直默默为其他宗教提供支持，也就是说，支持儒家和道家（但是在生命的最后阶段，他拆除了所有的儒家学校，只保留京城的）。

他的儿子隋炀帝（604—617 年在位）继承了他崇信佛教的传统，立誓护持僧团，但隋炀帝死后，隋朝随之解体。在唐朝（618—907 年）之时，人们对阿育王的兴趣再次复苏。女皇武则天自称"金轮圣神皇帝"，并赞助翻译了另一部阿育王故事。

菩提伽耶是佛陀在菩提树下成道的所在地，成为世界各地佛教徒朝圣的重要场所。菩提伽耶的主要建筑摩诃菩提寺位于菩提树旁边。[3] 来自中国、日本、缅甸、尼泊尔、锡金、斯里兰卡、泰国、越南等地的佛教徒，在当地建造了反映各国建筑风格的寺院。例如，日本寺庙的形状像一座宝塔，而泰国寺庙有一个倾斜的弧形屋顶，上面覆盖着金色的瓦片，在寺院内部，有一尊巨大的青铜佛像。菩提伽耶出土的印章和牌匾铭文记录了缅甸人从中世纪开始对摩诃菩提的"修复工作"。阿育王在这些铭文中占据了重要地位。1875 年，缅甸国王敏东请求印度政府允许修复"正法阿育王建造的神圣塔庙"。

阿育王的一个遗产就是他作为佛教护法君主的典范。斯特朗写道：

> 各地的佛教徒都把传说中的阿育王视为理想的君主。在斯里兰卡、泰国、老挝和缅甸等上座部佛教国家，阿育王被描绘成典范式的统治者，一个值得骄傲地追忆并效仿的榜样。同样，在中国、韩国和日本，阿育王的传奇故事也激励和引领了许多信奉佛教的国王，他们有意识地以阿育王的传奇为榜样来治理国家。[4]

佛教的理想君主包含几个要素：国王并不认为君权神授，而且必须护持佛教僧团，并赢得他们的认可。为了实现这个目的，他需要兴建寺院、修建佛塔，并支持僧人的剃度。就像阿育王通过主持会议解决僧团分歧一样，在解决教理和僧团争端上，许多后来的统治者也发挥了作用。作为转轮圣王，国王拥有灵性上的功德与智慧，并为臣民树立了道德榜样。

泰国统治者也试图效仿阿育王。其中一部编年史讲述了 15 世纪一位名叫蒂洛卡拉特（Tilokrat）的统治者曾被奉为神明，这样就能"像阿育王一样"具有征服大陆的力量。他仿照摩诃菩提寺在清迈建造了一座寺庙。"正法阿育王"（泰语：Thammasokorat）成为当地的尊贵头衔。考古学家在当地发掘出与阿育王所造石柱类似的有冠石柱，在一处围栏内甚至还有一根立柱，柱头上的四头狮子抱着一个辐轮，这与鹿野苑的石柱非常相似。最初，人们认为它建于 13 世纪，但后来发现它是清迈悟孟寺（Wat Umong）佛教僧团在更晚的时候建造的混凝土复制品。1566 年，老挝国王赛塔提拉（Setthathirat）在万象建造了塔銮（That Luang）大塔，以加强"正法之王"（Dhammaraja）的王权概念。人们普遍认为这座大塔前身为一根古代石柱，由阿育王建立以供奉佛陀舍利。

柬埔寨的诺罗敦·西哈努克亲王（Norodom Sihanouk, 1922—2012 年）倡导佛教社会主义政策，认为阿育王是良好行为和国家进步的典范。

流行文化中的孔雀王朝

有关孔雀王朝的真实或虚假故事（尤其是旃那克耶的故事）长期以来一直是流行戏剧的主题。关于旃陀罗笈多和旃那克耶关系最著名的作品是《指环印》，这是一部创作于 4 世纪晚期至 6 世纪之间的梵文戏剧。[5] 作者可能是笈多王朝旃陀罗二世宫廷的高级贵族。

《指环印》的主角是旃那克耶，因为难陀王朝羞辱性地驱逐了他，他一心想要报复难陀王朝。作为年轻国王旃陀罗笈多的辅臣，旃那克耶想要获得旧朝辅臣罗刹（Rakshasa）的支持。罗刹以忠于旧朝而闻名，这既是他的优点，也是他的弱点。这部戏剧剧情复杂，涉及诸多变节、背叛和双重间谍的情节，其中一些人更是在不知情的情况下被用作间谍。标题中的"指环印"指的是旧朝辅臣罗刹的图章戒指，旃那克耶成功利用这枚戒指诬陷了他。虽然旃陀罗笈多可能在旃那克耶的帮助下推翻了难陀王朝，但此部戏剧中的环境和大多数角色都是虚构的。旃陀罗笈多被塑造成一位温顺、毫无经验的年轻人，成为旃那克耶的傀儡。

和其他梵文戏剧一样，这部戏剧由专业演员在户外简易平台上演出。

在该剧中，受过教育的上层人士说梵语，下层人物说当地的俗语。根据出生地，剧中角色甚至需要讲各种不同地方的俗语。

该剧的最近一个剧本是孟加拉作家德威金德拉拉尔·罗伊（Dwijendralal Ray，1863—1913 年）于 1911 年创作的《旃陀罗笈多》。在此版本的戏剧中，在马来国王旃陀罗克杜（Chandraketu）、旃那克耶和摩揭陀前朝辅臣的帮助下，旃陀罗笈多推翻了难陀王朝。该剧还有一个浪漫的从属情节，涉及塞琉古的女儿和旃陀罗克杜的妹妹，他们都成为旃陀罗笈多的妻子。该剧包含了由作者创作的八首歌曲，并衍生出好几个版本——泰米尔语版本、电视连续剧《旃那克耶》，在 2006 年甚至还有一部与它情节相同的梵语电影，但背景是现代的。[6]

孔雀王朝是很多电影的故事背景。其中最早的一部是 1941 年的史诗剧《亚历山大》（*Sikander*），讲述了亚历山大与国王波鲁斯相遇的故事。该片在印度独立斗争期间上映，激起了印度人的民族主义情绪，在一些英国军事区的电影院，甚至被禁止上映。1945 年，它被重新命名为《亚历山大大帝》（*Sikander-e-Azam*）。另一部早期电影是 1941 年的泰米尔语电影《阿育王的王子》（*Ashoka Kumara*），改编自鸠那罗王子被王后低舍罗缔多诱骗并弄瞎眼睛的故事。在这部电影中，最后，佛陀恢复了鸠那罗的视力——这是 M.G. 拉马钱德兰（M. G. Ramachandran）早期出演的电影之一，他在该片中饰演阿育王的儿子摩哂陀，拉马钱德兰后来成为泰米尔纳德邦的首席部长。

同年，印地语电影《奇拉莱卡》（*Chitralekha*）上映，这部电影改编自巴格瓦蒂·查兰·维尔玛（Bhagwati Charan Verma）1934 年出版的同名小说。它讲述了年轻的将军毕杰笈多（Beejgupta）和旃陀罗笈多共同爱上艺伎奇拉莱卡的爱情故事。为了增加趣味性，故事中还穿插了一个有关旃那克耶的从属情节。这部电影的票房取得了巨大成功，1964 年被重新制作。

关于阿育王的小说和电影经常借鉴佛教叙事，因此这些故事里充满了戏剧性情节。《阿育王大帝》（*Ashoka the Great*）是一部戏剧化地描述阿育王早期生活的史诗电影，由桑托什·斯万（Santosh Sivan）导演和编剧，并在威尼斯和多伦多电影节上映。根据历史学家阿丽克斯·冯·藤泽尔曼（Alex von Tunzelmann）的说法，尽管有些情节是虚构的，而且过分强调了造型和印地语流行歌曲，但这部电影"基本上没有混淆已知的事实"。[7]

从 20 世纪 90 年代初开始，关于孔雀王朝和憍底利耶的电视连续剧逐渐出现在印度电视上。第一部是 47 集的史诗电视剧《旃那克耶》（*Chanakya*），从 1991 年 9 月 8 日到 1992 年 8 月 9 日在全印度电视台（Doordarshan National）全国频道播出。该剧以旃那克耶在公元前 340—前 320 年间的生活事件为基础，其中包括他在摩揭陀的早期生活、亚历山大的入侵和撤离、难陀王朝的推翻和旃陀罗笈多的加冕。这个故事是根据《利论》、佛教和耆那教文献和戏剧《指环印》改编而成，在经济和艺术上都取得了成功。电视剧《孔雀族的旃陀罗笈多》（*Chandragupta Maurya*）于 2011 年在印麦金电视台（Imagine TV）首次播出，并于 2018 年在索尼电视台（Sony TV）重播。《转轮圣王阿育王》（*Chakravartin Ashoka Samrat*）是一部 20 集的电视剧，于 2015 年 2 月至 2016 年 10 月在彩色电视台（Colours TV）播出。该片获得广泛的国际报道，随后又在缅甸、柬埔寨、印度尼西亚、斯里兰卡、泰国、越南和加纳上映。2005 年上映的《鸠那罗传奇》（*The Legend of Kunala*）则特别强调了阿

图 11.1　《阿育王大帝》（2002 年，导演：桑托什·斯万）的领衔主角沙鲁克·汗（Shah Rukh Khan）

育王和儿子鸠那罗之间的关系。

从 2017 年 11 月开始，电视剧《波鲁斯》（*Porus*）在索尼电视台播放了一年，该片以赫达斯庇河战役为背景，在当时是印度电视剧中制作费最昂贵的系列片。该片被译制成泰米尔语，版权还被卖给一些东南亚国家。《波鲁斯》完成后，索尼电视台就开始制作新剧《孔雀族的旃陀罗笈多》（*Chandragupta Maurya*），该剧的第 200 集于 2019 年 8 月播出。

这些影视作品以知名的宝莱坞演员为主角，其中包括：阿米塔布·巴强（Amitabh Bachchan）、费萨尔·汗（Faisal Khan）、沙鲁克·汗和普里特维拉杰·卡普尔（Prithviraj Kapoor）。所有影视剧作品都将阿育王塑造成英俊魁梧的形象。人们将更多的注意力放在视觉带来的真实感受上，所以对事实性就没那么注重了。在西方，2004 年由奥利弗·斯通（Oliver Stone）执导、科林·法瑞尔（Colin Farrell）主演的电影《亚历山大大帝》（*Alexander the Great*）中有几个场景看起来是在印度拍摄的，但实际上是在泰国拍摄的。

孔雀王朝和政治

阿育王和孔雀王朝成了政治象征。在印度争取独立的斗争中，印度历史学家一向将阿育王描绘成民族领袖。是他创建了一个统一的印度，并对抗外来的影响。阿育王的正法哲学被视为圣雄甘地非暴力反抗英国的先声。阿育王最著名的一位崇拜者是印度首任总理贾瓦哈拉尔·尼赫鲁，据说他总是随身携带一份阿育王敕令，并给自己唯一的孩子取名英迪拉·普里雅达希尼（Indira Priyadarshini。译注：阿育王在敕令中自称"Priyadarshini"，意思是"可爱的"，一般翻译成"天爱王"）。尼赫鲁将阿育王视为创建强大的世俗化和中央集权政府的典范。他在《印度的发现》一书中写道：

在漫长的历史进程中，在当时的条件下，印度在政治上的分裂是不可避免的。然而，印度政治统一体的想法一直存在，历代君王都试图实现它。在 2000 年前，阿育王确实实现了印度的统一，建立了一个远比今天英国在印度统治规模更大的帝国。[8]

作为世俗主义和国际主义的倡导者，尼赫鲁将阿育王的法轮置于印度新国旗的中心。他还把鹿野苑石柱、柱头雄狮和"唯有真理得胜"（Satyameva Jayate）的格言都变成了印度的国家象征。这些象征出现在纸币、硬币和政府官方文书用具上。20 世纪 50 年代，当印度计划建造一座酒店来主办第九届联合国教科文组织会议时，尼赫鲁建议将其命名为阿育王酒店。在 20 世纪 50 年代，新德里的一大片土地被开发为新印度的外交飞地，并以旃那克耶的名字命名为旃那克耶浦里（Chanakyapuri）。2014 年，阿育王大学在哈里亚纳邦的索尼伯德（Sonepat）成立——这是一所私立文理学院。

尽管圣雄甘地不像尼赫鲁那样崇拜阿育王，但他采用了与佛教有关的两个工具——不害和实践真理（Satyagraha）——领导了印度的独立斗争。甘地写道，佛陀是"不害主义"[9]最伟大导师，他"教导我们藐视表象，相信真理和爱将会获得最终的胜利"。与灵性导师斯瓦米·维韦卡南达（Swami Vivekananda）和罗摩克里希纳（Ramakrishna）一样，甘地也信奉"一切法与信仰都是可能的"（sarva-dharma-samabharva）。《梨俱吠陀》中也有类似的说法，"真理只有一个，但历代圣人用许多名字来谈论它。"

印度人民党对阿育王的看法是矛盾的，他们的印度教主义（Hindutva）政策提倡"以印度教价值观为基础的印度文化"。[10]因为阿育王支持佛教，有一段时间，一些人民党成员批评他不是印度人，并指责阿育王放弃军事行动导致外国入侵印度。[11]然而，2015 年印度发行了印有阿育王肖像的邮票。2018 年，比哈尔邦的人民党开始在 4 月 14 日庆祝阿育王的生日（当然，阿育王的生日只是传说），并宣布这一天为官方节日。[12]2018 年，就在大选之前，比哈尔邦的人民党领导人声称，孔雀家族属于库什瓦哈（Kushwaha）农业种姓，而这样宣称正是因为该种姓选民占该邦总选民的 9%。甚至还出现了将巴特那改名为华氏城的呼吁，但被比哈尔邦政府拒绝。

另一部被赋予政治意义的著作是憍底利耶的《利论》。这部著作之所以引起人们广泛的兴趣，其中一个原因是，它否定了印度人脱离世俗、专注于冥想和沉思的古老神话——这是 19 世纪印度学先驱马克斯·缪勒（Max Müller）在 1857 年表达的观点：“印度人以陌生人的身份进入这个世界，他们所有的思想都指向另一个世界，即使被迫采取行动，也不参与进去，当他们牺牲自己的生命时，也不过是为了获得解脱。”[13] 相比之下，《利论》展示印度人世俗、务实和政治上精明的一面。印度独立运动加强了人们对《利论》的兴趣，因为它显示了强大中央集权政府和本土政治思想流派的存在。有许多现代人推崇憍底利耶，其中包括德国社会学家马克斯·韦伯、诺贝尔奖得主阿马蒂亚·森和美国前国务卿亨利·基辛格。基辛格称憍底利耶为“马基雅维利和克劳塞维茨（Clausewitz）的综合体”。

尽管在 19 世纪中叶之前，孔雀王朝在印度几乎被遗忘，但从 19 世纪中叶开始，孔雀王朝的历史和文化重要性就再也无法被忽视。在争取印度独立的斗争中，阿育王被视为统一印度的民族英雄。在 20 世纪，阿育王、旃陀罗笈多和憍底利耶成为流行戏剧、宝莱坞电影和电视连续剧的主题。如今，所有印度小学生都熟悉旃陀罗笈多、阿育王和孔雀王朝。

附　录
孔雀王朝的发现

─────────

现在我们要说一下，世界是如何了解到孔雀王朝、阿育王和他的正法哲学的？说起来，这和孔雀王朝的故事一样有趣。[1]中国佛教朝圣者法显和玄奘都亲眼见过这些刻有铭文的石柱和摩崖的存在，他们认为这是佛教护法国王无忧王的功劳。然而，在他们访问印度的时期，已然没有人能读懂这些婆罗米文字书刻的铭文。

查尔斯·艾伦认为，重新发现印度失落的历史是"一个令人称叹的故事，这是一项由欧洲东方学家开启的艰苦探索工作"——这些东方学家就是"被爱德华·赛义德（Edward Said）所鄙视的戴着假发的该死白人男性们"。[2]一些早期的英国商人和公务员比他们的前辈——葡萄牙人和荷兰人——对印度的古物更感兴趣。自 17 世纪 60 年代以来，英国东印度公司的代理人在整个恒河流域和北印度的不同地点都发现了巨大的石柱，其中一个（比哈尔邦的劳利亚·南丹格尔石柱）带有狮子柱头。当时有一种说法是，这些石柱是亚历山大大帝为了纪念他战胜波鲁斯国王而建造的。

18 世纪中期，耶稣会牧师约瑟夫·蒂芬瑟勒（Joseph Tiefenthaler）可能是第一个学习梵语的欧洲人。正是他首次复制了苏丹费罗兹沙·图格鲁克运到德里的金色石柱上的铭文。1784 年 1 月 15 日，亚洲学会（Asiatic Society）在加尔各答成立，这是人们首次试图认真地获取和传播印度历史知识。当时，人们分享信息的主要工具是该学会的出版物《亚洲研究》（*Asiatick Researches*），或者被称为《孟加拉亚洲历史、古物、艺术、科学和文学研究学会通讯》（*Transactions of the Society Instituted in Bengal for Enquiring into the History and Antiquities, the Arts, Sciences and Literature of Asia*）。该学会邀请人们就若干主题进行交流，其首个主题是"宗教、政策、法理、礼仪和习俗"（包括各种节日和仪式）。后来，他们也邀请撰稿人探讨"印度斯坦的政府和政策体系还有哪些穆斯林入侵前的历史遗迹"。根据 N.S. 罗摩斯瓦米（N. S. Ramaswami）的说法，该期刊"给人的印象是，一群学生和学者以学术研究的方式，考察所有令人着迷的自然或人类现象"。[3]

威廉·琼斯爵士（1746—1794 年）是该学会的创始人，通常被称为印度学之父，也是率先认识到梵语属于印欧语系的人之一。琼斯是加尔各答最高法院的高级法官，他向婆罗门学习梵文，并翻译了许多重要著作。他也是第一个确认麦加斯梯尼所提到的"Sandrokottos"就是孔雀王朝的旃陀罗笈多，"Palibothra"就是孔雀王朝的首都华氏城的人。1793 年 2 月 28 日，他在该学会的年度演讲中宣布了这一发现。迪利普·查克拉巴蒂（Dilip Chakrabarti）认为，琼斯和同时代许多人的基本动机不是为了自己的利益去观察和报道印度古物，而是"将新近呈现出的印度知识与当代文化和文明起源的观念结合起来，并纳入《圣经》中规定的人类单一起源框架"。[4]琼斯将梵语与古希腊语、拉丁语等语言联系起来，就是这种方法的一部分。不过，当他无法破译石柱上的婆罗米文字时，他曾认为那是埃塞俄比亚语。

1836 年，挪威学者克里斯蒂安·拉森（Christian Lassen, 1800—1876 年）利用古希腊 – 婆罗米文字的双语硬币，识别出一些婆罗米语字母，从而首次成功破译出婆罗米文字。这项任务最终由詹姆斯·普林赛（1799—1840 年）完成，他是加尔各答铸币厂的一名化验师，后来成为《亚洲学会杂志》（*Journal of the Asiatic Society*）的编辑。来自英属印度各地的一些记者给他寄来各种神秘文字的写本和拓片，其中就包括奥里萨邦的达乌里摩崖铭文和桑奇某座佛塔周围石栏上的雕刻。这些帮助普林赛破译了由费罗兹沙带到德里的石柱上的

图 12.1　印度考古学会创始人亚历山大·卡宁厄姆爵士（少将）

七篇敕令——一系列由自称"天爱王"的国王所颁布的敕令。虽然普林赛能够将这位国王与阿育王在第十三摩崖敕令中提到的叙利亚、埃及和马其顿国王联系起来，从而确定其统治的大致日期，但是他认为，该国王指的是巴利典籍中提到的斯里兰卡国王。在接下来的十年里，这位国王的更多铭文被发现并被破译出来——这一壮举被称为"有史以来最伟大的考古探险和语言学成就之一。虽然现在知道的人不多，但将来肯定可以与商博良破译古埃及象形文字的工作相媲美"。[5]

东印度公司官员詹姆斯·托德（James Tod，1782—1835 年）是钱币学研究的先驱，他发现的巴克特里亚和印度-希腊硬币证实了希腊人在阿富汗和旁遮普的长期存在。他还发现了阿育王的吉纳尔（Girnar）摩崖铭文，但是没有将其破译出来。他向 1823 年成立的大不列颠及爱尔兰皇家亚洲学会（该学会的创立也许是为了回应此前一年在法国成立的亚洲学

会）提交了自己的发现。1837 年，在锡兰担任文官的乔治·特纳（George Turnour，1799—1843 年）发表了他从巴利语翻译的斯里兰卡佛教叙事《大史》，其中提到南赡部洲一位名为正法阿育王的国王，是斯里兰卡国王的朋友。《大史》还指出，阿育王是宾头沙罗之子，被称为天爱王，从而确定阿育王是印度历史上的一位重要人物。到 1838 年春天，普林赛已经建立起阿育王统治时期若干事件的大致年表。

与此同时，法显的旅行记录和玄奘游记分别于 1836 年和 1856 年被译成法文。

1861 年，普林赛的弟子、英国陆军工程师亚历山大·卡宁厄姆爵士被任命为印度考古局第一任局长。他认为，资助考古发掘将对印度政府和英国公众大有裨益，因为这将向印度政府表明，"在任何君主的统治下，（印度）总是以坚定的决心击退外国人的征服"。这些资助还将证明，"婆罗门教，不是一成不变的宗教，它已经存在了很长时间，具有相对现代的起源，并一直在接受补充和改变"——这种解释旨在证明基督教在印度的传教最终会取得成功。[6]

1865 年，印度考古局解散，卡宁厄姆回到英国，并在英国完成《古代印度地理》（*Ancient Geography of India*）的第一部分。1871 年，总督梅奥勋爵（Lord Mayo）重新创立了印度考古局，卡宁厄姆担任局长。在 19 年的任期内，他探察了恒河流域、旁遮普、西北边境省、印度中部和拉贾斯坦邦。根据查克拉巴蒂（Chakrabarti）的说法，"无论是过去还是未来，在印度都没有考古学家对如此广袤的疆域有着如此深入的个人了解"。[7]

卡宁厄姆领先于他的时代，看到了发掘和实地考察的重要性，他在鹿野苑、桑奇和巴户特的发现帮助建立起印度佛教的历史。他的著作包括 23 卷《考古调查报告和阿育王铭文》（*Archeological Survey Reports and Inscriptions of Ashoka*）——这是所有已知的阿育王铭文和若干译文首次同时刊发。玄奘和法显的著作帮助他确定并在随后发掘了许多古城（包括塔克西拉、憍赏弥、毗舍离和那烂陀）。

1872 年，卡宁厄姆的继任者詹姆斯·伯吉斯（James Burgess, 1832—1916 年）创办了《印度文物》（*Indian Antiquary*）杂志，发表了详细的铭文和其他历史研究成果。他对建筑特别感兴趣，撰写了几本关于佛塔和其他古迹的专著。

19 世纪 60 年代，印度的学术中心转移到孟买。孟买大学的东方研究系成为其重镇，在德国印度学家乔治·比勒（George Bühler, 1837—1898 年）的指导下，梵语在该大学成为一门学科。乔治·比勒的弟子罗摩克里希纳·G. 班达卡（Ramakrishna G. Bhandarkar, 1837—1925 年）收集并编辑了许多梵文和巴利文写本。班达卡后来成为浦纳德干学院（Deccan College）的梵文教授，该学院于 1917 年改名为班达卡东方研究所（Bhandarkar Oriental Research Institute），这是世界上古代文献的主要来源和存储地之一。1886 年，恩斯特·胡尔彻（Ernst Hultzsch，1857—1927 年）以梵文教授的身份加入印度考古局，并成为该局第一位首席铭文学家。他最著名的著作是阿育王铭文的修订版和英译本，直到今天仍被视为标准著作。[8]

图12.2　阿育王在蓝毗尼（位于今天的尼泊尔）竖立的石柱（约公元前252年），
以纪念他对佛陀诞生地的访问

1895 年，安东·富勒（Anton Fuhrer）博士在尼泊尔的蓝毗尼发现了石柱和佛塔（玄奘记载了此地一根被龙折为两截的阿育王石柱），接着在伽里萨格尔发现了一根石柱，随后又在其西南若干千米处发现了第三根石柱，这标志着阿育王在即位第 20 年的时候前往佛教圣地朝圣。

1902 年，对印度历史和考古学有着浓厚兴趣的总督寇松勋爵（Lord Curzon）任命 26 岁的考古学家约翰·马歇尔（John Marshall。和前述的约翰·马歇尔不是同一人）担任重组后的印度考古局的局长。马歇尔增加了印度职员的数量。在他的领导下，人们对鹿野苑进行发掘，发现了著名的狮子柱头，并完成了重大的修复工作。他还争取到资金，在鹿野苑、桑奇和塔克西拉建立了地方博物馆。与此同时，在 1915 年至 1946 年，在卡纳塔克邦和安得拉邦发现了更多的摩崖敕令。1940 年，马歇尔和阿尔弗雷德·福歇（Alfred Foucher，1865—1952 年）出版了他们合著的三卷本著作《桑奇遗迹》（*The Monuments of Sanchi*）。第二次世界大战后，人们在卡纳塔克邦发现了三处小摩崖敕令。此外，还在中央邦发现了两处，比哈尔邦发现一处，德里附近发现了一处。

阿富汗的考古发掘始于 20 世纪 20 年代，是由富歇领导的一支法国考古队进行的。他取得的成果是，在坎大哈附近发现了阿拉姆语的阿育王铭文，并在 1958 年发现了古希腊语和阿拉姆语的双语敕令。这份铭文曾经保存在喀布尔博物馆，但后来佚失。五年后，人们又发现了两处铭文（一处以古希腊语书刻，另一处以阿拉姆语书刻）。

1944 年，英国考古学家莫蒂默·惠勒爵士成为印度考古局局长，并在这个职位工作了四年。他非常重视考古发掘的科学原则和对现场发掘人员的培训，认识到印度的考古研究不可能仅由印度考古局独自完成，因此鼓励印度的几所大学参与这一项工作。1946 年，他创办了《古印度》（*Ancient India*）杂志，并在杂志上发表了许多研究成果。惠勒在哈拉帕的发掘中发现了大量防御工事，还在东海岸发现了一个罗马贸易站。虽然惠勒的一些观点后来被人们抛弃或受到质疑（例如，城市发展从美索不达米亚延伸到印度河流域，孔雀王朝的建筑是基于波斯模式等），但他的影响仍然很重要。

1905 年，迈索尔君主国迈索尔土邦的一位班智达（学者）赠送了一些贝叶典籍藏品给迈索尔政府东方图书馆（Mysore Government Oriental Library）。其中有一份《利论》的抄本，是用曾经在南印度用来抄写梵文典籍的古兰塔（Grantha）文字写成的。《利论》一直享有盛名，很显然也一直在流通，直到德里苏丹国（Delhi Sultanate）建立，所有的抄本都佚失了。迈索尔政府东方图书馆的图书管理员沙玛萨斯特里（R. Shamasastry，1868—1944 年）认识到《利论》抄本的重要性。1909 年，他抄录、编辑并出版了《利论》的梵文版，然后将其翻译成英文，并于 1915 年出版全文。后来，人们又在古吉拉特邦发现了该典籍的北方写本。

第一本专门叙述阿育王生平的传记《阿育王：印度的佛教国王》（*Ashoka: The Buddhist Emperor of India*）是由担任印度文官的文森特·史密斯（Vincent Smith，1843—1920 年）撰写的。他贬低佛教典籍的价值，认为佛教典籍只是"具有教化意义的传奇故事"，因此只依赖铭文。巴利语学者里斯·戴维斯在《佛教的印度》（*Buddhist India*）中对其进行了批评，《佛教的印度》反映了西方人对佛教日益增长的兴趣。1925 年，R.G. 班达卡发表了他关于阿育王统治历史的演讲；1927 年，历史学家拉达库木德·穆克吉（Radhakumud Mookerji，1884—1963 年）出版了一部名为《阿育王》（*Ashoka*）的著作。作为印度的民族主义者，穆克吉的热情反映了当时印度人的民族自豪感开始复苏，为自己的过去及在世界历史上的地位感到自豪。穆克吉将阿育王与下述历史人物进行比较：在致力于建立正义王国上，比之于《圣经》中的以色列国王大卫和所罗门；在对佛教的护持上，比之于君士坦丁（Constantine）；在哲学思想和虔诚上，比之于马可·奥勒留（Marcus Aurelius）；在疆域范围上，比之于查理曼（Charlemagne）的帝国；在演讲才能上，比之于奥利弗·克伦威尔（Oliver Cromwell）。[9]

在独立后的时代[10]，大多数印度历史学家都采取爱国主义路线，把阿育王描绘成不受外国影响的统治者，认为他体现了甘地的"不害"和非暴力不合作原则。印度首任总理贾瓦哈拉尔·尼赫鲁尤其将阿育王视为世俗统治的典范。马克思主义历史学家高善必写道，阿育王敕令为公民提供了"第一个权利法案"。

B.M. 巴鲁阿（B.M.Barua）在 1946 年出版了对阿育王铭文的翻译和评论《阿育王及其铭文》（*Ashoka and His Inscriptions*）。马克思主义历史学家高善必、伊尔凡·哈比卜、伯翰–莱文（G. M. Bonham-Levine）的其他著作，以及俄罗斯印度学家对孔雀王朝时期印度的物质条件进行了大量说明。[11]美国梵语和巴利语学者帕特里克·奥利维尔撰写了许多关于孔雀王朝时期的著作，翻译了憍底利耶的《利论》，并作了大量的注释。他的学生马克·麦克利什之后也完成了一本关于《利论》历史的著作。[12]罗米拉·塔帕尔教授、迪利普·查克拉巴蒂教授、乌宾德·辛格（Upinder Singh）教授和尼安佐特·拉希里教授都是当代研究阿育王和孔雀王朝的领军人物。

2006 年，哈里·福尔克出版了具有里程碑意义的《阿育王遗址和文物：参考书目文献选编》（*Ashokan Sites and Artifacts: A Source Book with Bibliography*）。福尔克教授参观了所有阿育王遗址和几个非阿育王遗址，并对每个地点进行了描述，包括地形、交通情况、被发现的历史，及其历史意义和艺术意义，每个部分都附有地图和彩色照片。

尽管有如此广泛的学术研究，但有关孔雀王朝和该时期的诸多问题仍然悬而未决。华氏城是什么样子的？它是否会被发掘出来？阿育王石柱上的美丽雕塑和著名的孔雀王朝抛光技术的灵感来自哪里？正命派和遮罗迦派，以及其他我们可能不知道的教派具体情形如何？阿育王一共书刻了多少石柱和摩崖铭文？如果它们全部被发掘出来，这些铭文是否能进一步揭示他的生平和性格？

年 表

约前 3000—前 1500 年，印度河流域文明。

前 1900—前 1100 年，印度 – 雅利安部落迁移到印度河 – 恒河平原。

前 600—前 300 年，十六雄国逐步走向统一，异端宗教（佛教、耆那教等）出现。

前 599—前 527 年，耆那教的创始人大雄筏驮摩那生活的时期。

前 563—前 483 年（或前 480—前 400 年），佛陀乔达摩·悉达多生活的时期。

前 544—前 413 年，摩揭陀的诃黎王朝。

前 486—前 483 年，乔达摩·悉达多（佛陀）诞生。

前 413—前 395 年，幼龙王朝。

前 364/345—前 324 年（或前 344—前 322 年），难陀王朝。

前 327—前 325 年，亚历山大大帝入侵印度。

前 323 年，亚历山大逝世。

前 322 年，旃陀罗笈多推翻难陀王朝，在摩揭陀即位。

前311—前305年，旃陀罗笈多吞并了印度西北部。

前305年，旃陀罗笈多与塞琉古签订条约。

前302年，阿育王诞生。

前298年或前299年，孔雀族的宾头沙罗即位。

前280年，身为王子的阿育王被任命为乌阇总督。

约前274年，孔雀族的宾头沙罗逝世。

约前270年，阿育王接受灌顶登基。

前265年，阿育王成为佛教徒。

前262—前261年，羯陵伽战争。

前261—前260年，阿育王朝拜三菩提。

前260年，阿育王颁布第一批小摩崖敕令，开始巡游佛教遗址并建造佛塔。

前259年，书刻羯陵伽敕令（第十三摩崖敕令）。

前259—前258年，阿育王在婆罗巴山为正命派修建洞窟以作供养。

前259—前258年，书刻第一至第四摩崖敕令；阿育王派弘法团前往希腊、南印度和斯里兰卡。

前258—前257年，阿育王任命正法大督察。

前258—前256年，书刻第五至第十三摩崖敕令。

前257或前256年，书刻第十四摩崖敕令。

前253年，书刻分裂敕令。

前252年，前往蓝毗尼朝圣。

前250—前249年，在憍赏弥书刻第三小石柱敕令（也被称为王后敕令）。

约前250年，在鹿野苑修建狮子柱头。

前 245—前 244 年，书刻小摩崖敕令。

前 243—前 242 年，书刻六篇石柱敕令。

约前 232 年，阿育王逝世。

前 185 年，孔雀族的巨车王被巽伽族的华友刺杀。

前 185/184—前 150 年，巽伽王朝。

尾 注

前 言

1 这里作者采用的是孔雀王朝人口数量最高估计数，实际人口很可能在 2500万—3000 万。——编者注

2 H. G. Wells, 'Chapter XX IX: Ashoka,' A Short History of the World, www. bartleby.com, 2021 年 10 月 19 日访问。

3 'Resolution Re:National Flag', Constituent Assembly Debates, 22 July 1947, https://indiankanoon.org. 国内出版的《尼赫鲁世界史》有部分删节。——译者注

4 Romila Thapar, Aśoka and the Decline of the Mauryas, 3rd edn (New Delhi, 2015), p.15.

第 1 章 摩揭陀的兴起

1 C. T. Lakshmanan, 'Ancient System of Town Planning in India', www. slide-share.net, 2021 年 10 月 19 日访问。

2 Vagheesh M. Narasimhan et al., 'The Genomic Formation of South and Central Asia', BioRxIV, www.biorxiv.org, 31 March 2018. 由于这些作者没有直接获得印度河流域遗址的人类 DNA，他们的发现是基于对巴基斯坦斯瓦特河谷（Swat Valley）发现的三个人类 DNA 的分析，这些人被称为"印度河流域外围"人。

3 一些学者质疑是否可以根据如此小的样本进行归纳，并认为需要进一步研究。这一理论也受到印度教民族主义者的挑战，他们认为印度 – 雅利安人起源于印度，并向欧洲和亚洲迁移。

4 Rochester Institute of Technology, 'New Mathematical Method Shows How Climate Change Led to the Fall of Ancient Civilization', PhysOrg (3 September 2020).

5 F. R. Allchin, 'The End of Harappan Urbanism and Its Legacy', in The Archaeology of Early Historic South Asia:The Emergence of Cities and States (Cambridge, 1995), p.38.

6 Robin Coningham and Ruth Young, The Archaeology of South Asia (New York, 2015), p.474.

7 Asko Parpola, 'Indus Civilisation', in Brill's Encyclopedia of Hinduism, ed.

Knut A. Jacobsen（Leiden, 2012），vol. iv, p.7.

8 参见：Arunima Kashyap and Steve Weber, 'Harappan Plant Use Revealed by Starch Grains from Farmana, India', Antiquity Journal, LXXX IV/326（December 2010）。有关信息参见以下展览：'Historical Gastronomica' at the National Museum, New Delhi, 19–25 February 2020。

9 另一种理论，被称为"走出印度"（Out of India）理论，认为印度－雅利安人是印度次大陆的土著，后来向北迁移。大多数学者并没有认真对待这一理论，但在某些圈子中，该理论仍然是争论不休的话题。

10 Hem Chandra Raychaudhuri, Political History of Ancient India from the Accession of Parikshit to the Extinction of the Gupta Dynasty（Calcutta, 1923），p. ii.

11 也译作巴拉特。——编者注

12 英语单词的"种姓"（来自葡萄牙语"casta"，意为"颜色"）被混淆地用来指两个独立但有关联的制度：varna（梵语意思是"颜色"），指社会的四个基本划分，可以翻译为阶级；jati（出身）是一个更狭义的与职业或出身相关的群体。另一种看待这种区别的方式是，"varna"主要是一种仪式地位，而"jati"是社会学群体。译注：本书中"varna"和"jati"一般都被英译成"caste"，中译作"种姓"，有些时候在括号中标明原词，以示区分。

13 引自：A. L. Basham, The Wonder That Was India, 3rd revd edn（London, 2004），p.243。

14 即"贱民"。——编者注

15 尽管铁矿石遍布印度次大陆，但其熔点高达1538℃（铜的熔点为1085℃），因此人们在发展出特殊的高温熔炉和提纯程序等技术之前，很难使用铁矿石。考古证据表明，早在公元前2000年，铁就在恒河流域被用于制造农具、武器、工具和其他工艺品，到公元前800至前500年，几乎所有地区都使用铁。

16 Romila Thapar, A History of India（Baltimore, md, 1968），vol. I, pp. 52–3.

17 Dieter Schlingloff, Fortified Cities of Ancient India: A Comparative Study（London, 2013），pp. 28–9.

18 Ibid., p.40.

19 Ibid., p.32.

20 Ibid., pp.30–31.

21 F. Tritsch, Die Stadtbildungen des Altertums und die griechische Polis, XXII（Leipzig, 1929），出处同上，p.45。

22 Coningham and Young, The Archaeology of South Asia, pp.362—6.

23 J. N. Samaddar, The Glories of Magadha, 2nd edn（Patna, 1927），p.6.

24 相传该王朝建立于公元前1700年左右，延续了1100年。——编者注

25 Thapar, History of India, p.55.

26 A. L. Basham, The Wonder That Was India, p.48.

27 该名称的来源尚不清楚。第一种解释是来自"patali"这个词，意思是"喇叭花"（Brugmansia suaveolens），现代巴特那盛产此种植物。第二种说法是"patali"是神话中一位女王的名字。第三种说法是来自"pattan"这个词，在梵语中是"港口"的意思，是以所在位置命名。

28 1899年，泰戈尔写了一首诗《礼拜者》（Pujarini），讲述了阿阇世王弑父之后迫害佛教徒，派人谋杀拜佛女仆的故事。而这个故事的出处不得而知。泰戈尔后来将它改编成电影，名为《舞

女的崇拜》（Natir Puja，1932），这是泰戈尔导演的唯一一部电影，他在其中还客串了一个角色。

29 《往世书》中认为是他的八个儿子在其后即位，而非八个兄弟。——编者注

30 来源于亚历山大大帝时期的传说。——编者注

31 H. C. Raychaudhuri, 'The Nandas', in Age of the Nandas and Mauryas, ed. K. A. Nilakanta Sastri（New Delhi, 1996），p.11.

32 Romila Thapar, *Aśoka and the Decline of the Mauryas,* 3rd edn（New Delhi, 2015），p.15.

33 Radhakumud Mookerji, *Chandragupta Maurya and His Times*（New Delhi, 2016），p.6.

第 2 章　宗教生活

1 Johannes Bronkhorst, *Greater Magadha: Studies in the Culture of Early India*（Handbook of Oriental Studies, Section 2: South Asia），XIX（Leiden and Boston, ma, 2007），p.9.

2 梵文原始拼法为"vrāta"，在后来的发展中变为"vrātya"。

3 引自：K.M.Shrimali, *The Age of Iron and the Religious Revolution*（Delhi, 2018），p.38.

4 即不穿衣服的婆罗门，区别十婆罗门写实祭司（Brachmane）。——编者注

5 可能是通迦维纳河（Tungavena River），也就是今天卡纳塔克邦的通迦河（Tunga River）。麦加斯梯尼不太可能旅行到这么远的地方，他可能从其他人那里听说的。

6 John Watson McCrindle, ed., *Ancient India as Described by Megasthenes and Arrian*（Calcutta, 1877），pp.120, 121.

7 我避免使用"宗派"（sect）一词来描述佛教徒、耆那教徒、正命派和其他团体，因为这个词通常具有负面或不赞成的含义。在英语中，它表示从一个较大的宗教分离出去的宗教团体，这否定了它作为一个独立体系的地位。

8 James Laidlaw, *Riches and Renunciation: Religion, Economy and Society among the Jains*（Oxford, 2003），p.153.

9 佛陀（乔达摩）的生卒年不详。在1988 年的一次研讨会上，大多数明确表态的人都将佛陀去世的日期定在公元前 400 年前后的 20 年内。Heinz Berchert, ed., *Die Datientung des Historischen Buddha, Part i: Symposien Zur Buddhismus Forschung*, IV/1（Gottingen, 1991）. 对其的评论，参见：A. K. Narain, *Journal of the International Association of Buddhist Studies*, XV I/1（1979），pp.187—201。

10 A.L.Basham, *The Wonder That Was India*, 3rd revd edn（London, 2004），p.273.

11 原文只有"upāsaka"（优婆塞＝男居士），缺少"upāsikā"（优婆夷＝女居士），中译的时候补全。——译者注

12 "不害"是佛教戒律和行持的一个原则。——译者注

13 后来，当佛教传播到亚洲各地并分裂成不同的宗派时，吃肉的正当性成为教义中具有争议的主题。今天，在东南亚和斯里兰卡，如果有人提供肉食，僧人们也会接受，而在中国、韩国和越南，僧人们则严格吃素。在寒冷的中国西藏，蔬菜稀缺，素食者很少，甚至连达赖喇嘛也吃肉。

14 Basham, *The Wonder That Was India*, p.267.

15 也可拼作 charvaka。——编者注

16 Sarvasiddhanta Samgraha, Verse 8, quoted in Ray Billington, *Understanding Eastern Philosophy*（London, 1997），p.44.

17 Ibid., pp.44—5.

第 3 章 波斯人、希腊人和印度

1 参见：Richard Stoneman, *The Greek Experience of India*（Princeton, nj, 2019），pp.26–8.

2 在与梵语有关的古波斯语中，梵语中的首字母"s"变成了"h"。当该词从波斯语进入希腊语时，首字母"h"被去掉了，变成了"India""Indus"等等。这种形式传到了拉丁语和其他欧洲语言，但在阿拉伯语中，它保留了首字母"h"，出现了印度斯坦（Hindustan）、印度教（Hindu）等词。John Keay, India:A History（New York, 2000），pp.57—8。

3 关于这些铭文和其他铭文的完整列表，请参见"阿契美尼德王室铭文"，www.livius.org，2021 年 10 月 19 日访问。

4 这可能没有听起来那么神奇。法国民族学家米歇尔·皮塞尔（Michel Peissel）报告称，在巴基斯坦北部一个与世隔绝的地区发现了一片沙漠，那里的沙子中含有大量的细金粉。喜马拉雅旱獭在挖洞的时候，会把这些尘土踢出来，当地居民世世代代都在收集这些尘土。Michel Peissel, *The Ants' Gold:The Discovery of the Greek El Dorado in the Himalayas*（New York, 1984）。

5 一个著名的例子是史诗《狄奥尼斯谭》（*Dionysiaca*），它是由埃及南部的农诺斯（Nonnus of Panopolis）在 4 世纪末或 5 世纪初创作的。史诗中说，因为印度居民拒绝崇拜宙斯，更喜欢自己的水神和火神，宙斯命令狄俄尼索斯前往印度。狄俄尼索斯组建了一支主要由妇女组成的庞大军队入侵印度，在那里他遇到了杰赫勒姆河之子德里阿德斯王（King Deriades）。狄俄尼索斯请他喝酒，但德里阿德斯只喝水（他自己本身就是河神），并坚称"我的酒就是我的矛"。他们进行了几次战斗。尽管德里阿德斯获得婆罗门巫师的帮助，但最终还是输了。因为希腊人相信每一个伟大的民族都是由一位英雄建立的，所以农诺斯声称印度种族是由一位名为"印度"（Indos）的巨人创立的。这个故事激发了许多人诗人和画家的灵感，如：尼古拉斯·普桑（Nicolas Poussin）、玛格丽特·尤塞纳尔（Marguerite Yourcenar）和西蒙娜·薇依（Simone Veil）。

6 John Keay, *India: A History*（New York, 2000），p.72.

7 Ibid., p.75.

8 D. D. Kosambi, *An Introduction to the Study of Indian History*（Bombay, 2004），p.191.

9 Aubrey Stewart and George Long, trans., *Plutarch's Lives*（London, 1892），vol. III，p.361.

10 Jawaharlal Nehru, *The Discovery of India*（New Delhi, 2004），p.115.

11 Abu' l-Fazl Allami, Ain-i-Akbari, trans. H. Blochmann（New Delhi, 1989），vol. XIII，pp.365–73.

12 关于该话题的有趣讨论，参见：Bram Fauconnier, 'Ex Occidente Imperium:-Alexander the Great and the Rise of the Maurya Empire', Hi*stos* 9（2015），pp.129–73。.

13 Ian Worthington, *By the Spear: Philip II, Alexander the Great, and the Rise and Fall of the Macedonian Empire*（New York, 2016），p.261.

14 'Yona', www.newworldencyclopedia. org, 2021 年 10 月 19 日访问。

15 其他来自梵语的希腊单词包括棉花 （karpasos，来自梵语 "karpasa"）和樟树（camphor，来自梵语 "karpura"）。

16 Worthington, *By the Spear*, p.104.

17 Ibid., p.242.

18 Tristram Stuart, *The Bloodless Revolution* (New York and London, 2006), p.43.

19 引自：Richard Stoneman, 'The Brahmins in the Alexander Historians and the Alexander Romance', Journal of Hellenic Studies, CXV (1995), p.103。

20 Johannes Bronkhorst, *How the Brahmins Won:From Alexander to the Guptas* (Leiden and Boston, MA, 2016), p.3.

第 4 章 孔雀王朝的先人：旃陀罗笈多和宾头沙罗

1 H. C. Raychaudhuri, 'Chandragupta and Bindusara', in Age of the Nandas and Mauryas, ed. K.A.N. Shastri (New Delhi, 1996), p.133.

2 引自：Bram Fauconnier, 'Ex Occidente Imperium:Alexander the Great and the Rise of the Maurya Empire', Histos 9 (2015), p.126。

3 Hans Claude Hamilton and W. Falconer, trans., *The Geography of Strabo* (London and New York, 1903—1906), Ⅱ.1.9.

4 John Watson McCrindle, ed., *Ancient India as Described by Megasthenes and Arrian* (Calcutta, 1877), p.22.

5 实际上很可能是巧合，因为孔雀被印度诸多宗教都奉为神，所以在佛塔上出现孔雀，是再正常不过的事情了。——编者注

6 引：Radhakumud Mookerji, *Chandragupta Maurya and His Times* (Delhi, 2016), p.233.

7 Ibid., pp.231, 233。

8 Marcus Junianus Justinus, *Epitome of the Philippic History of Pompeius Trogus*, trans. Rev. John Selby Watson (London, 1853), Book XV, Chapter 4, www.forumromanum. org, 2021 年 10 月 19 日访问。

9 参见：Ranabir Chakravarti, *Exploring Early India up to ad 1300*, 3rd edn (New Delhi, 2017), p.133; and Grant Parker, 'Ashoka the Greek:Converted and Translated', in Reimagining Aśoka:Memory and History, ed. Patrick Olivelle, Janice Leoshko and Himanshu Prabha Ray (New Delhi, 2012), p.310。

10 John Watson McCrindle, *Ancient India as Described in Classical Literature* (London, 1901), p.209.

11 Dieter Schlingloff, *Fortified Cities of Ancient India:A Comparative Study* (London, 2014), p.32. 他指出，尽管麦加斯梯尼的描述听起来不可思议，以至于人们可能会质疑其可靠性，但他关于道路测量的记录仅在几个世纪后被中国朝圣者证实了。

12 这一推论并不成立。——编者注

13 G. M. Bongard—Levin, *Mauryan India* (New Delhi, 1985), p.126.

14 Ibid., p.39.

15 引自：McCrindle, *Ancient India as Described by Megasthenes*, pp. 141—142。

16 阿契美尼德人掌权后，借鉴了美索不达米亚已经发展数千年的高级烹饪技术。他们的厨房里有数百名厨师，每个人都有自己的专长，每天有成千上万的动物被宰杀，以供国王享用。酱汁的制作可以追溯到苏美尔时代，而食材则从这个庞大帝国的各地运来。

阿契美尼德王朝以举办奢华晚宴而闻名，孔雀王朝可能也效仿了这一点。

17 13 世纪，一位到访喀拉拉（Kerala）地区的中国游客写道，统治者由 500 名精选的外国女性守卫，这些女性都是根据体格精挑细选出来的。早期的欧洲旅行者详细记录了印度教和穆斯林法庭的女性护卫。莫卧儿王朝的传统是使用来自中亚的鞑靼、乌兹别克、卡尔梅克和格鲁吉亚妇女抬轿并守卫宫廷。19 世纪早期，旁遮普邦的锡克教统治者兰吉特·辛格（Ranjit Singh）拥有一支被英国人称为"亚马逊军队"的女子军队，她们配备了弓箭，据说比最凶猛的阿富汗军阀还可怕。有关此主题的讨论，请参阅：Walter Duvall Penrose Jr, *Postcolonial Amazons:Female Masculinity and Courage in Ancient Greek and Sanskrit Literature*（Oxford, 2016）。

18 McCrindle, *Ancient India as Described by Megasthenes*, pp.72–3.

19 Thomas R. Trautmann, *Kautilya and the Arthasastra:A Statistical Investigation of the Authorship and Evolution of the Text*（Leiden, 1971）, p.15.

20 John S. Strong, ed. and trans., *The Legend of King Ashoka: A Study and Translation of the Aśokavadana*（Princeton, NJ, 1982）, pp.208–9.

第 5 章　阿育王的生平和铭文

1 Robert Lingat, *Royautés bouddhiques: Ashoka et la fonction royale à Ceylan*（Paris, 1989）, p.19.

2 我在这里举一个偶然发现铭文的例子。1978 年 3 月，帕蒂尔（C. S. Patil）被印度国家考古局主任派往卡纳塔克邦的泰克卡拉科塔（Tekkalakota），因为有消息称，在该地区发现了另外一组铭文。但是后来发现，这些铭文早在六个月前就已经被人发现了。该消息的提供者和帕蒂尔先生去一家餐馆吃饭，讨论这次令人失望的旅行。邻桌的一个年轻人听到他们的谈话，告诉他们，他在自己的村庄附近发现了一组铭文。第二天他们去了该村庄，在那里发现了一块岩石，上面刻有此前没人注意到的阿育王铭文。参见：Harry Falk, *Aśokan Sites and Monuments: A Source Book with Bibliography* [Monographien zur indischen Archaeologie, Kunst und Philologie]（Mainz, 2006）, vol. V, pp. 101–2.

3 D. R. Bhandarkar, *Ashoka:The Carmichael Lectures, 1923*（Calcutta, 1925）, pp.159–61.

4 Patrick Olivelle, 'Introduction', in Aśoka in History and Historical Memory, ed. Patrick Olivelle（New Delhi, 2009）, p.1.

5 也有可能孔雀王朝时期识字率很低，政法大督察不认字的情况比比皆是。——编者注

6 关于本主题的详细讨论，参见：Marco Franceschini, *History of Indic Scripts*（2016）, www.academia.edu; 以及：Richard Salomon, 'On the Origin of The Early Indian Scripts: A Review Article', Journal of the American *Oriental Society*, CXV /2（1995）, pp. 271–9.

7 K. R. Norman, 'The Languages of the Composition and Transmission of the Ashokan Inscriptions', in Reimagining Ashoka, ed. Patrick Olivelle et al.（New Delhi, 2012）, p.57. 在一次私人交流中，佩吉·莫汉（Peggy Mohan）博士说，在阿育王时代，全印度的精英使用各种俗语，不同地区之间没有太大的差异。她的结论是，在吠陀时代，人们

可能还在讲前印欧语，而各种俗语在北方的传播导致它们在精英阶层产生了某种同质化效应。Peggy Mohan, *Tongues that Travelled: How Migration Shaped Languages in India*（New Delhi, 2021）。

8　Lallanji Gopal, 'Early Greek Writers on Writing in India', Proceedings of the Indian History Congress, XXXVⅡ（1976）, pp.544–52.

9　Harry Falk, *Schrift im Alten Indien. Ein Forschungsbericht mit Anmerkungen, Script Oralia 56*, 1993, 引自：Richard Salomon, 'On the Origin of the Early Indian Scripts: A Review Article', Journal of the American Oriental Society, CXV /2（1995）, p.278。

10　K. Rajan and V. P.Yatheeskumar 'New Evidence on Scientific Dates for Brahmi Script, as Revealed from Porunthal and Kodumanal Excavations'（26 February 2013）, https://documents.pub.

11　关于这些敕令的三维导航视图，请参见："大摩崖法敕", https://en.wikipedia.org, 'Major Rock Edicts', https://en.wikipedia.org, 2021 年 10 月 19 日访问。

12　Harry Falk, 'The Tidal Wave of Indian History', in Between the Empires, ed. Patrick Olivelle（New Delhi, 2006）, p.160.

13　Harry Falk, *Aśokan Sites and Monuments: A Source Book with Bibliography* [Monographien zur indischen Archaeologie, Kunst und Philologie]（Mainz, 2006）, vol. XXVⅢ, p.55.

14　Ibid., p.157.

15　Ibid., p.139.

16　引自：John Irwin in 'Aśokan Pillars:A Reassessment of the Evidence', Burlington Magazine, cxv（November 1973）, p.713。

17　Falk, *Aśokan Sites and Monuments*, p.139.

18　Irwin, 'Aśokan Pillars', pp.706–20; 'Part ⅱ:Structure', Burlington Magazine, CXVI（December 1974）, pp.712–27; 'Part Ⅲ : Capitals', Burlington Magazine, XXVⅡ（October 1975）, pp.631–43; 'Part IV: Symbolism', Burlington Magazine, XVⅢ（November 1978）, pp.734–53.

19　例如，参见：Falk, *Aśokan Sites and Monuments*, p.139.

20　A. K. Coomaraswamy, *History of Indian and Indonesian Art*（New Delhi, 1972）, pp.13–14.

21　Falk, *Aśokan Sites and Monuments*, p.255.

22　E. M. Forster, *A Passage to India*（New York, 1952）, pp.124–5, 147.

23　Falk, *Aśokan Sites and Monuments*, p.256.

24　Piyush Kumar Tripathi, 'Light of Facts on Cave of Death: Bengal Research Team Deciphers Engravings, Reveals Sect Rituals', The Telegraph（9 September 2013）.

25　十车王名达沙罗陀。——编者注

26　V. H. Jackson, ed., *Journal of Francis Buchanan, 1811—1812: Patna and Gaya*（New Delhi, 1989）, p.14.

27　Nayanjot Lahiri, 'Ashoka:History and Memory', Karwaan Distinguished Lecture series, 17 January 2021.

28　Charles Allen, Ashoka: The Search for India's Lost Emperor（New York, 2012）, p.343.

29　K. N. Reddy, 'Sunday Story: At Sannati, Where Asoka Died, No One Cares for His Legacy!'（17 September 2017）, www.deccanchronicle.com.

第6章 阿育王的正法信息

1 古代印度各地的日常生活用语。——译者注

2 本书的铭文译文是我根据以下几个来源节略、改编而成，在某些情况下是转述。胡尔彻（E. Hultzsch，1857—1927）的原始译文，首次出版于1925年，参见：https://archive.org）；塔帕尔（Romila Thapar）的著作《阿育王和孔雀王朝的衰落》（*Aśoka and the Decline of the Mauryas*，3rd edn, New Delhi, 2015），其中附录V，第376–394页，都是对胡尔彻译文的改编）；持法尊者（Ven S. Dhammika）所著《阿育王敕令》（*The Edicts of King Asoka*），参见：www.cs.colostate.edu；The Ashoka Project on the Bibliotheca Polyglotta by the University of Texas at Austin and the University of Oslo, www2.hf.uio.no（以上所有网站均于2021年10月19日访问）。

3 对古印度婆罗门教以外其他宗教修行者的统称。

4 Nayanjot Lahiri, *Ashoka in Ancient India* (Cambridge, MA, and London, 2015), p.117.

5 这些"希腊人"（Yona，梵语：yavana）的身份是一个有争议的问题。一些学者认为他们是波斯人或一般的外国人；另一些学者认为他们是塞琉古割让给旃陀罗笈多的领地上的居民。阿利安提到位于喀布尔河和印度河之间的一个希腊殖民地，甚至在亚历山大入侵之前就已经建立了。甘蒲阇的位置和身份也有争议，有不同的说法，如中国西藏、兴都库什、伯尼尔（Panir）、克什米尔、喀布尔附近等等。

6 André Dupont-Sommer, 'Essenisme et Bouddhisme', Comptes rendus des séances de l'Académie des inscriptions et belles-lettres, CXXIV/4 (1980), pp.698–715.

7 Amartya Sen, *The Argumentative Indian* (New York, 2005), p.16.

8 Vincent Smith, *Akbar: The Great Mogul* (Oxford, 1917), p.257.

9 在阿克巴死后，伊斯兰神学家阿卜杜勒·哈克（Abdul Haq）总结说，尽管阿克巴提出许多宗教创举，但仍然是一个好的穆斯林。引自：Sen, *The Argumentative Indian*, p.289.

10 E. Hultzsch, 'Ashoka's Fourth Rock-Edict and His Minor Rock-Edicts', Journal of the Royal Asiatic Society of Great Britain and Ireland (July 1913), pp.651–3.

11 Timothy Lubin, 'Aśoka's Disparagement of Domestic Ritual and Its Validation by the Brahmins', Journal of Indian Philosophy, XLI/1 (February 2013), p.39.

12 D. D. Kosambi, *An Introduction to the Study of Indian History* (Bombay, 2004), p.166.

13 D. R. Bhandarkar, *Aśoka* [1925] (New Delhi, 2000), p.16.

14 提沙星被确定为巨蟹座的一颗星星，是吠陀和往世书文献中重要的一颗星。之所以在此时禁止杀戮某些动物，可能是因为此星标志冬至节的开始，而这将意味着要举行大规模的祭祀活动。

15 Irfan Habib and Vivekanand Jha, *Mauryan India* (Aligarh, 2013), p.78.

16 关于印度动物医学的讨论，参见：G. Mazars, 'La médecine vétérinaire traditionnelle en Inde', Revue scientifique et technique de l'Office international

des Epizooties, X Ⅲ /2（1994），pp. 433–42. 另见：Calvin W. Schwabe, *Cattle, Priests and Progress in Medicine*（Minneapolis, MN, 1978），pp.146–7.

17 动物医学将应用于人类的阿育吠陀范畴同样应用于动物。预防是很重要的，特别是要保持畜舍的清洁并适量喂养。与人类药物相同，动物的药品主要以植物为主。即使在今天，印度的实验室仍然根据传统的阿育吠陀配方为家畜生产药物。印度兽医委员会（Veterinary Council of India）将桑奇石柱上的公牛雕塑作为其标志，并将其铭文中的部分文字作为座右铭。

18 Allami Abu'l–Fazl, A'in–i–Akbari, trans. H. Blochmann（New Delhi, 1989），vol. I, p.64.

19 Bhandarkar, *Aśoka*, p.80.

20 从风格上看，它与其他铭文不同，它不是以国王自己的名义，而是以第三人称书写的。它保存得非常好，好像才书刻不久。因此，一些学者推测，它可能在阿育王时代之后的几个世纪才被书刻，甚至可能是1896年发现此铭文的考古学家安东·富勒（Anton A. Fuhrer）刻上去的，而富勒是一个著名的伪造者和赝品古董商。参见：Charles Allen, *The Buddha and Dr Fuhrer:An Archaeological Scandal*（New Delhi, 2010）. 对于艾伦（Allen）此本著作的评论，参见：E. Ciurtin, *Archaeus*, XV/3（2011），pp.542–6.

21 这些典籍是：《毗奈耶上教说》（*Vinaya–Samukasa*）、《圣种》（*Ariyavamsa*）、《当来怖畏》《牟尼偈》《寂默行经》《优婆提舍所问》（*Upatisa–pasina*）、《教诫罗睺罗》（*Laghulovada*）。

22 Bhandarkar, *Aśoka*, pp.88–89.

23 佛教僧袍的标准颜色是棕色，后来渐渐变成红棕色、黄棕色或橙棕色。佛陀允许以六种染料制衣：根染料、茎（木）染料、树皮染料、叶染料、花染料和果染料。白色是俗人服装的标准颜色，因此，穿着白衣服标志着被驱逐出僧团。

24 Romila Thapar, 'Ashoka:A Retrospective', in Reimagining Aśoka:Memory and History, ed. Janice Leoshko and Himanshu Prabha Ray（New Delhi, 2012），p.19.

25 John Strong, 'Images of Ashoka', in King Ashoka and Buddhism:Historical and Literary Studies, ed. Anuradha Seneviratna（Kandy, Sri Lanka, 2007），p.161.

26 Richard Gombrich, 'Ashoka —— the Great Upasaka', in King Asoka and Buddhism, p.3.

第7章 传奇阿育王：佛教叙事

1 John S. Strong, ed. and trans., *The Legend of King Ashoka: A Study and Translation of the Aśokavadana*（Princeton, NJ, 1982），p.5.

2 Vincent Smith, *Ashoka: The Buddhist Emperor of India*（Oxford, 1901），pp. 15ff.

3 Ananda W. P. Guruge, *Ashoka the Righteous:A Definitive Biography*（Colombo, Sri Lanka, 1993）. 该书由斯里兰卡著名外交官为纪念佛教传入斯里兰卡2300周年而著，斯里兰卡共和国总统普雷马达萨（Ranasinghe Premadasa）为其作序。古鲁格写道，这本书旨在反驳以前学者的"公然的偏见和不合埋的偏见"——不仅是文森特·史密斯这样的欧洲人，还有印度人。对他们来说，"沙文主义的考虑掩盖了学术的客观性"。古鲁格认为，斯里兰卡巴利文资料的历史价值远远高于其他现存的文献资料，学者们太容易低估斯里兰卡文献的历史可靠性。他认为这些文献具有真实性的一个理由是，这些流传2000年的典籍具有内部的一致性，但正如佛教学者理查德·贡布里希所指出的那样，这是因为它们是相互抄录的。然而，古鲁格并没有低估阿育王铭文（包括俗语原文和译文铭文）的价值。贡布里希赞赏古鲁格著作的全面性，但是认为它"既是一部学术作品，也是一部文化政治作品"。参见：Richard Gombrich, 'Reviewed Work:Ashoka, the Righteous: A Definitive Biography by Ananda W. P. Guruge', Journal of the Royal Asiatic Society（Third Series）, VI/1（April 1996）, pp.117—19; B. M. Barua, *Ashoka and His Inscriptions*（Calcutta, 1946）, vol. I, p.1; and T. W. Rhys Davids, *Buddhist India* [1930]（Calcutta, 1959）, 引自：Strong, *The Legend of King Ashoka*, p.12。

4　Wilhelm H. Geiger, 'The Trustworthiness of the Mahavamsa', Indian Historical Quarterly, VI/2（June 1930）, p.209.

5　上座部佛教从巴利圣典中汲取灵感，并自称最严格地遵循佛陀所传授的原始教义和修行方法。上座部信徒将自己的传承追溯到长老（巴利语：thera），他们遵循了第一代佛教僧团长老的传统。上座部佛教信徒通过佛陀教法获得觉悟，并从轮回中解脱出来。大乘佛教是中国和日本佛教宗派的总称。一些大乘佛教徒的目标是成为菩萨，这些人要继续轮回，帮助他人获得觉悟。参见："佛教宗派"：www.buddhanet.net, 2021 年 10 月 19 日访问。

6　Légende de l'empereur Açoka（Paris, 1923）, 引自：Strong, *The Legend of King Ashoka*, p.27。

7　Strong, *The Legend of King Ashoka*, pp.49–56.

8　阿育树（Saraca asoca）：此树因其美丽的叶子和芳香的黄花（会变成红色）而备受尊崇，在整个印度次大陆被认为是圣树。据说佛陀是在蓝毗尼的一棵阿育树下出生的。

9　Strong, *The Legend of King Ashoka*, p.107.

10　人手不可能遮住太阳，这明显是一次日食。历史学家试图确定这次日食，并利用它来确定阿育王生活中的事件。在阿育王统治时期有三次日食。根据塔帕尔的说法，这次日食最有可能发生在公元前249年5月4日。参见：Romila Thapar, *Aśoka and the Decline of the Mauryas*, 3rd edn（New Delhi, 2015）, p.65。

11　Stanley J. Tambiah, *World Conqueror and World Renouncer*（Cambridge, 1976）, p.32.

12　Strong, *The Legend of King Ashoka*, pp.236, 238.

13　Ibid., pp.291–2.

14　Ibid., p.291.

15　Wilhelm Geiger, trans., *The Mahavamsa*; or, *The Great Chronicle of Ceylon*（London, 1912）.

16　B. M. Barua, *Ashoka and His Inscriptions*（Calcutta, 1967）, vol. I, pp. 52–3.

17　S. Paranavitana, *Inscriptions of Ceylon*（1970）, vol. I, p.35. ins. 468, 引自：Daya Dissanayake, *Ashoka and Buddhism*, www.academia.edu, 2021 年 10 月 19 日访问。

18　John Strong, 'Asoka's Wives and the Ambiguities of Buddhist Kingship', Cahiers d'Extrême–Asie, XⅢ（2002）, p.47.

19 Jogesh Chunder Dutt, *Rajatarangini of Kalhana*, vols I and Ⅱ，见于：https://archive.org，2021 年 10 月 19 日访问。

20 *Tara*natha's History of Buddhism in India, trans. Lama Chimpa Alaka, ed. Debiprasad C Chattopadhyaya（Delhi, 1990），见于：https://archive.org，2021 年 10 月 19 日访问。

21 《大唐西域记》记载了他 17 年的旅行记录。这本书为明代吴承恩的小说《西游记》提供了灵感，《西游记》（西方人用"*Monkey*"指代本书）于 1942 年由亚瑟·韦利（Arthur Waley）首次翻译成英语。

22 Ibid., p.305.

第 8 章 孔雀王朝的政府和行政管理

1 关于孔雀王朝地理情况的详细讨论，参见：Irfan Habib and Faiz Habib, 'Mapping the Maurya Empire', Proceedings of the Indian History Congress（1989），vol. L, pp.57–79。

2 引自：John Watson McCrindle, ed., *Ancient India as Described by Megasthenes and Arrian*（Calcutta, 1877），p.72。

3 Ibid., p.36.

4 Romila Thapar, *Aśoka and the Decline of the Mauryas*, 3rd edn（New Delhi, 2013），pp.84–5.

5 McCrindle, *Ancient India as Described by Megasthenes and Arrian*, pp. 86–8.

6 Thapar, *Aśoka and the Decline of the Mauryas*, p.129.

7 Ibid., p.196.

8 Mark McClish and Patrick Olivelle, The Arthaśāstra:Selections from the Classic Indian Work on Statecraft, XXXVI（Indianapolis, in, 2012）. 另见：Mark Mc-Clish, The History of the Arthaśāstra:Sovereignty and Sacred Law in Ancient India（Cambridge, 2019）。

9 所有参考文献均采用以下著作中的篇章和句子编号：Patrick Olivelle, trans., King, Governance and Law in Ancient India:Kautilya's Arthaśāstra（New York, 2013）。

10 R. P. Kangle, *The Arthashastra of Kautilya:The Work*（Bombay, 1954），p.35.

11 参见 J. N. Sammaddar, *The Glories of Magadha* [1927]（Delhi, 2018），vol.I, p.57ff, 可以了解早在 1916 年就出现的反对意见摘要。

12 Thomas R. Trautmann, Kautilya and the Arthaśāstra（Leiden, 1971），p.175.

13 McClish, *The History of the Arthaśāstra*, pp.152–3.

14 Olivelle, *King, Governance and Law*, p.28.

15 Ibid., p.39.

16 两人都主张实用政治（一种基于实际而非道德或意识形态考虑的政治或原则体系）的政策，并且都优先考虑在强大统治者治下建立统一的国家。但是，这两者也有不同之处。在《君主论》（*The Prince*, 1532 年）中，马基雅维利是向特定地区的统治者推荐治国方略，而憍底利耶的作品是不受时空限制的一般指南。马基雅维利从总体上担心宗教会对人民产生毒害作用，而憍底利耶则支持传统的婆罗门信仰。参见：Stuart Gray, 'Reexamining Kautilya and Machiavelli:Flexibility and the Problem of Legitimacy in Brahmanical and Secular Realism', Political Theory, XLⅡ/6（2014）pp.635–57。

17 McClish and Olivelle, *The Arthaśāstra*, p.37.

18 这是《利论》第四篇篇名。——译者注

19 R. S. Sharma, *Aspects of Political Ideas and Institutions in Ancient India*, 4th edn（New Delhi, 1996）, p.373.

20 Gérard Fussman, 'Central and Provincial Administration in Ancient India:The Problem of the Maurya Empire', Indian Historical Quarterly, XIV/1–2（1987）.

21 G. M. Bongard–Levin, *Mauryan India*（New Delhi, 1985）, p.285.

第 9 章 孔雀王朝的经济与社会

1 Angus Maddison, *Contours of the World Economy, 1–2030 AD: Essays in Macro-Economic History*（Oxford, 2007）, p.381.

2 Mark McClish and Patrick Olivelle, The Arthaśāstra: Selections from the Classic Indian Work on Statecraft（Indianapolis, in, 2012）, p.xlv.

3 V. S. Agrawala, *India as Known to Pānini* [1953]（New Delhi, 2017）.

4 Johannes Bronkhorst, *How the Brahmins Won: From Alexander to the Guptas*（Boston, MA, and Leiden, 2016）, p.271.

5 引自：K. M. Shrimali, *The Age of Iron and the Religious Revolution*（Delhi, 2018）, p.37。

6 Vatsyayana, *Kamasutra*, trans. Wendy Doniger and Sudhir Kakar（Oxford, 2009）.

7 B. M. Barua, 'The Sohgaura Copper-Plate Inscription', *Annals of the Bhandarkar Oriental Research Institute*, XI/1（1930）, p. 48; and *The Archaeology of Early Historic South Asia: The Emergence of Cities and States*（Cambridge, 1995）, p.212.

8 引自：G. M. Bongard—Levin, 'Development of Trade in Modern India', in *Asoka 2300: Jugajjyoti: Asoka Commemoration Volume*, ed. H. B. Chowdhury（Calcutta, 1997）, p.138。

9 Vijay Kumar Thakur, 'Iron Technology and Social Change in Maurya India', *Proceedings of the Indian History Congress*, LVI（1995）, pp.77—87.

10 John Watson McCrindle, ed., *Ancient India As Described by Megasthenes and Arrian*（Calcutta, 1877）, p.44.

11 Patrick Olivelle, trans., *The Law Code of Manu*（Oxford, 2009）, p.43.

12 Kenneth G. Zysk, *Asceticism and Healing in Ancient India: Medicine in the Buddhist Monastery*（New York, 1991）. 对其理论的批评，请参阅：Rahul Peter Das, 'Kenneth G. Zysk: Asceticism and Healing in Ancient India: Medicine in the Buddhist Monastery', *Traditional South Asian Medicine*, VII（2003）, pp.228–32。

13 Mountstuart Elphinstone, *The History of India*, 6th edn（London, 1874）, p.261.

14 Ibid., p.1.

15 G. M. Bongard–Levin, *Mauryan India*（New Delhi, 1985）, p.198.

16 关于孔雀时代印度奴隶制的详细讨论，请参见：A. A. Vigasin, and A. M. Samozvantsev, *Society, State and Law in Ancient India*（New Delhi, 1985）, pp.108–33。

17 Romila Thapar, *Aśoka and the Decline of the Mauryas*, 3rd edn（New Delhi, 2015）, p.186.

18 McCrindle, *Ancient India As Described by Megasthenes and Arrian*, p.31.

19 此单位"薮"的中译采用朱成明的中译，参见：《利论》（商务印书馆 2020 年出

版，2022 年重印）附录一，第 714 页。
朱成明将之作为容量单位，本书作者
似乎将之作为重量单位。——译者注

20　Ibid., p.70.

21　Arrian, *Arrian's Anabasis of Alexander and Indica*（London 1893），p.418.

22　从马克思主义的角度研究娼妓业，参见：Sukumari Bhattacharji, 'Prostitution in Ancient India', *Social Scientist*, XV /2（February 1987），pp.32–9。

第 10 章　孔雀王朝的衰落

1　Romila Thapar, *Aśoka and the Decline of the Mauryas*, 3rd edn（New Delhi, 2015），p.244.

2　Stanley Tambiah, *World Conqueror and World Renouncer*（Cambridge, 1976），pp.70–71.

3　Thapar, *Aśoka and the Decline of the Mauryas*, p.260.

4　Hem Chandra Raychaudhuri, *Political History of Ancient India from the Accession of Parikshit to the Extinction of the Gupta Dynasty*（Calcutta, 1923），p.196.

5　Upinder Singh, *A History of Ancient and Early Medieval India*（Noida, 2018），p.266.

6　引自：Ranabir Chakravarti, *Exploring Early India up to AD 1300*, 3rd edn（Chennai, 2016），pp.175, 176。

7　G.M.Bongard—Levin, *Mauryan India*（New Delhi, 1985），p.92.

8　引自：Thapar, *Aśoka and the Decline of the Mauryas*, p.296。.

9　D. D. Kosambi, *An Introduction to the Study of Indian History*（Bombay, 2004），p.166.

10　即压瓦那王国（Yavanarajya），统治时

间为公元前 200 年—公元 10 年。——编者注

11　A.L.Basham, *The Wonder That Was India*, 3rd revd edn（London, 2004），p 59.

12　Ibid., p.67.

第 11 章　孔雀王朝的遗产

1　John S. Strong, ed. and trans., *The Legend of King Aśoka: A Study and Translation of the Aśokavadana*（Princeton, NJ, 1982），p.5.

2　参见：Qin Zhi Lau, 'Ideals of Buddhist Kingship: A Comparative Analysis of Emperors Aśoka and Wen of Sui', www.history.ucsb.edu, 2021 年 10 月 19 日访问。

3　原有的菩提树已经枯败，并在 1876 年的一场风暴中被吹倒，但亚历山大·卡宁厄姆爵士重新种下种子使其复活。

4　Strong, *The Legend of King Aśoka*, p.39.

5　J.A.B. Van Buitenen, ed. and trans., *Two Plays of Ancient India*（New York and London, 1968），p.19.

6　印度至少拍摄了八部梵语电影，而印度使用梵语的人还不到一万。参见：https://en.wikipedia. org/wiki/Sanskrit_cinema。

7　Alex von Tunzelmann, 'Asoka:Never Mind the Bullocks', *The Guardian*（13 August 2008）.

8　Jawaharlal Nehru, *The Discovery of India — Collected Writings — 1937—1940*（New York, 1972），p.13.

9　"不害主义"即非暴力主义。——编者注

10　'Bharatiya Janata Party（BJP）', www.britannica.com, 2017 年 4 月 12 日访问。

11　Apoornavand, 'Ashoka Had De—Militarised Himself, the BJP Is Busy Re—

Militarising Him', *Outlook* (12 April 2017) .

12 Anand S. T. Das, 'Historians Don' t Know the Date, but Bihar bjp Celebrates Emperor Ashoka' s Birthday', *New Indian Express* (25 April 2018) .

13 Max Müller, *A History of Ancient Sanskrit Literature* (London, 1859) , p.18, cited in Thomas R. Trautmann, *Kautilya and the Arthashastra* (Leiden, 1971) , p.299.

附　录　孔雀王朝的发现

1 关于这些发现的描述，参见：Charles Allen, Ashoka: *The Search for India's Lost Emperor* (New York, 2012) ; and N.S.Ramaswami, *Indian Monuments* (New Delhi, 1979)。

2 Allen, *Ashoka*, pp. xv, xvi.

3 N. S. Ramaswami, *Indian Monuments* (New Delhi, 1979) , p.2.

4 Dilip K. Chakrabarti, 'The Development of Archaeology in the Indian Subcontinent', *World Archaeology*, X Ⅲ /3 (February 1982) .

5 Bruce Rich, *To Uphold the World* (Boston, ma, 2010) , p.115.

6 A. Cunningham, 'An Account of the Discovery of the Ruins of the Buddhist City of Samkassa', *Journal of the Royal Asiatic Society* (1843) , pp.241–7.

7 Chakrabati, 'The Development of Archaeology', p.333.

8 E. Hultzsch, *Inscriptions of Ashoka: Corpus Inscriptiorium Indicorum* (Oxford, 1925) , vol.I.

9 Radhakumur Mookerji, 引自: Allen, *Ashoka*, p.347。

10 Shankar Goyal, 'Main Trends in the Historiography of the Early Maurya Empire Since Independence', *Annals of the Bhandarkar Oriental Research Institute*, LXXVI/1/4 (1995) , pp.51– 68.

11 戈亚尔（Goyal）指出，所有马克思主义历史学家都将《利论》归为孔雀王朝时期，也许是因为《利论》的世俗和唯物主义方法为他们提供材料将马克思主义理论应用于孔雀王朝时代主流的趋势。同上，第 59 页。

12 Mark McClish, *The History of the Arthaśāstra: Sovereignty and Sacred Law in Ancient India* (Cambridge, 2019) .

参考文献

前 言

1 Peter Turchin, Jonathan M. Adams and Thomas D. Hall, 'East–West Orientation of Historical Empires and Modern States', *Journal of World-Systems Research,* xii/2 (2006), pp. 219–29.

2 H. G. Wells, 'Chapter xxix: Ashoka', *A Short History of the World,* www.bartleby.com, accessed 19 October 2021.

3 'Resolution Re: National Flag,' *Constituent Assembly Debates,* 22 July 1947, https:// indiankanoon.org.

4 Romila Thapar, *Aśoka and the Decline of the Mauryas,* 3rd edn (New Delhi, 2015), p. 15.

第 1 章　摩揭陀的兴起

1 C. T. Lakshmanan, 'Ancient System of Town Planning in India', www.slideshare.net, accessed 19 October 2021.

2 Vagheesh M. Narasimhan et al. 'The Genomic Formation of South and Central Asia', BioRxiv, www.biorxiv.org, 31 March 2018. Because the authors did not have direct access to dna from Indus Valley sites in India, they based their findings on an analysis of dna from three individuals found in the Swat Valley in Pakistan, called 'Indus Valley periphery' individuals.

3 Some scholars question whether one can generalize on the basis of such a small sample

and argue that more research is needed. The theory has also been challenged by Hindu nationalists, who argue that the IndoAryans originated in India and spread through Europe and Asia.

4 Rochester Institute of Technology, 'New Mathematical Method Shows How Climate Change Led to the Fall of Ancient Civilization', PhysOrg (3 September 2020).

5 F. R. Allchin, 'The End of Harappan Urbanism and Its Legacy', in The *Archaeology of Early Historic South Asia: The Emergence of Cities and States*(Cambridge, 1995), p. 38.

6 Robin Coningham and Ruth Young, *The Archaeology of South Asia* (New York, 2015), p. 474.

7 Asko Parpola, 'Indus Civilisation', in *Brill's Encyclopedia of Hinduism,* ed. Knut A. Jacobsen (Leiden, 2012), vol. iv, p. 7.

8 See Arunima Kashyap and Steve Weber, 'Harappan Plant Use Revealed by Starch Grains from Farmana, India', *Antiquity Journal,* lxxxiv/326(December 2010). Information also comes from the exhibition 'Historical Gastronomica' at the National Museum, New Delhi, 19–25 February 2020. 231.

9 An alternate theory, called the 'Out of India' theory, holds that the Indo-Aryans are indigenous to the Indian subcontinent and migrated north. This theory is not taken seriously by most academics but remains the subject of debate in some circles.

10 Hem Chandra Raychaudhuri, *Political History of Ancient India from the Accession of Parikshit to the Extinction of the Gupta Dynasty* (Calcutta, 1923), p. ii.

11 The English word 'caste' (from the Portuguese casta, meaning 'colour') is rather confusedly used to refer to two separate, though related, institutions: varna ('colour' in Sanskrit), which refers to four basic divisions of society and may be translated as class, and jati (birth), a more narrowly defined group related by occupation or birth.Another way of looking at this distinction is that varna is mainly a ritual status, while jatis are sociological groups.

12 Quoted in A. L. Basham, *The Wonder That Was India,* 3rd revd edn (London, 2004), p. 243.

13 While iron ores were found throughout the subcontinent, its high melting point of 1,538°c (compared with 1,085°c for copper) made it difficult to use until technologies were developed, such as special high-temperature furnaces and procedures to remove impurities. Archaeological evidence indicates that iron was used to make farm implements, weapons, tools and other artefacts in the Gangetic Valley as early as the second millennium bce and that by 800–500 bce iron was used in virtually all regions.

14 Romila Thapar, *A History of India* (Baltimore, md, 1968), vol. i, pp. 52–3.

15 Dieter Schlingloff, *Fortified Cities of Ancient India: A Comparative Study* (London, 2013), pp. 28–9.

16 Ibid., p. 40.

17 Ibid., p. 32.

18 Ibid., pp. 30–31.

19 F. Tritsch, *Die Stadtbildungen des Altertums und die griechische Polis,* xxii(Leipzig, 1929), cited ibid., p. 45.

20 Coningham and Young, The Archaeology of South Asia, pp. 362–6.

21 J. N. Samaddar, *The Glories of Magadha,* 2nd edn (Patna, 1927), p. 6.

22 Thapar, *History of India,* p. 55.

23 A. L. Basham, *The Wonder That Was India*, p. 48.

24 The origin of the name is unclear. One explanation is that it comes from the word patali, which means 'trumpet flower' (*Brugmansia suaveolens*), a plant that is abundant in modern-day Patna. Patali was also the name of a mythological queen. A third theory is that it comes from the word *pattan,* meaning 'port' in Sanskrit, reflecting its location.

25 In 1899 Rabindranath Tagore wrote the poem *Pujarini* about the murder of a servant girl, who worships Buddha, on the order of Ajatashatru, who persecuted Buddhists after murdering his father. Where this story comes from is unknown. Tagore later turned it into a film, *Natir Puja* (1932), the only film he directed and in which he played a cameo role.

26 H. C. Raychaudhuri, 'The Nandas', in *Age of the Nandas and Mauryas,* ed. K. A. Nilakanta Sastri (New Delhi, 1996), p. 11.

27 Romila Thapar, *Aśoka and the Decline of the Mauryas,* 3rd edn (New Delhi, 2015), p. 15.

28 Radhakumud Mookerji, *Chandragupta Maurya and His Times* (New Delhi, 2016) p. 6.

第 2 章　宗教生活

1 Johannes Bronkhorst, *Greater Magadha: Studies in the Culture of Early India* (*Handbook of Oriental Studies,* Section 2: *South Asia*), xix (Leiden and Boston, ma, 2007), p. 9.

2 Quoted in K. M. Shrimali, *The Age of Iron and the Religious Revolution*(Delhi, 2018), p. 38.

3 Probably the Tungavena River, today the Tunga River in Karnataka. It is unlikely that Megasthenes travelled this far, and he may have heard about it from others.

4 John Watson McCrindle, ed., *Ancient India as Described by Megasthenes and Arrian* (Calcutta, 1877), pp. 120, 121.

5 I have avoided the use of the word sect to describe the Buddhists, Jains, Ajivikas and other groups because of its generally negative or disapproving connotations. In English, it denotes a religious group thathas separated from a larger religion, negating its status as an independent system.

6 James Laidlaw, *Riches and Renunciation: Religion, Economy and Society among the Jains* (Oxford, 2003), p. 153.

7 The dates of Gautama Buddha's birth and death are uncertain. At a 1988 symposium, the majority of those who presented definite opinions gave dates within twenty years either side of 400 bce for the Buddha's death. Heinz Berchert, ed., *Die Datientung des Historischen Buddha, Part i: Symposien Zur Buddhismus Forschung,* iv/1 (Gottingen, 1991). For a review, see A. K. Narain, *Journal of the International Association of Buddhist Studies,* xvi/1 (1979), pp. 187–201.

8 A. L. Basham, *The Wonder That WasIndia,* 3rd revd edn (London, 2004), p. 273.

9 Later, when Buddhism spread throughout Asia and split into different sects, the propriety of eating meat became a subject of doctrinal dispute. Today in Southeast Asia and Sri Lanka, monks eat meat if it is given to them, whereas in China, Korea and Vietnam, they are strictly vegetarian. In Tibet, a cold country where vegetables are scarce, vegetarianism is rare and even the Dalai Lama eats meat.

10 Basham, *The Wonder That Was India,* p. 267.

11 Sarvasiddhanta Samgraha, Verse 8, quoted in Ray Billington, *Understanding Eastern Philosophy* (London, 1997), p. 44.

12 Ibid., pp. 44–5.

第 3 章　波斯人、希腊人和印度

1 See Richard Stoneman, *The Greek Experience of India* (Princeton, nj, 2019), pp. 26–8.

2 In Old Persian, which is related to Sanskrit, an initial 's' in Sanskrit became 'h'. When the word entered Greek from Persian, the initial 'h' was dropped, becoming 'India', 'Indus' and so on. In this form it reached Latin and other European languages, but in Arabic it retained the initial 'h', giving Hindustan, Hindu and so on. John Keay, *India: A History* (New York, 2000), pp. 57–8.

3 For these and a complete list of other inscriptions, see 'Achaemenid Royal Inscriptions', www.livius.org, accessed 19 October 2021.4 This may not be as fantastic as it sounds. The French ethnologist Michel Peissel reported finding a desert in an isolated region of northern Pakistan where the sand contains a lot of fine gold dust. While digging its burrows, the Himalayan marmot kicks up the dust, which the local inhabitants have collected for generations. Michel Peissel, *The Ants' Gold: The Discovery of the Greek El Dorado in the Himalayas* (New York, 1984).

4 A celebrated example is the epic poem the Dionysiaca, written in the late fourth or early fifth century ce by Nonnus of Panopolis in southern Egypt. Zeus ordered Dionysus to travel to India because the inhabitants refused to worship him, preferring their own gods of fire and water. He put together a huge army, consisting mainly of women, and invaded India, where he encountered King Deriades, son of the Jhelum River. Dionysus offered him wine, but Deriades drank only water (being halfriver himself) and insisted 'my wine is my spear.' They fought several battles and, although he was helped by the sorcery of the Brahmins, Deriades eventually lost. Since the Greeks believed that every great people was founded by a hero, Nonnus claimed that the Indian race was founded by one of the Titans, called Indos. The story has inspired both poets and painters including Nicolas Poussin and, more recently, Marguerite Yourcenar and Simone Veil.

5 John Keay, *India: A History* (New York, 2000), p. 72.

6 Ibid., p. 75.

7 D. D. Kosambi, *An Introduction to the Study of Indian History* (Bombay, 2004), p. 191.

8 Aubrey Stewart and George Long, trans., *Plutarch's Lives* (London, 1892), vol. Ⅲ, p. 361.

9 Jawaharlal Nehru, *The Discovery of India* (New Delhi, 2004), p. 115.

10 Abu'l-Fazl Allami, *A'in-i-Akbari,* trans. H. Blochmann (New Delhi, 1989), vol. xiii, pp. 365 73.

11 For an interesting discussion of this topic, see Bram Fauconnier, 'Ex Occidente Imperium: Alexander the Great and the Rise of the Maurya Empire', *Histos 9* (2015), pp. 129–73.

12 Ian Worthington, *By the Spear: Philip ii, Alexander the Great, and the Rise and Fall of the Macedonian Empire* (New York, 2016), p. 261.

13 'Yona', www.newworldencyclopedia.org, accessed 19 October 2021.

14 Other Greek words from Sanskrit include *karpasos,* 'cotton', from the Sanskrit word *karpasa*, and camphor from the Sanskrit word *karpura*.

15 Worthington, *By the Spear,* p. 104.

16 Ibid., p. 242.

17 Tristram Stuart, *The Bloodless Revolution* (New York and London, 2006), p. 43.

18 Quoted in Richard Stoneman, 'The Brahmins in the Alexander Historians and the Alexander Romance', *Journal of Hellenic Studies,* cxv(1995), p. 103.

19 Johannes Bronkhorst, *How the Brahmins Won: From Alexander to the Guptas* (Leiden and Boston, ma, 2016), p. 3.

第4章 孔雀王朝的先人：旃陀罗笈多和宾头沙罗

1 H. C. Raychaudhuri, 'Chandragupta and Bindusara', in *Age of the Nandas and Mauryas,* ed. K.A.N. Shastri (New Delhi, 1996), p. 133.

2 Cited in Bram Fauconnier, 'Ex Occidente Imperium: Alexander the Great and the Rise of the Maurya Empire', *Histos 9* (2015), p. 126.

3 Hans Claude Hamilton and W. Falconer, trans., *The Geography of Strabo*(London and New York, 1903–6), ii.1.9.

4 John Watson McCrindle, ed., *Ancient India as Described by Megasthenes and Arrian* (Calcutta, 1877), p. 22.

5 Cited in Radhakumud Mookerji, *Chandragupta Maurya and His Times* (Delhi, 2016), p. 233.

6 Ibid., pp. 231, 233.

7 Marcus Junianus Justinus, *Epitome of the Philippic History of Pompeius Trogus,* trans. Rev. John Selby Watson (London, 1853), Book xv, Chapter 4, www.forumromanum.org, accessed 19 October 2021.

8 See Ranabir Chakravarti, *Exploring Early India up to ad 1300,* 3rd edn (New Delhi 2017), p. 133; and Grant Parker, 'Ashoka the Greek: Converted and Translated', in *Reimagining Aśoka: Memory and History,*ed. Patrick Olivelle, Janice Leoshko and Himanshu Prabha Ray (New Delhi, 2012), p. 310.

9 John Watson McCrindle, *Ancient India as Described in Classical Literature*(London, 1901),

p. 209.

10 Dieter Schlingloff, *Fortified Cities of Ancient India: A Comparative Study*(London, 2014), p. 32. He notes that although Megasthenes' description sounds so improbable that one might question its reliability, his reports on road measurements were confirmed by the Chinese pilgrims centuries later.

11 G. M. Bongard-Levin, *Mauryan India* (New Delhi, 1985), p. 126.

12 Ibid., p. 39.

13 Quoted in McCrindle, *Ancient India as Described by Megasthenes,* pp. 141–2.

14 After coming to power, the Achaemenids adopted the high cuisine of Mesopotamia that had been developed over thousands of years. Their kitchens had hundreds of cooks, each with his own speciality, and each day thousands of animals were slaughtered for the king's table. Sauces going back to Sumerian times were prepared and ingredients were brought from all parts of the vast empire. The Achaemenids were renowned for hosting lavish dinners, which the Mauryas may have emulated.

15 A Chinese visitor to Kerala in the thirteenth century writes that the ruler was guarded by five hundred selected foreign women, chosen for their fine physique. Early European travellers left detailed accounts ofwomen bodyguards at both Hindu and Muslim courts. The Mughal tradition was to use Tartar, Uzbek, Kalmyk and Georgian women from Central Asia to carry palanquins and guard the court. Ranjit Singh, the Sikh ruler of the Punjab in the early nineteenth century, had what one Englishman called troops of Amazons armed with bows and arrows who, it was said, were feared more than the fiercest Afghan warlord. For a discussion of this subject, see Walter Duvall Penrose Jr, *Postcolonial Amazons: Female Masculinity and Courage in Ancient Greek and Sanskrit Literature* (Oxford, 2016).

16 McCrindle, *Ancient India as Described by Megasthenes,* pp. 72–3.

17 Thomas R. Trautmann, *Kautilya and the Arthasastra: A Statistical Investigation of the Authorship and Evolution of the Text* (Leiden, 1971), p. 15.

18 John S. Strong, ed. and trans., *The Legend of King Ashoka: A Study and Translation of the Aśokavadana* (Princeton, nj, 1982), pp. 208–9.

第 5 章　阿育王的生平和铭文

1 Robert Lingat, *Royautés bouddhiques: Ashoka et la fonction royale à Ceylan*(Paris, 1989), p. 19.

2 As an example of the role of serendipity in discovering the inscriptions, in March 1978 C. S. Patil was sent to Tekkalakota in Karnataka by the State Director of Archaeology because an informant reported finding an additional set of inscriptions in the area. It turned out that these inscriptions had been discovered six months earlier. While the informant and Mr Patil were discussing their disappointing excursion over dinner at a restaurant, they were overheard by a young man at the next table, who told them about a set of inscriptions he had found near his village. When they went there the next day, they discovered a rock

with previously unknown Ashokan inscriptions. Harry Falk, *Aśokan Sites and Monuments: A Source Book with Bibliography* [*Monographien zur indischen Archaologie, Kunst und Philologie*] (Mainz, 2006), vol. v, pp. 101–2.

3 D. R. Bhandarkar, *Ashoka: The Carmichael Lectures,* 1923 (Calcutta, 1925), pp. 159–61.

4 Patrick Olivelle, 'Introduction', in *Aśoka in History and Historical Memory,* ed. Patrick Olivelle (New Delhi, 2009), p. 1.

5 For a detailed discussion of this topic, see Marco Franceschini, *History of Indic Scripts* (2016), www.academia.edu; and Richard Salomon, 'On the Origin of The Early Indian Scripts: A Review Article', *Journal of the American Oriental Society,* cxv/2 (1995), pp. 271–9.

6 K. R. Norman, 'The Languages of the Composition and Transmission of the Ashokan Inscriptions', in *Reimagining Ashoka,* ed. Patrick Olivelle et al. (New Delhi, 2012), p. 57. According to Dr Peggy Mohan in a private communication, the Ashokan Prakrits were spoken by elites throughout India and were not vastly different from region to region. She concludes that during Vedic times, people were probably still speaking pre-Indo European languages and that the spread of the Prakrits all over the north had asort of homogenizing effect at the elite level. Peggy Mohan, *Tongues that Travelled: How Migration Shaped Languages in India* (New Delhi, 2021).

7 Lallanji Gopal, 'Early Greek Writers on Writing in India', *Proceedings of the Indian History Congress,* xxxvii (1976), pp. 544–52.

8 Harry Falk, *Schrift im Alten Indien. Ein Forschungsbericht mit Anmerkungen, Script Oralia 56,* 1993, quoted in Richard Salomon, 'On the Origin of the Early Indian Scripts: A Review Article', *Journal of the American Oriental Society,* cxv/2 (1995), p. 278.

9 K. Rajan and V. P. Yatheeskumar 'New Evidence on Scientific Dates for Brahmi Script, as Revealed from Porunthal and Kodumanal Excavations' (26 February 2013), https://documents.pub.

10 For navigable three-dimensional views of the edicts, see 'Major Rock Edicts', https://en.wikipedia.org, accessed 19 October 2021.

11 Harry Falk, 'The Tidal Wave of Indian History', in *Between the Empires,* ed. Patrick Olivelle (New Delhi, 2006), p. 160.

12 Harry Falk, *Aśokan Sites and Monuments: A Source Book with Bibliography* [*Monographien zur indischen Archaologie, Kunst und Philologie*] (Mainz, 2006), vol. xviii, p. 55.

13 Ibid., p. 157.

14 Ibid., p. 139.

15 Quoted by John Irwin in 'Aśokan Pillars: A Reassessment of the Evidence', *Burlington Magazine,* cxv (November 1973), p. 713.

16 Falk, *Aśokan Sites and Monuments,* p. 139.

17 Irwin, 'Aśokan Pillars', pp. 706–20; 'Part ii: Structure', *Burlington Magazine,* cxvi (December 1974), pp. 712–27; 'Part Ⅲ Capitals', *Burlington Magazine,* xvii (October 1975), pp. 631–43; 'Part iv: Symbolism', *Burlington Magazine,* xviii (November 1978), pp.

734–53.

18 See, for example, Falk, *Aśokan Sites and Monuments,* p. 139.

19 A. K. Coomaraswamy, *History of Indian and Indonesian Art* (New Delhi, 1972), pp. 13–14.

20 Falk, *Aśokan Sites and Monuments,* p. 255.

21 E. M. Forster, *A Passage to India* (New York, 1952), pp. 124–5, 147.

22 Falk, *Aśokan Sites and Monuments,* p. 256.

23 Piyush Kumar Tripathi, 'Light of Facts on Cave of Death: Bengal Research Team Deciphers Engravings, Reveals Sect Rituals', *The Telegraph* (9 September 2013).

24 V. H. Jackson, ed., *Journal of Francis Buchanan, 1811–1812: Patna and Gaya* (New Delhi, 1989), p. 14.

25 Nayanjot Lahiri, 'Ashoka: History and Memory', Karwaan Distinguished Lecture series, 17 January 2021.

26 Charles Allen, *Ashoka: The Search for India's Lost Emperor* (New York, 2012), p. 343.

27 K. N. Reddy, 'Sunday Story: At Sannati, Where Asoka Died, No One Cares for His Legacy!' (17 September 2017), www.deccanchronicle.com.

第6章　阿育王的正法信息

1 The translations of the inscriptions in this work have been shortened, adapted and in some cases paraphrased by me using several sources: 1) the original translation by E. Hultzsch (1857–1927), first published in 1925, found at https://archive.org; 2) Romila Thapar, *Aśoka and the Decline of the Mauryas,* 3rd edn (New Delhi, 2015)Appendix v, pp. 376–94, which are adaptations of those made by Hultzsch; 3) Ven S. Dhammika, *The Edicts of King Asoka,* found at www.cs.colostate.edu; and 4) *The Ashoka Project on the Bibliotheca Polyglotta* by the University of Texas at Austin and the University of Oslo, www2.hf.uio.no (all accessed 19 October 2021).

2 Nayanjot Lahiri, *Ashoka in Ancient India* (Cambridge, ma, and London, 2015), p. 117.

3 The identity of these Yona (Sanskrit: *yavana*) is a matter of debate. Some scholars identify them with the Persians or with foreigners in general; other with the residents of territories ceded to Chandragupta by Seleucus. Arrian refers to a Greek colony located between the Kabul and Indus River that was founded even before Alexander's campaign. The location and identity of the Kambojas is also controversial, having been variously assigned to Tibet, the Hindu Kush, the Panirs, Kashmir, near Kabul, and so on.

4 André Dupont-Sommer, 'Essenisme et Bouddhisme', *Comptes rendus des séances de l'Académie des inscriptions et belles-lettres,* cxxiv/4 (1980), pp. 698–715.

5 Amartya Sen, *The Argumentative Indian* (New York, 2005), p. 16.

6 Vincent Smith, *Akbar: The Great Mogul* (Oxford, 1917), p. 257.

7 On Akbar's death, the Islamic theologian Abdul Haq concluded that, despite his innovations, Akbar had remained a good Muslim. Quoted in Sen, *The Argumentative Indian,* p. 289.

8 E. Hultzsch, 'Ashoka's Fourth Rock-Edict and His Minor Rock-Edicts', *Journal of the Royal Asiatic Society of Great Britain and Ireland* (July 1913), pp. 651–3.

9 Timothy Lubin, 'Aśoka's Disparagement of Domestic Ritual and its Validation by the Brahmins', *Journal of Indian Philosophy,* xli/1(February 2013), p. 39.

10 D. D. Kosambi, *An Introduction to the Study of Indian History* (Bombay, 2004), p. 166.

11 D. R. Bhandarkar, *Aśoka* [1925] (New Delhi, 2000), p. 16.

12 Tisya, which has been identified with a star in the Cancer Constellation, is an important star in the Vedic and Puranic literature. The reason for the ban on killing certain animals at this time may be because it marked the beginning of the winter solstice festival that would be marked by large-scale sacrifices.

13 Irfan Habib and Vivekanand Jha, *Mauryan India* (Aligarh, 2013), p. 78.

14 For a discussion of veterinary medicine in India, see G. Mazars, 'La médecine vétérinaire traditionnelle en Inde', *Revue scientifique et technique de l'Office international des Epizooties,* xiii/2 (1994), pp. 433–42.See also Calvin W. Schwabe, *Cattle, Priests and Progress in Medicine*(Minneapolis, mn, 1978), pp. 146–7.

15 Veterinarians applied the same Ayurveda categories to animals as to humans. Prevention was important, especially by keeping the stables clean and feeding animals in moderation. Medicines were mainly plantbased and administered as they were in human medicine. Even today, Indian laboratories produce medicines for domestic animals based on traditional Ayurvedic recipes. The Veterinary Council of India has adopted as its symbol the sculpture of a bull from the Sanchi pillar and part of the text from the inscription as a motto.

16 Allami Abu'l-Fazl, *A'in-i-Akbari,* trans. H. Blochmann (New Delhi, 1989), vol. i, p. 64.

17 Bhandarkar, *Aśoka,* p. 80.

18 Stylistically, it is different from the other inscriptions in that it is written in the third person, not in the king's own name. It is in extremely good condition, as if it were cut more recently. As a result, some scholars theorize that it could have been inscribed centuries later or even by the archaeologist who discovered it in 1896, Anton A. Fuhrer, a known forger and dealer in fake antiquities. See Charles Allen, *The Buddha and Dr Fuhrer: An Archaeological Scandal* (New Delhi, 2010). For a critique of Allen's work, see the review by E. Ciurtin, *Archaeus* xv/3 (2011), pp. 542–6.

19 The texts were *Vinaya-Samukasu* (The Exaltation of Discipline); *Ariyavamsa* (The Ideal Mode of Life); *Anagata-bhayas* (Fears to Come); *Muni-gathas* (Songs of the Hermit); *Moneya-suta* (Discourse on the Hermit Life); *Upatisa-pasina* (The Questions of Upatishya (a disciple of Buddha)); and *Laghulovada* (The Sermon to Rahula (the Buddha's only son)).

20 Bhandarkar, *Aśoka,* pp. 88–9.

21 The standard colour for Buddhists' robes was brown, shading into reddish, yellow- or orange-brown. The Buddha allowed six kinds of dye: root dye, stem (wood) dye, bark dye, leaf dye, flower dye and fruit dye. White was a standard colour for laypeople's garments; thus, wearing white would be a sign of being expelled from the Sangha.

22 Romila Thapar, 'Ashoka: A Retrospective', in *Reimagining Aśoka: Memory and History,* ed. Janice Leoshko and Himanshu Prabha Ray(New Delhi, 2012), p. 19.

23 John Strong, 'Images of Ashoka', in *King Ashoka and Buddhism: Historical and Literary Studies,* ed. Anuradha Seneviratna (Kandy, Sri Lanka, 2007), p. 161.

24 Richard Gombrich, 'Ashoka – the Great *Upasaka', in King Asoka and Buddhism,* p. 3.

第 7 章　传奇阿育王：佛教叙事

1 John S. Strong, ed. and trans., *The Legend of King Ashoka: A Study and Translation of the Aśokavadana* (Princeton, nj, 1982), p. 5.

2 Vincent Smith, *Ashoka: The Buddhist Emperor of India* (Oxford, 1901), pp. 15ff.

3 Ananda W. P. Guruge, *Ashoka the Righteous: A Definitive Biography*(Colombo, Sri Lanka, 1993). Written by a distinguished Sri Lankandiplomat to commemorate the 2,300th anniversary of the introduction of Buddhism to Sri Lanka, this work has a preface by Ranasinghe Premadasa, president of the Republic of Sri Lanka. Guruge writes that the book is intended to counter the 'blatant biases and unjustified prejudices' of previous scholars – not only Europeans such as Vincent Smith but Indians for whom 'chauvinistic considerations have overshadowed the scholarly objectivity'. Guruge argues that the Sri Lankan Pali sources are of far greater historical value than other extant literary sources and that scholars have been too ready to discount their historical reliability. One of his arguments for their authenticity is the internal consistency of works written over nearly two millennia, although, as the Buddhist scholar Richard Gombrich points out, this is because they were copying from each other. However, Guruge does not discount the value of Ashoka's inscriptions; he includes translations as well as the Prakrit originals. Gombrich praised the work's comprehensiveness but called it both 'a work of scholarship and a piece of cultural politics'. Richard Gombrich, 'Reviewed Work: *Ashoka, the Righteous: A Definitive Biography* by Ananda W. P. Guruge', *Journal of the Royal Asiatic Society* (Third Series), vi/1 (April 1996), pp. 117–19; B. M. Barua, *Ashoka and His Inscriptions* (Calcutta, 1946), vol. I, p.1; and T. W. Rhys Davids, *Buddhist India* [1930] (Calcutta, 1959), quoted in Strong, *The Legend of King Ashoka,* p. 12.

4 Wilhelm H. Geiger, 'The Trustworthiness of the *Mahavamsa', Indian Historical Quarterly,* vi/2 (June 1930), p. 209.

5 The Theravada school of Buddhism draws its scriptural inspiration from the Pali canon and claims to adhere most closely to the original doctrines and practices taught by the Buddha. Theravadans trace their sectarian lineage back to the Elders (Pali: *theras*) who followed the tradition of the senior monks of the first Buddhist Sangha. Many Theravada Buddhists are monks and nuns who follow the Buddha's teachings to attain enlightenment and freedom from the cycle of rebirth. Mahayana Buddhism (the Great Vehicle) is an umbrella term for a wide variety of schools in Tibet, Japan and China. The goal of some Mahayana Buddhists is to become Bodhisattvas, people who stay in the cycle of rebirths and help others to achieve enlightenment. 'The Buddhist Schools', www.buddhanet.net, accessed 19 October 2021.

6 *Légende de l'empereur Açoka* (Paris, 1923), quoted in Strong, *The Legend of King Ashoka,* p. 27.

7 Strong, *The Legend of King Ashoka,* pp. 49–56.

8 *Saraca asoca.* Prized for its beautiful foliage and fragrant yellow flowers that turn red, the tree is considered sacred throughout the subcontinent. The Buddha was said to have been born under an Ashoka tree in Lumbini.

9 Strong, *The Legend of King Ashoka,* p. 107.

10 Historians have tried to identify this eclipse and use it to help date events in Ashoka's life. There were three eclipses of the sun during Ashoka's reign. According to Thapar, it was most likely the one that occurred on 4 May 249 bce. Romila Thapar, *Aśoka and the Decline of the Mauryas,* 3rd edn (New Delhi, 2015), p. 65.

11 Stanley J. Tambiah, *World Conqueror and World Renouncer* (Cambridge, 1976), p. 32.

12 Strong, *The Legend of King Ashoka,* pp. 236, 238.

13 Ibid., pp. 291–2.

14 Ibid., p. 291.

15 Wilhelm Geiger, trans.,*The Mahavamsa; or, The Great Chronicle of Ceylon*(London, 1912).

16 B. M. Barua, *Ashoka and His Inscriptions* (Calcutta, 1967), vol. i, pp. 52–3.

17 S. Paranavitana, *Inscriptions of Ceylon* (1970), vol. i, p. 35. ins. 468, quoted in Daya Dissanayake, *Ashoka and Buddhism,* https://www.academia.edu, accessed 19 October 2021.

18 John Strong, 'Asoka's Wives and the Ambiguities of Buddhist Kingship', *Cahiers d'Extrême-Asie,* xiii(2002), p. 47.

19 Jogesh Chunder Dutt, *Rajatarangini of Kalhana,* vols i and ii, found at https://archive.org, accessed 19 October 2021.

20 *Taranatha's History of Buddhism in India,* trans. Lama Chimpa Alaka, ed. Debiprasad C Chattopadhyaya (Delhi, 1990), found at https://archive.org, accessed 19 October 2021.

21 His account of his seventeen-year journey was recorded in the text *Great Tang Records on the Western Regions,* which provided the inspiration for the novel *Journey to the West,* written by Wu Cheng'en during the Ming dynasty (known in the west as 'Monkey'), translated by Arthur Waley.

22 Ibid., p. 305.

第 8 章 孔雀王朝的政府和行政管理

1 Paul George Demeny and Geoffrey McNicoll, *Encyclopedia of Population* (New York, 1983).

2 For a detailed discussion of the geography of the Maurya Empire, see Irfan Habib and Faiz Habib, 'Mapping the Maurya Empire', *Proceedings of the Indian History Congress* (1989), vol. l, pp. 57–79.

3 Quoted in John Watson McCrindle, ed., *Ancient India as Described by Megasthenes and*

Arrian (Calcutta, 1877), p. 72.

4 Ibid., p. 36.

5 Romila Thapar, *Aśoka and the Decline of the Mauryas,* 3rd edn (New Delhi, 2015), pp. 84–5.

6 McCrindle, *Ancient India as Described by Megasthenes and Arrian,* pp. 86–8.

7 Thapar, *Aśoka and the Decline of the Mauryas,* p. 129.

8 Ibid., p. 196.

9 Mark McClish and Patrick Olivelle, *The Arthaśāstra: Selections from the Classic Indian Work on Statecraft,* xxxvi (Indianapolis, in, 2012). See also Mark McClish, *The History of the Arthaśāstra: Sovereignty and Sacred Law in Ancient India* (Cambridge, 2019).

10 All references are to book, chapter and sentence numbers in the following work: Patrick Olivelle, trans., *King, Governance and Law in Ancient India: Kautilya's Arthaśāstra* (New York, 2013).

11 R. P. Kangle, *The Arthashastra of Kautilya: The Work* (Bombay, 1954), p. 35.

12 See J. N. Sammaddar, *The Glories of Magadha* [1927] (Delhi, 2018), vol. i, p. 57ff, for a summary of the objections that were made as early as 1916.

13 Thomas R. Trautmann, *Kautilya and the Arthaśāstra* (Leiden, 1971), p. 175.

14 McClish, *The History of the Arthaśāstra,* pp. 152–3.

15 Olivelle, *King, Governance and Law,* p. 28.

16 Ibid., p. 39.

17 Both advocated a policy of *realpolitik* – a system of politics or principles based on practical rather than moral or ideological considerations – and both prioritized a need for a unified state under a strong ruler. However, there are differences. In The *Prince* (1532), Machiavelli recommends policies to specific rulers for a certain geographical area, whereas Kautilya's work is a general guide that is independent of time and place. Machiavelli was generally sceptical of religion as a corrupting influence on the people, whereas Kautilya supported traditional Brahminical beliefs. See Stuart Gray, 'Reexamining Kautilya and Machiavelli: Flexibility and the Problem of Legitimacy in Brahmanical and Secular Realism', *Political Theory,* xlii/6 (2014) pp. 635–57.

18 McClish and Olivelle, *The Arthaśāstra,* p. 37.

19 R. S. Sharma, *Aspects of Political Ideas and Institutions in Ancient India,* 4th edn (New Delhi, 1996), p. 373.

20 Gérard Fussman, 'Central and Provincial Administration in Ancient India: The Problem of the Maurya Empire', *Indian Historical Quarterly,* xiv/1–2 (1987).

21 G. M. Bongard-Levin, *Mauryan India* (New Delhi, 1985), p. 285.

第 9 章　孔雀王朝的经济与社会

1 Angus Maddison, *Contours of the World Economy, 1–2030 ad: Essays in Macro-Economic History* (Oxford, 2007), p. 381.

2 Mark McClish and Patrick Olivelle, *The Arthaśāstra: Selections from the Classic Indian Work on Statecraft* (Indianapolis, in, 2012), p. xlv.

3 V. S. Agrawala, *India as Known to Panini* [1953] (New Delhi, 2017).

4 Johannes Bronkhorst, *How the Brahmins Won: From Alexander to the Guptas* (Boston, ma, and Leiden, 2016), p. 271.

5 Quoted in K. M. Shrimali, *The Age of Iron and the Religious Revolution*(Delhi, 2018), p. 37.

6 Vatsyayana, *Kamasutra,* trans. Wendy Doniger and Sudhir Kakar (Oxford, 2009).

7 B. M. Barua, 'The Sohgaura Copper-Plate Inscription', *Annals of the Bhandarkar Oriental Research Institute,* xi/1 (1930), p. 48; and *The Archaeology of Early Historic South Asia: The Emergence of Cities and States* (Cambridge, 1995), p. 212.

8 Quoted in G. M. Bongard-Levin, 'Development of Trade in Modern India', in Asoka 2300: *Jagajjyoti: Asoka Commemoration Volume,* ed. H. B. Chowdhury (Calcutta, 1997), p. 138.

9 Vijay Kumar Thakur, 'Iron Technology and Social Change in Maurya India', *Proceedings of the Indian History Congress,* lvi (1995), pp. 77–87.

10 John Watson McCrindle, ed., *Ancient India As Described by Megasthenes and Arrian* (Calcutta, 1877), p. 44.

11 Patrick Olivelle, trans., *The Law Code of Manu* (Oxford, 2009), p. 43.

12 Kenneth G. Zysk, *Asceticism and Healing in Ancient India: Medicine in the Buddhist Monastery* (New York, 1991). For a critique of his theory, see Rahul Peter Das, 'Kenneth G. Zysk: Asceticism and Healing in Ancient India: Medicine in the Buddhist Monastery', *Traditional South Asian Medicine*, vii (2003), pp. 228–32.

13 Mountstuart Elphinstone, *The History of India,* 6th edn (London, 1874), p. 261.

14 Ibid., p. 1.

15 G. M. Bongard-Levin, *Mauryan India* (New Delhi, 1985), p. 198.

16 For a detailed discussion of slavery in Maurya India, see A. A. Vigasin, and A. M. Samozvantsev, *Society, State and Law in Ancient India* (New Delhi, 1985), pp. 108–33.

17 Romila Thapar, *Aśoka and the Decline of the Mauryas,* 3rd edn (New Delhi, 2015), p. 186.

18 McCrindle, *Ancient India As Described by Megasthenes and Arrian,* p. 31.

19 Ibid., p.70.

20 Arrian, *Arrian's Anabasis of Alexander and Indica* (London 1893), p. 418.

21 For a study of prostitution from a Marxist perspective, see Sukumari Bhattacharji, 'Prostitution in Ancient India', *Social Scientist,* xv/2(February 1987), pp. 32–9.

第 10 章　孔雀王朝的衰落

1 Romila Thapar, *Aśoka and the Decline of the Mauryas,* 3rd edn (New Delhi, 2015), p. 244.

2 Stanley Tambiah, *World Conqueror and World Renouncer* (Cambridge, 1976), pp. 70–71.

3 Thapar, *Aśoka and the Decline of the Mauryas,* p. 260.

4 Hem Chandra Raychaudhuri, *Political History of Ancient India from the Accession of Parikshit to the Extinction of the Gupta Dynasty* (Calcutta, 1923), p. 196.

5 Upinder Singh, *A History of Ancient and Early Medieval India* (Noida, 2018), p. 266.

6 G. M. Bongard-Levin, *Mauryan India* (New Delhi, 1985), p. 92.

7 Cited in Ranabir Chakravarti, *Exploring Early India up to ad 1300,* 3rd edn (Chennai, 2016), pp. 175, 176.

8 Cited in Thapar, *Aśoka and the Decline of the Mauryas,* p. 296.

9 D. D. Kosambi, *An Introduction to the Study of Indian History* (Bombay, 2004), pp. 224, 236.

10 A. L. Basham, *The Wonder That Was India,* 3rd revd edn (London, 2004), p. 59.

11 Ibid., p. 67.

第 11 章　孔雀王朝的遗产

1 John S. Strong, ed. and trans., *The Legend of King Aśoka: A Study and Translation of the Aśokavadana* (Princeton, nj, 1982), p. 5.

2 See Qin Zhi Lau, 'Ideals of Buddhist Kingship: A Comparative Analysis of Emperors Aśoka and Wen of Sui', www.history.ucsb.edu, accessed 19 October 2021.

3 The original tree, by then decayed, was blown down in a storm in 1876 but was revived by seeds planted by Sir Alexander Cunningham.

4 Strong, *The Legend of King Aśoka,* p. 39.

5 J.A.B. Van Buitenen, ed. and trans., *Two Plays of Ancient India* (New York and London, 1968), p. 19.

6 In India, at least eight films have been made in Sanskrit, a language spoken by fewer than 10,000 people in India. See https://en.wikipedia.org/wiki/Sanskrit_cinema.

7 Alex von Tunzelmann 'Ashoka: Never Mind the Bullocks', *The Guardian*(13 August 2008).

8 Jawaharlal Nehru, *The Discovery of India – Collected Writings – 1937–1940* (New York, 1972), p. 13.

9 'Bharatiya Janata Party (bjp)', www.britannica.com, accessed 2 January 2021.

10 Apoornavand, 'Ashoka Had De-Militarised Himself, the bjp Is Busy Re-Militarising Him', *Outlook* (12 April 2017).

11 Anand S. T. Das, 'Historians Don't Know the Date, but Bihar bjpCelebrates Emperor Ashoka's Birthday', *New Indian Express* (25 April 2018).

12 Max Müller, *A History of Ancient Sanskrit Literature* (London, 1859), p. 18, cited in Thomas R. Trautmann, *Kautilya and the Arthashastra*(Leiden, 1971), p. 299.

附　录　孔雀王朝的发现

1 For accounts of these discoveries, see Charles Allen, *Ashoka: The Search for India's Lost Emperor* (New York, 2012); and N. S. Ramaswami, *Indian Monuments* (New Delhi, 1979).

2 Allen, *Ashoka,* pp. xv, xvi.

3 N. S. Ramaswami, *Indian Monuments* (New Delhi, 1979), p. 2.

4 Dilip K. Chakrabarti, 'The Development of Archaeology in the Indian Subcontinent', *World Archaeology*, xiii iii/3 (February 1982).

5 Bruce Rich, *To Uphold the World* (Boston, ma, 2010), p. 115.

6 A. Cunningham, 'An Account of the Discovery of the Ruins of the Buddhist City of Samkassa', *Journal of the Royal Asiatic Society* (1843), pp. 241–7.

7 Chakrabati, 'The Development of Archaeology', p. 333.

8 E. Hultzsch, *Inscriptions of Ashoka: Corpus Inscriptiorium Indicorum*(Oxford, 1925), vol. i.

9 Radhakumur Mookerji, quoted in Allen, Ashoka, p. 347.

10 Shankar Goyal, 'Main Trends in the Historiography of the Early Maurya Empire Since Independence', *Annals of the Bhandarkar Oriental Research Institute*, lxxvi/1/4 (1995), pp. 51–68.

11 Goyal notes that all the Marxist historians assign the *Arthashastra* to the Maurya period, perhaps because its secular and materialistic approach gives them material to apply Marxist theory to the main trends of the Maurya period. Ibid., p. 59.

12 Mark McClish, *The History of the Arthaśāstra: Sovereignty and Sacred Law in Ancient India* (Cambridge, 2019).

参考书目

Agrawala, V. S., *India as Known to Panini* [1953] (New Delhi, 2017)

Alahakoon, Hector, *The Later Mauryas, 232 bc to 180 bc* (New Delhi, 1980)

Allchin, F. R., *The Archaeology of Early Historic South Asia: The Emergence of Cities and States* (Cambridge, 1995)

Allen, Charles, *Ashoka: The Search for India's Lost Emperor* (New York, 2012)

Alsdorf, L., 'Contributions to the Study of Aśoka's Inscriptions', *Bulletin of the Deccan College Research Institute,* xx/1/4 (1960), pp. 249–75

Basham, A. L., *History and Doctrines of the Ajivikas: A Vanished Indian Religion* (London, 1951)

—, *The Wonder That Was India,* 3rd edn (London, 2004)

Bhandarkar, D. R., *Aśoka* [1925] (New Delhi, 2000)

Bhattacharji, Sukumari, 'Prostitution in Ancient India', *Social Scientist,* xv/2 (February 1987), pp. 32–61

Bongard-Levin, G. M., *Mauryan India* (New Delhi, 1985)

Bosworth, A. B., 'The Historical Setting of Megasthenes' India', *Classical Philology,* xci/2 (April 1996), pp. 113–27

Bronkhorst, Johannes, *A Śabda Reader: Language in Classical Indian Thought* (New York, 2019)

—, *Greater Magadhu. Studies in the Culture of Early India* (*Handbook of Oriental Studies, Section 2: South Asia*), 19 (Leiden and Boston, ma, 2007)

—, *How the Brahmins Won: From Alexander to the Guptas* (Leiden and Boston, ma, 2016)

—, 'Reflections on the Fate of Northwestern Brahmins', *Indologica Taurinensia,* xl/204–5, pp. 37–61

Chakrabarti, Dilip K., 'The Development of Archaeology in the Indian
    Subcontinent', *World Archaeology,* xiii /3 (February 1982), pp. 326–55

Chakrabarti, Ranabir, *Exploring Early India up to ad 1300,* 3rd edn (Chennai,
    2016)

Chowdhury, Hemendu Bikhas, ed., *Asoka 2300: Jagajjyoti: Asoka
    Commemoration Volume* (Calcutta, 1997)

Coningham, Robin, and Ruth Young, *The Archaeology of South Asia* (New
York, 2015)

Coomaraswamy, A. K., *History of Indian and Indonesian Art* (New Delhi, 1972)

Cunningham, Alexander, *The Ancient Geography of India,* vol. i: *The Buddhist
    Period* [1871] (New Delhi, n.d.)

Dissanayake, Daya, 'Ashoka and Buddha Dhamma: A Search for the "Real"
    Ashoka Through Archaeology', presented at the China South Asia
    Buddhist Archaeology Conference, Beijing, November 2016

Eggermont, P.H.L., *The Chronology of the Reign of Aśoka Moriya* (Leiden, 1956)

Embree, Ainslie T., ed., *Sources of Indian Tradition,* 2nd edn (New York, 1988),
    vol. i

Falk, Harry, *Aśokan Sites and Monuments: A Source Book with Bibliography*
    [*Monographien zur Indischen Archaologie, Kunst und Philologie*] (Mainz,
    2006), vol. xviii

Fauconnier, Bram, 'Ex Occidente Imperium: Alexander the Great and the Rise
    of the Maurya Empire', *Histos 9* (2015), pp. 129–73

Fleet, J. F., 'The Last Words of Aśoka', *Journal of the Royal Asiatic Society of
    Great Britain and Ireland* (July 1913), pp. 655–8

Fleming, David, 'Where was Achaemenid India?', *Bulletin of the Asian Institute*
    (New Series), vii (1993), pp. 67–72

Fussman, Gérard, 'Pouvoir central et régions dans l'Inde ancienne: Le problème
    de l'empire Maurya', *Annales Histoire, Science Sociales,* 373 *Année, iv*
    (July–August 1982), pp. 621–47

Geiger, Wilhelm, trans., *The Mahavamsa; or, The Great Chronicle of Ceylon*
    (London, 1912)

Ghosal, U. N., 'On a Recent Estimate of the Social and Political System
    of the Maurya Empire', *Annals of the Bhandarkar Oriental Institute,*
    xl/1/4(1959), pp. 63–9

Ghose, A., 'The Pillars of Aśoka: Their Purpose', *East and West,* xvii/3/4
    (September–December 1967), pp. 273–4

Goyal, Shankar, 'Comparative Reliability of the Avadanas and Aśokan Edicts',
    Annals of the Bhandarkar Oriental Institute, lxxxii/1/4 (2001), pp. 251–7

—, 'Trends in the Historiography of the Early Maurya Empire since

Independence', *Annals of the Bhandarkar Oriental Institute,* lxxvi/1(1995), pp. 51–68

Guruge, Ananda W. P., *Asoka the Righteous: A Definitive Biography* (Colombo, Sri Lanka, 1993)

Habib, Irfan, and Vivekanand Jha, *Mauryan India* (Aligarh, 2013)

—, and Vijay Kumar Thakur, *The Vedic Age* (Delhi, 2019)

—, and Faiz Habib, 'Mapping the Mauryan Empire', *Proceedings of the Indian History Congress* (Golden Jubilee Session), l (1989), pp. 57–79

Harris, Ian, ed., *Buddhism, Power and Political Order* (London and New York, 2007)

Irwin, John, 'Aśokan Pillars: A Reassessment of the Evidence', *Burlington Magazine, cxv* (November 1973), pp. 706–20; 'Part ii: Structure', *Burlington Magazine, cxvi* (December 1974), pp. 712–27; 'Part Ⅲ: Capitals', *Burlington Magazine,* xvii (October 1975), pp. 631–43; 'Part iv: Symbolism', *Burlington Magazine,* xviii (November 1978), pp. 734–53

—, 'The True Chronology of the Aśokan Pillars', *Artibus Asiae,* xliv/4 (1983), pp. 247–65

Jackson, Abraham V. W., ed., *History of India, vol. ix: Historic Accounts of India by Foreign Travelers, Classic, Oriental and Occidental* (London, 1907)

Joseph, Tony, *The Early Indians* (New Delhi, 2018)

Kaul, Shonaleeka, '18: South Asia', *Cambridge World History,* ed. Craig Benjamin (Cambridge, 2015), pp. 480–513

—, 'Regional Study: Pataliputra', *Cambridge World History,* pp. 415–536

Keay, John, *India: A History* (New York, 2000)

Kenoyer, Jonathan Mark, *Ancient Cities of the Indus Valley Civilization*(Oxford, 1998)

Kosambi, D. D., *An Introduction to the Study of Indian History* (Bombay, 2004)

Kulkarni, S. D., 'Inscriptions of Aśoka: A Reappraisal', *Annals of the Bhandarkar Oriental Institute,* lxxi/1/4 (1990), pp. 305–9

Lahiri, Nayanjot, *Ashoka in Ancient India* (Cambridge, ma, and London, 2015)

—, 'Re-Searching Ashoka in Thailand,' *The Hindu* (25 June 2016)

Long, Jeffrey, 'Hinduism and the Religious Other', in *Understanding Interreligious Relations,* ed. David Cheetham, Douglas Pratt and David Thomas (Oxford, 2013)

Lubin, Timothy, 'Aśoka's Disparagement of Domestic Ritual and Its Validation by the Brahmins', *Journal of Indian Philosophy,* xli/1(February 2013), pp. 29–41

McClish, Mark, *The History of the Arthaśāstra: Sovereignty and Sacred Law in Ancient India* (Cambridge, 2019)

—, and Patrick Olivelle, *The Arthaśāstra: Selections from the Classic Indian Work on Statecraft* (Indianapolis, in, 2012)

McCrindle, John Watson, ed., *Ancient India as Described by Megasthenes and Arrian* (Calcutta, 1877)

McLeod, John E., *The History of India,* 2nd edn (Westport, 2015)

Mohan, Peggy, T*ongues that Travelled: How Migration Shaped Languages in India* (Delhi, 2021)

Mookerji, Radhakumud, *Ashoka* [1928] (New Delhi, 2017)

—, *Chandragupta Maurya and His Times* (Delhi, 2016)

Mukherjee, B. N., *The Character of the Maurya Empire* (Calcutta, 2000)

Nehru, Jawaharlal, *The Discovery of India* (New Delhi, 2004)

Norman, K. R., 'Notes on the Aśokan Rock Edicts', *Indo-Iranian Journal*, x/2–3 (1967–8), pp. 160–70

O'Flaherty, Wendy Doniger, 'The Origin of Heresy in Hindu Mythology', *History of Religions,* x/4 (May 1971), pp. 261–333

Olivelle, Patrick, ed., *Aśoka in History and Historical Memory* (New Delhi, 2009)

—, Janice Leoshko and Himanshu Prabha Ray, eds, *Reimagining Aśoka: Memory and History* (New Delhi, 2012)

—, ed., *Between the Empires: Society in India 300 bce to 400 ce* (Oxford, 2006)

—, trans., *King, Governance and Law in Ancient India: Kautilya's Arthasastra*(New York, 2013)

Parker, Geoffrey, and Brenda Parker, *The Persians* (Reaktion, 2017)

Penrose, Walter Duvall Jr, *Postcolonial Amazons: Female Masculinity and Courage in Ancient Greek and Sanskrit Literature* (Oxford, 2016)

Ramaswami, N. S., *Indian Monuments* (New Delhi, 1979)

Rangarajan, L. N., ed. and trans., *Kautilya: The Arthashastra* (New Delhi, 1992)

Rawlinson, H. G., *Intercourse between India and the Western World from the Earliest Times to the Fall of Rome* (Cambridge, 1915)

Ray, Himanshu Prabha, 'Archaeology of Buddhism in Asia', *Oxford Research Encyclopaedia of Asian History* (Oxford, 2019)

—, and Daniel T. Potts, ed., Memory as History: *The Legacy of Alexander in Asia* (New Delhi, 2007)

Raychaudhuri, Hem Chandra, *Political History of Ancient India from the Accession of Parikshit to the Extinction of the Gupta Dynasty* (Calcutta, 1923)

Rich, Bruce, *To Uphold the World: A Call for a New Global Ethic from Ancient India* (Boston, ma, 2010)

Robinson, Andrew, *The Indus* (London, 2015)

Romm, James, *Ghost on the Throne: The Death of Alexander the Great and the*

War for Crown and Empire (New York, 2011)

Sagar, K. C., *Foreign Influences in Ancient India* (New Delhi, 1992)

Salomon, Richard, 'On the Origin of the Early Indian Scripts: A Review Article', *Journal of the American Oriental Society,* cxv/2 (1995), pp. 271–9

Samaddar, J. N., *The Glories of Magadha,* 2nd edn (Patna, 1927)

Sastri, K. A. Nilakanta, *A History of South India: From Prehistoric Times to the Fall of Vijayanagar,* 4th edn (New Delhi, 2012)

—, ed., *Age of the Nandas and Mauryas* (New Delhi, 1996)

Scharfe, Hartmut, *Education in Ancient India* (Leiden, 2002)

—, *Investigations in Kautalya's Manual of Political Science* (Wiesbaden, 1993)

Schlingloff, Dieter, *Fortified Cities of Ancient India: A Comparative Study* (London, 2014)

Scialpi, Fabio, 'The Ethics of Aśoka and the Religious Inspiration of the Achaemenids', *East and West,* xxxiv/1/3 (September 1984), pp. 55–74

Sen, Amulyachandra, *Ashoka's Edicts (*Calcutta, 1956)

Sen, K. M., *Hinduism* (London, 2005)

Seneviratna, Anuradha, ed., *King Asoka and Buddhism: Historical and Literary Studies* (Kandy, Sri Lanka, 2007)

Sengupta, Padmini, *Everyday Life in Ancient India* (London, 1950)

Sharma, J. P., *Republics in Ancient India c. 1500 bc–500 bc* (Leiden, 1968)

Shastri, H. G., 'The Puranic Chronology of the Mauryan Dynasty', Proceedings *of the Indian History Congress,* xxii (1959), pp. 78–83

Shrimali, K. M., *The Age of Iron and the Religious Revolution* (Delhi, 2018)

Singh, Upinder, *Political Violence in Ancient India* (Cambridge, ma, 2017)

—, A History *of Ancient and Early Medieval India* (New Delhi, 2018)

—, and Nayanjot Lahiri, eds, *Ancient India: New Research* (New Delhi, 2009)

Smith, Monica L., 'The Archaeology of South Asian Cities', Journal of *Archaeological Research,* xiv/2 (June 2006), pp. 97–142

Smith, Vincent, *Early History of India,* 4th edn (Oxford, 1924)

Stoneman, Richard, *The Greek Experience of India* (Princeton, nj, 2019)

—, 'The Brahmins in the Alexander Historians and the Alexander Romance', *Journal of Hellenic Studies,* xliv (1995), pp. 99–114

Strong, John S., ed. and trans., *The Legend of King Ashoka: A Study and Translation of the Aśokavadana* (Princeton, nj, 1982)

—, 'Asoka's Wives and the Ambiguities of Buddhist Kingship', *Cahiers d'Extrême-Asie,* xiii (2002), pp. 35 54

Thakur, Vijay Kumar, 'Iron Technology and Social Change in Mauryan India', *Proceedings of the Indian History Congress,* lvi (1995), pp. 77–87

Thapar, Romila, *A History of India* (Baltimore, md, 1966), vol. i

—, *Aśoka and the Decline of the Mauryas* [1961], 3rd edn (New Delhi, 2015)

—, 'Aśoka – A Retrospective', *Economic and Political Weekly,* xlii/45 (7–13 November 2009), pp. 31–7

—, *Early India: From the Origins to ad 1300* (Berkeley and Los Angeles, ca, 2001)

Tieken, Herman, 'The Role of the So-Called Aśoka Inscriptions in the Attempt to Date the Buddha', *Rivista di Studi Sudasiatici,* i (2006), pp. 69–88

—, 'The Dissemination of Aśoka's Rock and Pillar Edicts', *Vienna Journal of South Asian Studies,* xlvi (2002), pp. 5–42

Trautmann, Thomas R., *Kautilya and the Arthashastra: A Statistical Investigation of the Authorship and Evolution of the Text* (Leiden, 1971)

—, *Arthashatra: The Science of Wealth* (Gurgaon, 2012)

—, *India: The Story of a Civilization,* 2nd edn (New York, 2016)

Triveda, D. S., 'Magadhan Chronology Pre-Mauryan', *Annals of the Bhandarkar Oriental Research Institute,* xxxvi/1/4 (1956), pp. 267–79

Van Buitenen, J.A.B., ed. and trans., *Two Plays of Ancient India* (New York and London, 1968)

Vigasin, A. A., and A. M. Samozvantsev, *Society, State and Law in Ancient India* (New Delhi, 1985)

Von Hinuber, Oskar, 'Did Hellenistic Kings Send Letters to Ashoka?', *Journal of the American Oriental Society,* cxxx/2 (April–June 2010), pp. 261–6

Wales, H. G. Quaritch, *The Indianization of China and South-East Asia* (London, 1967)

Witzel, Michael, 'Early Sanskritization: Origins and Development of the Kuru State', *Electronic Journal of Vedic Studies,* i/4 (1995), pp. 1–26

Wolpert, Stanley, *A New History of India,* 6th edn (New York, 2000)

Worthington, Ian, *By the Spear: Philip ii, Alexander the Great, and the Rise and Fall of the Macedonian Empire* (New York, 2016)

Zysk, Kenneth G., *Asceticism and Healing in Ancient India: Medicine in the Buddhist Monastery* (New York, 1991)

致　谢

————————

我非常感谢所有帮助过我的人，书中所有的错误和疏漏都完全由我自己承担。从一开始，马克·麦克利什就给我很大的帮助，他对我所要阅读的书籍给出了很好的建议，审阅了本书的初稿，并回答了我的许多问题，尤其是关于《利论》的问题。我很感谢那位匿名的审稿人和约翰·麦克劳德（John McLeod），感谢他们的批判性阅读和令人鼓舞的反馈。大卫·吉托摩（David Gitomer）和佩吉·莫汉（Peggy Mohan）分别在早期梵文文献和语言学上慷慨地分享了他们的专业知识。布鲁斯·克雷格（Bruce Kraig）、海伦·萨贝里（Helen Saberi）和芭芭拉·迪尔（Barbara Dill）耐心地阅读了本书草稿，并提出了许多有益的建议。我特别感谢印度巴特那贾亚斯瓦尔研究所（K.P.Jayaswal Research Institute）所长兼遗产发展协会（Heritage Development Society）执行主任比乔伊·库马尔·乔杜里（Bijoy Kumar Choudhary）博士的帮助和热情款待，并感谢我的专家向导考古学家马纳斯·R.曼班什（Manas R. Manbansh）。我的丈夫阿什·森（Ashish Sen）花了几个小时阅读本书草稿，并一如既往地提出了许多宝贵建议。最后，我要感谢迈克尔·利曼（Michael Leaman）邀请我写这本书，以及我的经纪人马克斯·辛希默（Max Sinsheimer）的支持和鼓励。